Volume I

O EVENTO DO SÉCULO 21

DESVENDANDO A EVOLUÇÃO DOS EVENTOS E TREINAMENTOS
NA ERA DA IA E DA TRANSFORMAÇÃO DIGITAL

Editora Reflexão, 2024 – Todos os direitos reservados.

© Vanessa Martin e Robson Lisboa

Editora Executiva: **Caroline Dias de Freitas**
Assistente Editorial: **Monique Lemos**
Revisão: **Vanessa Martin**
Diagramação e Projeto gráfico: **Estúdio Caverna**
Impressão: **Gráfica Print Park**

1ª Edição – Dezembro/2024

DADOS INTERNACIONAIS DE CATALOGAÇÃO NA PUBLICAÇÃO (CIP)
CÂMARA BRASILEIRA DO LIVRO, SP, BRASIL

Lisboa; Robson. Martin; Vanessa.
 O evento do século 21. DESVENDANDO A EVOLUÇÃO DOS EVENTOS E TREI-NAMENTOS NA ERA DA IA E DA TRANSFORMAÇÃO DIGITAL / Robson Lisboa; Vanessa Martin. — 1. ed. — São Paulo: Editora Reflexão, 2024.

 ISBN: 978-65-5619-194-2
 290 páginas.

 1. Inteligência Artificial   2. Eventos   3. Inovação   4. Sociedade   I. Título.

24-000000   CDD: 920.72

Índices para catálogo sistemático:
1. Transformação Digital   2. Eventos   3. Autores

Editora Reflexão
Rua Almirante Brasil, 685 - Cj. 102 – Mooca – 03162-010 – São Paulo, SP
Fone: (11) 97651-4243
www.editorareflexao.com.br
atendimento@editorareflexao.com.br

Todos os direitos reservados. Nenhuma parte desta obra pode ser reproduzida ou transmitida por quaisquer meios (eletrônico ou mecânico, incluindo fotocópia e gravação) ou arquivada em qualquer sistema ou banco de dados sem permissão escrita da Editora Reflexão.

Vanessa Martin
Robson Lisboa

Volume I

O EVENTO DO SÉCULO 21

DESVENDANDO A EVOLUÇÃO DOS EVENTOS E TREINAMENTOS
NA ERA DA IA E DA TRANSFORMAÇÃO DIGITAL

VOLUME 1

O mundo da tecnologia no mercado de eventos está retratado neste volume através de informações, conceitos, principais tendências e dicas relevantes mostrando cenários, destaque para robôs e IA, as tipologias mais utilizadas, a aplicação no event design e o engajamento. Cobre os três ambientes: presencial, virtual e híbrido.

VOLUME 2

A cobertura da tecnologia no mercado de eventos no 2º volume apresenta e orienta como contratar os principais grupos de plataformas digitais, como captar e trabalhar com os dados, as diversas formas de monetização possíveis e as principais tendências que nortearão o evento do século 21.

Sumário

O EVENTO DO SÉCULO XXI: DESVENDANDO A EVOLUÇÃO DOS EVENTOS E TREINAMENTOS NA ERA DA TRANSFORMAÇÃO DIGITAL 11

PRA QUEM ESSE LIVRO FOI ESCRITO? 15

O EVENTO DO SÉCULO 21 19

1. TRANSFORMAÇÃO DIGITAL DA SOCIEDADE DO SÉCULO 21 E IMPACTOS NOS EVENTOS 27

    A SOCIEDADE PÓS-INDUSTRIAL E O EVENTO 31
    A FRAGILIDADE DO MUNDO, O MUNDO DIGITAL E
        VUCA/BANI NO CONTEXTO DOS EVENTOS 33
    AS MÚLTIPLAS TRANSFORMAÇÕES DIGITAIS QUE
        ESTAMOS VIVENDO 36
    O FÍSICO, O DIGITAL E O FIGITAL 42
    O QUE É VIRTUAL? E O QUE É PRESENCIA?
        E O QUE É O HÍBRIDO? 44
    WEB 3, BLOCKCHAIN, NFT 46
    O PROCESSO DE CRIAÇÃO E VENDA DE NFT 64

2. ROBÔS E INTELIGÊNCIA ARTIFICIAL PARA EVENTOS 69

    ROBOTIZAÇÃO E A AUTOMAÇÃO 69
    IA - INTELIGÊNCIA ARTIFICIAL EM EVENTOS 73
    A QUESTÃO GERACIONAL NOS EVENTOS 106

3. COMO O FORMATO DOS EVENTOS EVOLUIU E EVOLUIRÁ? 123
Conceitos e Formatos de Eventos de Hoje do Futuro

- O QUE É UM EVENTO 123
- O EVENTO DIGITAL E POR QUE USÁ-LO 127
- EVENTO VIRTUAL 130
- EVENTO HÍBRIDO 135
- FORMATOS DE EVENTOS DIGITAIS MAIS UTILIZADOS 148

4. DESENHANDO O EVENTO DO SÉCULO 21 DE FORMA ASSERTIVA, INTELIGENTE E RÁPIDA 167
O Design do Evento

- O QUE É O DESIGN DE EVENTO? 168
- OBJETIVOS 177
- PÚBLICO (SEGMENTAÇÃO E PERSONAS) 178
- EXECUTORES E AMBIENTE 184
- MESTRE DE CERIMÔNIAS & MODERADOR 186
- PALESTRANTE 190
- PROMOÇÃO E VENDAS 196
- PROMOÇÃO E VENDAS (AGÊNCIAS DE DIGITAL) 197
- DADOS 213
- CIBERSEGURANÇA, LGPD E DIREITOS AUTORAIS 215

5. PROPOSIÇÃO DE VALOR, A ALMA DO SEU EVENTO 221

- A ENTREGA E O DESIGN DA EXPERIÊNCIA 227
- DESIGN DAS INTERFACES DO EVENTO 283

Lista de Figuras

Foto criada com IA pelos autores como referência ao filme Matrix...................28

Figura 1 - Visão geral do mercado de NFTs...49

Figura 2 - O processo de criação e venda de NFT 65

Figura 3 - Comparativo entre as inteligências humana e artificial...................75

Figura 4 - Aplicações empresariais e casos de utilização para a
IA generativa...81

Figura 5 - Passos da implementação da IA 88

Figura 6 - Comparativo entre gerações 106

Figura 7 - Importância do alinhamento dos interesses profissionais
e pessoais..110

Figura 8 - Importância dos componentes do evento para a
experiência global...112

Figura 9 – Exemplo de hub central..160

Figura 10 – Diagrama de multi hub meeting...160

Figura 11 - Diagrama da Metodologia FAST® 174

Figura 12 - Etapa Objetivo (Por que)..177

Figura 13 - Público..179

Figura 14 - Etapa Executores 184

Figura 15 - Etapa Ambiente 185

Figura 16 - Etapa Executores detalhado...186

Figura 17 - Entrega 227

Figura 18 - Evento síncrono e assíncrono 230

Figura 19 - Conteúdo e Tipologias..232

Figura 20 - Visão geral do engajamento 242

Figura 21 - Diagrama do engajamento 243

Figura 22 - Funcionamento do cérebro..250

Figura 23 - Pontos de engajamento do mapa da jornada do evento.................254

Figura 24 - Palestras, o modelo do cinema 256

Figura 25 - O Mix do Engajamento...263

Figura 26 - Painel ESG 282

Lista de Tabelas

Tabela 1 - Como a venda de NFT favorece convidados e organizadores 56

Tabela 2 - Comparativo entre Token Social e NFT 60

Tabela 3 - Comparativo entre gerações 107

Tabela 4 - Principais fontes para treinamento e conteúdo profissional 114

Tabela 5 - Fontes confiáveis de informação 125

Tabela 6 - Comparativo entre os eventos híbridos e virtuais 137

Tabela 7 - Elementos mais importantes de networking 154

Tabela 8 - Comparativo de fatores que engajam mais ou menos em multi-hub meeting 161

Tabela 9 - Roteiro de contratação, habilidades e tipos de Emcee 189

Tabela 10 - Comparativo de fatores que engajam mais ou menos em multi-hub meeting 253

Tabela 11 - Comparativo entre fã e Comunidade 269

Tabela 12 - Comparativo entre a produção virtual e métodos tradicionais 275

Lista de Gráficos e Quadros

Gráfico 1 - Aplicações mais utilizadas de IA nas empresas 79

Gráfico 2 - Ferramentas de IA mais utilizadas 80

Gráfico 3 - Elementos de experiência mais importantes 113

Gráfico 4 - Tópicos de preferência para escolha de palestrante e Keynote speaker 114

Gráfico 5 - Elementos de aprendizado mais importantes 115

Gráfico 6 - Atividades de networking preferidas pelo participante 116

Gráfico 7 - Elementos de networking mais relevantes 117

Gráfico 8 - Principais fontes para encontrar novos produtos ou serviços 117

Gráfico 9 - Elementos comerciais mais importantes 118

Gráfico 10 - Tipologia x ambiente 127

Gráfico 11 - Fatores relevantes de escolha do evento online. 131

Infográfico 12 - Potencial do mercado brasileiro de eventos híbridos 136

Gráfico 13 - Fatores considerados na escolha do ambiente 142

Infográfico 14 - Panorama dos eventos digitais - 2023 143

Gráfico 15 - Formatos preferidos para educação e informação técnica 148

Gráfico 16 - Tipos de eventos híbridos mais utilizados 149

Gráfico 17 - Assistência mais relevante ao expositor 151

Gráfico 18 - Motivos para ser expositor 152

Gráfico 19 - Métodos de mensuração de resultados em feiras e exposições 153

Gráfico 20 - Prioridades dos participantes corporativos 180

Gráfico 21 - Fatores que influenciam a participação em eventos presenciais 180

Gráfico 22 - Motivos pela não participação em eventos presenciais 181

Gráfico 23 - Público-alvo para eventos híbridos 183

Gráfico 24 - Onde as pessoas têm contas nas mídias sociais? 198

Gráfico 25 - Que conhecimento é buscado no evento? 233

Gráfico 26 - Duração do evento e das sessões - proposta de valor 238

Gráfico 27 - KPIs usados na mensuração do evento virtual 246

Gráfico 28 - Maiores desafios no planejamento de eventos virtuais 246

Gráfico 29 - Ferramentas de engajamento mais utilizadas nos eventos digitais 261

Gráfico 30 - Atividade cerebral e taxa de ativação do engajamento 262

O EVENTO DO SÉCULO XXI: DESVENDANDO A EVOLUÇÃO DOS EVENTOS E TREINAMENTOS NA ERA DA TRANSFORMAÇÃO DIGITAL

PALAVRA DOS AUTORES

Em um mundo quase que louco, em constante mutação, onde a tecnologia se integra cada vez mais ao nosso dia a dia, como você imagina o **evento do século XXI?** O que seria essa entidade? Quais características o definirão? Que tipo de experiências ele proporcionará? Como se adaptar às demandas e expectativas de um público cada vez mais conectado e ávido por conhecimento e transformação?

Este livro, "O Evento do Século XXI", é um convite para embarcar em uma jornada de exploração e descoberta. Juntos, vamos desvendar os segredos do presente e do futuro dos eventos, traçando um panorama abrangente das tendências que moldam e moldarão essa indústria nos próximos anos.

Prepare-se para mergulhar em um universo de possibilidades:

- **Eventos presenciais:** Como estão mudando os eventos presenciais e como estão mudando também as pessoas, as tecnologias e as experiências entregues. Muitos dirão que o essencial permanece o mesmo. Provavelmente sim. Mas quando mostramos eventos hoje para uma pessoa que entrou numa cápsula do tempo, caso tenha adormecido por uns 25 anos, ela não irá acreditar no que está acontecendo. Mas e o futuro? No que iremos transformar a experiência destes eventos que criamos hoje em dia?

- **Eventos híbridos:** A fusão entre o presencial e o digital se tornará cada vez mais presente, proporcionando experiências imersivas e personalizadas para o público.
- **Conteúdos sob medida:** O foco estará na criação de conteúdos **relevantes, práticos e aplicáveis**, que atendam às necessidades específicas de cada participante. Destaque para o conteúdo cocriado.
- **Engajamento e interação: Ferramentas** digitais e dinâmicas criativas serão utilizadas para **estimular a participação ativa do público**, promovendo a troca de ideias e a construção de redes de relacionamento.
- **Foco na transformação:** O objetivo final dos eventos do século 21 será **promover a transformação pessoal e profissional dos participantes**, impulsionando-os a alcançar seus objetivos e realizar seus sonhos.

Ao longo desta jornada, você terá acesso a:

- Visão aprofundada das tendências que moldam o futuro dos eventos
- Estratégias para criar eventos que entreguem alto valor aos participantes
- Dicas para atrair, engajar e reter o público
- Ferramentas digitais para otimizar a organização e a gestão de eventos
- Estudos de caso de eventos de sucesso

"O Evento do Século XXI" **não é apenas um livro, é um guia prático para quem deseja criar eventos inovadores, transformadores e memoráveis.** Se você busca se destacar nesse mercado em constante crescimento, este livro é para você!

Junte-se a nós na disseminação de conhecimento para tornar a atuação do nosso mercado cada vez mais profissional. Participe. Envie dicas e sugestões sobre o tema. Compartilhe com seus contatos e colegas.

Buscamos com este livro levar um conteúdo completo, com detalhamento técnico, métodos, diagramas e descrições mais profundas do como fazer. Temos também vários cursos online, com conteúdos ainda mais completos. Encontre-nos através do nosso site digitalevent.expert e através do nosso super app, onde vários conteúdos estão disponíveis e onde também disseminamos nossa criação e visão do dia-a-dia. Para baixar, basta capturar o QR Code abaixo!

Use a câmera do seu smartphone para escanear o código ao lado e instalar o super app OASIS e acessar todos os materiais citados neste livro.

Através do Super App OASIS você vai poder capturar uma série de conteúdos complementares deste livro, através dos múltiplos QR Codes que encontrará ao longo da experiência de leitura.

Queremos te dar o máximo de insumos para que possa, com maestria, desenvolver seu projeto de evento. Assim, não podemos simplesmente parar aqui, no conteúdo que conseguimos escrever.

Há muito mais nos conteúdos digitais ofertados pelos códigos, para não falar da constante atualização que o Super App OASIS te entregará.

Esta experiência híbrida de aquisição de conhecimento já é uma demonstração na prática de como os eventos devem ser mais ricos.

Junte-se a nós nesta jornada e prepare-se para redefinir o futuro dos eventos!

Bem-vindo(a) à esta rica experiência de aprendizado para criar eventos do século XXI!

Vanessa Martin & Robson Lisboa

PRA QUEM ESSE LIVRO FOI ESCRITO?

Em um mundo em constante transformação, onde os eventos assumem cada vez mais importância como plataformas de conexão, aprendizado e entretenimento, **este livro se destina a todos aqueles que desejam se destacar nesse mercado em constante crescimento.**

Se você busca **criar eventos memoráveis, transformadores e que realmente façam a diferença na vida das pessoas,** este livro é para você!

Se você se identifica com algum dos seguintes perfis, este livro foi escrito para você:

- **Organizador de eventos:** Quer aprimorar suas habilidades e criar eventos que realmente engajem o público?
- **Responsável pela área de treinamento de empresas**: um treinamento é um evento interno, para formação de colaboradores. Se você cuida dessa área, este livro também é para você.
- **Empreendedor:** Busca novas oportunidades de negócios no mercado de eventos?
- **Profissional de marketing:** Deseja utilizar eventos como ferramenta estratégica para alcançar seus objetivos?
- **Estudante:** Querem aprender sobre as melhores práticas para a organização e gestão de eventos?
- **Apaixonado por eventos:** Busca se aprofundar no universo dos eventos e conhecer as tendências do futuro?

Independentemente do seu nível de experiência ou área de atuação, este livro oferece um guia completo e prático para você se tornar um profissional de sucesso no mercado de eventos.

Ou você é ator das mudanças, ou é vítima delas.

Este livro foi escrito para aquele que entende que é necessário buscar o conhecimento para vencer essa guerra contra os conteúdos ruins. E não é só conteúdos ruins. Tem eventos ruins, treinamentos ruins, musicais, shows, livros, revistas, interatividades, exposições, dentre muitos outros produtos que realmente mostram que não tiveram o cuidado, a técnica, a tecnologia ou o talento para sua criação e produção.

As pessoas que se destacam, geralmente, criam conteúdos bons, que entregam uma experiência que a audiência está buscando. Esse match entre o que a audiência busca e o que o produtor está fazendo pode ser feito por acaso, uma ou duas vezes. Depois disso, só os competentes sobrevivem. Porque ser engraçado uma vez, para quem faz stand-up no YouTube, por exemplo, e ganhar muitas visualizações, pode ser fruto de um golpe de sorte. Mas ser engraçado 52 semanas no ano não é para amadores. Da mesma forma que criar um evento digital de sucesso pode ser um feito na vida de um produtor. Entretanto, fazer 52 eventos de sucesso no ano não pode ser fruto do acaso. Tem muito conhecimento, tecnologia, processo e profissionalismo embutidos nestes processos de eventos de sucesso.

Se você está buscando este conhecimento para entregar muitos eventos de qualidade, com profissionalismo e com rentabilidade, então, este livro foi escrito para você.

Muito bem. Você quer ser um bom profissional de eventos e, por isso, está buscando mais conhecimento. Essa busca é um belo começo, no entanto, também não garante o sucesso dos seus empreendimentos digitais. Muita prática, muitos cases, muito perrengue e muitas histórias para contar também são componentes dos profissionais de sucesso desta área.

Mas, fundamentalmente, você precisa ter o que os americanos chamam de *WILL*. O *will* é aquela vontade dentro de você que te puxa para a ação, que não te deixa inerte frente às dificuldades, que move o seu corpo e a sua mente, mesmo nos momentos em que você tem a mais plena certeza que não conseguirá entregar determinada tarefa do seu projeto. E, ainda assim, continua. E, ao continuar e chegar ao fim, percebeu que sim, você foi capaz de entregar. O *will* acredita mais em você do que você mesma. Parece algo nonsense ou sem sentido, mas é este tal de *will* que irá te manter marchando nos momentos mais difíceis.

Uma das formas de se desenvolver o *will* é entender que é necessário desenvolver horas e horas de trabalho em determinada área para que você seja realmente bom naquilo.

Malcon Gladwell, em seu livro *Outliers*, explica que para você se destacar em qualquer área de atividade humana, seja nas artes, no esporte ou no escritório, é necessário gastar pelo menos 10 mil horas dedicadas à atividade. Ou seja, já que tenho que ter uma boa "rodagem" nesta estrada da produção digital, então, que comece logo a colecionar minhas horas, ou meus quilômetros nesta estrada. E, se obtêm isso, executando projetos, eminentemente. Mas também estudando, ajudando a outros, lendo bons livros e consumindo bons conteúdos sobre o tipo de evento que você trabalha.

Esperamos que você seja um *outlier* dos eventos e que este conteúdo seja útil para que você saia da massa de profissionais medianos e/ou ruins e adentre os portais dos profissionais reconhecidos como os top performers do mercado, pelo conhecimento, pela experiência e pela qualidade de suas entregas.

Para tirar proveito deste livro você pode atuar em diversos papéis dentro do contexto da produção digital: produtor de eventos, idealizador, roteirista, designer, técnico, copywriter, desenvolvedor de plataformas e tecnologias, ator ou atriz, escritor, narrador, locutor, letrista, compositor, poeta, continuísta, costume designer, iluminador, mediador, mestre de cerimônias, dentre vários outros.

Bom proveito!

O EVENTO DO SÉCULO 21

INTRODUÇÃO

O mundo está em transformação! Como sempre! A tecnologia digital tem redefinido as fronteiras de tempo e espaço. As fronteiras das mídias, do trabalho e do entretenimento também têm sido redefinidas. Neste cenário, surge a grande provocação deste livro: O Evento do Século 21.

O que seria um evento do século 21, em meio a tantas mudanças e a tantas possibilidades de leitura e interpretação? Pode ser muita coisa, mas, certamente, este conceito passa por uma experiência de pessoas que se encontram com objetivos específicos, encontro esse que possui começo, meio e fim. Será?

Esta experiência é evoluída de forma que valoriza muito os espaços físicos, mas que os transcende e que é muito melhor quando é experimentada de forma síncrona. Mas, na realidade, é eternizada pelos mecanismos digitais ignorando os limites dos eventos tradicionais, conectando pessoas, negócios, ideias e emoções de forma inovadora e significativa.

Mais que um encontro, uma jornada: O Evento do Século 21 não se limita a um momento específico no tempo. É uma jornada contínua que se inicia antes do evento propriamente dito, com ações de engajamento e preparação do público. E se estende após o seu término, através de conteúdos complementares e oportunidades de interação entre os participantes.

Este conceito de jornada é muito desafiado pelo começo, pelo meio (caminho) e pelo fim. Se começa antes de começar com ações pré-evento, quando é que começa? Os caminhos podem ser múltiplos, ricos e de diferentes intensidades. Aqui no meio, no caminho, é que moram as grandes oportunidades de inovação. E o fim? Tem fim? Se o que se leva do evento pode ser usado pra sempre, o evento pode continuar a acontecer na vida da pessoa. Sim, a reflexão sobre o evento do século 21 é um exercício de imaginação, criatividade, inovação e muito, muito trabalho!

Presença sem fronteiras: A tecnologia permite que o Evento do Século 21 aconteça em qualquer ambiente: presencial, virtual ou híbrido. As pessoas se conectam e interagem em tempo real, independentemente da sua localização física, quebrando barreiras geográficas e democratizando o acesso à informação e ao conhecimento. Ainda assim, muitas instituições fazem eventos somente presenciais, procurando "encher o auditório". Esta é a sinalização de um evento bem sucedido na visão de muitos organizadores de eventos.

O que acontece na vida profissional e até pessoal dos participantes é secundário ou é até ignorado. Se as pessoas saíram do evento sem aprenderem nada ou sem terem feito nenhuma conexão que gerasse valor para elas, sem problemas, desde que se tenha enchido o auditório.

A questão também de levar o conteúdo e o debate do evento para além das quatro paredes parece ser menos importante do que encher o salão. Se o que foi debatido dentro daquelas quatro paredes é importante, como circunscrever seu impacto a somente àquelas pessoas que estavam naquele lugar? Alguns até dizem que é isso que gera o valor, a mais valia de ir presencialmente e pode sim fazer sentido para alguns eventos reservados para algumas mentes brilhantes, decisoras do destino do mundo. Mas, para a grande maioria dos eventos do mundo, esse não é o caso. As provocações deste livro desafiam tudo isso e trazem ferramentas e reflexões que poderão trazer seus eventos e treinamentos para os mais inovadores e contemporâneos do mundo.

Respeito ao tempo e à escolha: O participante do Evento do Século 21 está no centro de tudo. Sua experiência é personalizada e sob medida, com a possibilidade de escolher como e quando deseja participar das atividades, respeitando seu tempo e suas preferências. Talvez essa seja a grande marca do Evento do Século 21: respeito pelo o que as pessoas querem e precisam, como querem e quando querem. Para isso, é necessário o uso de muita tecnologia no desenvolvimento do evento, na execução e no pós-evento.

Hiper Personalização: Através da coleta e análise de dados, o Evento do Século 21 oferece uma experiência personalizada e exclusiva para cada participante. Conteúdos, atividades e interações são ajustados de acordo com seus interesses, necessidades e perfil, proporcionando um engajamento mais profundo e significativo.

Diferenças geracionais também é uma questão importante para o Evento do Século 21: As diferentes gerações possuem necessidades, expectativas e hábitos distintos quando se trata de eventos. O Evento do Século 21 reconhece e valoriza essas diferenças, oferecendo formatos e conteúdos que atendem às necessidades específicas de cada público, promovendo a inclusão e a participação ativa de todos.

Embora o foco principal do Evento do Século 21 esteja na interação síncrona entre os participantes, o potencial dos eventos assíncronos não pode ser ignorado. A flexibilidade e a autonomia proporcionadas por esse formato podem ser complementares à experiência presencial ou virtual, expandindo ainda mais as possibilidades de engajamento e aprendizado.

O futuro dos eventos se desenha como um mosaico de experiências ricas e personalizadas, onde a tecnologia se integra harmonicamente à interação humana. O Evento do Século 21 é a vanguarda dessa transformação, um modelo inovador que redefine o conceito de evento e abre caminho para um futuro onde a participação, o engajamento e a conexão entre as pessoas serão cada vez mais relevantes e significativas.

Alguns pontos que este livro ajudará você a pensar, planejar e a agir:

- O Evento do Século 21 é uma jornada contínua, que se inicia antes e se estende após o evento propriamente dito.
- A tecnologia permite que o Evento do Século 21 aconteça em qualquer ambiente: presencial, virtual ou híbrido.
- O participante do Evento do Século 21 está no centro de tudo, com sua experiência personalizada e sob medida.
- O Evento do Século 21 reconhece e valoriza as diferenças geracionais, oferecendo formatos e conteúdos que atendem às necessidades específicas de cada público.
- O potencial dos eventos assíncronos está em ser complementar à experiência presencial ou virtual.

O Evento do Século 21 é uma oportunidade única para reinventar o futuro dos eventos e criar experiências memoráveis que conectam pessoas, ideias e emoções de forma inovadora e significativa.

O TEMPO E O ESPAÇO

Os conteúdos digitais estão revolucionando as mídias por vários fatores, mas principalmente pela questão do tempo e do espaço!

A questão do tempo e do espaço será muito bem desafiada por esta obra e faz, portanto, total sentido em começarmos nos aprofundando nesta temática.

O tempo

O tempo é o bem mais escasso do planeta hoje. As pessoas estão muito ocupadas e ficam cada vez mais. Na realidade, estão mesmo sobrecarregadas de tarefas e de conteúdos. Dedicar tempo para uma determinada tarefa, seja um evento presencial, seja um encontro familiar, seja uma aula na universidade, é algo que as pessoas estão tendo que planejar muito bem. Tudo isso devido à grande concorrência pelo nosso tempo.

Onde iremos dedicar nosso tempo hoje? Onde iremos dedicar nossos esforços? Selecionamos cuidadosamente cada atividade. Os eventos, portanto, entram nessa concorrência pela atenção das pessoas. E muitas vezes perdem. O tempo e o esforço de comparecer (deslocamento, transporte, custo, etc) devem ser muito bem recompensados por conteúdo de grande qualidade e conhecimento que vai fazer diferença na vida das pessoas.

Se não for assim, as pessoas não vão dedicar o seu tempo àquela atividade.

Existe ainda a concorrência pelo tempo da pessoa naquele período específico do evento. As pessoas podem estar com outras demandas naquele período: outros eventos, reuniões, encontros, trabalhos prioritários, fechamento de mês dentre outras responsabilidades. Como conciliar o evento presencial com as diversas outras necessidades?

É aí que entram as possibilidades dos eventos digitais.

Se o tempo não for uma questão central? Se a pessoa puder assistir o conteúdo em outro momento?

Temos ainda as questões ligadas ao conhecimento relevante sendo compartilhado naquele local, naquele momento. Esse conteúdo não pode ser subscrito somente pelas pessoas que estão no local. Os assuntos são de interesse de muito mais gente. Assim, o conteúdo precisa ser franqueado para além das duas "paredes" do tempo do evento. Mesmo as pessoas que participaram, caso queiram recorrer ao conteúdo no pós-evento, terão dificuldades. A solução está no digital em vários formatos, como indicado nos capítulos.

O espaço

O local do evento também é um limitador:

- Várias pessoas que até possuem tempo no momento do evento, mas estão muito distantes do local. Quantas pessoas gostam da temática de um determinado evento, gostam do set de palestrantes, querem pagar para participar, mas estão a milhares de quilômetros do local. Só esse ponto já justifica que todos os eventos sejam, no mínimo, híbridos.

Assim, o conteúdo precisa ser franqueado para além das quatro paredes do local do evento, aumentando exponencialmente o público e também as eventuais fontes de receita do conteúdo on demand.

A portabilidade do evento é o ato de colecionar e trazer para o meu portfólio de saberes e para a minha vida pessoal e profissional o conhecimento, networking e a capacidade de assistir de novo ou pela 1a vez tudo que aconteceu no evento.

A necessidade

- Respeitar a necessidade e a vontade da pessoa (ir para a praça de alimentação e continuar assistindo as palestras).
- Ela faz da forma que ela quiser.
- Quiet rooms, local silencioso para descanso.

Eventos: Eventos Digitais

Os eventos sempre foram uma das grandes atividades de marketing e vendas de todos os mercados, de todas as indústrias, de todos os setores.

Basicamente, neles as pessoas se encontram para:

- Obter conhecimento
- Para networking e
- Para fechar bons negócios, divulgando
- seus produtos e serviços.

Nos eventos sociais, também existe o objetivo de confraternização e celebração.

A transformação digital dos eventos é uma realidade e vem acelerando nos últimos anos, principalmente com a demanda do próprio público, que está cada vez mais conectado e digital. Neste processo de transformação digital, a indústria inteira se vê diante de uma decisão que precisa ser tomada em relação ao formato dos seus eventos. Devem ser eles: **presenciais, híbridos ou virtuais?**

Os eventos virtuais não substituem nem acabarão com os eventos presenciais ou híbridos. Mas vieram para ficar e crescerão muito em número e aplicações de agora em diante.

Como fazer a transição do evento presencial para o híbrido ou virtual? Essa é a dúvida mais frequente entre clientes e profissionais de eventos. E, como acontece em tudo que é realizado pela primeira vez, as dúvidas são muitas e também são grandes as possibilidades de erro.

Também é comum entrar no automático e se ater a um software ou aplicativo familiar e, a partir dele, procurar encaixar todas as necessidades, quando na verdade deveria ser o contrário.

Deveríamos alinhar os objetivos do evento e as necessidades dos clientes e, em seguida, escolher plataformas tecnológicas que atendam a estes objetivos. Principalmente quando falamos de eventos corporativos.

Através de texto simples e direto, orientado aos profissionais de eventos, o conteúdo deste ebook é apresentado com conceitos, exemplos, diagramas e cases que ilustram e facilitam o aprendizado e a aplicação prática na tarefa de desenvolver um evento híbrido ou virtual. E o conteúdo complementar abrange diversas mídias e pode ser acessado gratuitamente através dos QR Codes espalhados pelo livro.

Boa leitura!

1.

TRANSFORMAÇÃO DIGITAL DA SOCIEDADE DO SÉCULO 21 E IMPACTOS NOS EVENTOS

O mundo está mudando muito. Mas, parece que sempre foi assim. Como disse Ennio Flaiano, "Estamos numa fase de transição. Como sempre."Ainda que entendamos que o mundo está mudando, parece que agora o ritmo de mudanças está acelerando.

Em geral, não estamos preparados para tamanha velocidade de mudanças e, nisso, todos ainda teremos que "evoluir". Até mesmo os grandes líderes do mercado de tecnologia entendem que a velocidade das mudanças não tem como ser contida e nós é que temos que nos adaptar.

Com a chegada da inteligência artificial, usada em larga escala, e do processamento de grandes massas de dados (big data), duas das mais fundamentais tecnologias habilitadoras desse novo momento que a sociedade está mudando, estamos efetivamente vivendo um novo momento de evolução tecnológica.

A transformação digital da sociedade é o grande cerne dessas mudanças todas e desta aceleração. Quando grande parte da atividade humana passou a acontecer nos bits (zeros e uns), adentramos fortemente num universo onde muita coisa que, normalmente, nem conseguimos imaginar, agora já podemos ver, experimentar e até sentir.

O mundo do cinema é um belo exemplo disso. A evolução digital revolucionou a forma como os filmes são feitos, o tempo de execução, os efeitos visuais, o som e até os roteiros.

O filme Matrix, neste sentido, foi um marco do cinema pelos novos efeitos visuais e pela forma como o roteiro se desenvolveu, conectando vários mundos. Não que essa modalidade fosse novidade, mas a mistura do físico com o digital levou toda a nossa imaginação para um lugar onde nunca tínhamos ido antes.

Foto criada com IA pelos autores como referência ao filme Matrix

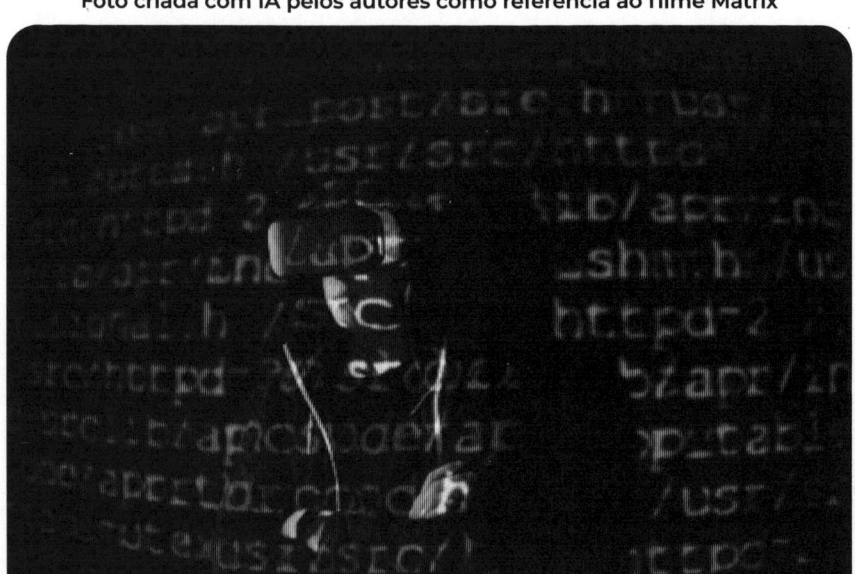

A transformação digital da sociedade, então, não tem a ver somente com a mudança dos aparatos analógicos para os digitais. Não é só a câmera fotográfica que antes usava filmes e agora é 100% digital, no próprio smartphone. Houve uma mudança dos eixos econômicos e até de criatividade.

Na economia, as maiores empresas do mundo em valor, na sua grande maioria, são empresas do mundo digital. Isso é uma mudança importante das últimas décadas.

Para saber mais
Acesse o vídeo sobre a mudança do eixo de valor das maiores empresas do mundo.

Veja vídeo, a partir do QR Code, a mudança do eixo de valor das empresas mais valiosas do mundo. Em 2010, o petróleo, bancos e o varejo comandavam a lista. Somente 3 empresas eram de tecnologia digital: a Microsoft, a Apple e a China Mobile.

Em 2019, menos de uma década depois, a mudança para o eixo da tecnologia digital já ficou evidente. 7 empresas são do mundo do digital e somente 3 de outros mercados "não tecnológicos".

Vale lembrar que em todas estas empresas existe o uso de tecnologias e inovação, até para que estejam nesta lista. A evolução do mercado financeiro com base em software é evidente. Quando listamos aqui as empresas de "tecnologia digital" queremos dizer que são empresas cujo produto principal é tecnologia.

Os números que as pesquisas revelam, sobre eventos

O podcast Panorama de Eventos em 2023/4, apresentado por Robson e Vanessa, discute os resultados da pesquisa "Panorama dos Eventos 2023", realizada pela VM Consultoria e SSK Análises. Embora contemple o mercado brasileiro de eventos, os dados obtidos estão alinhados com pesquisas similares realizadas em outros países.

Principais Resultados

- Os eventos estão maiores e com maiores orçamentos: 54% das empresas entrevistadas informaram que seus orçamentos para eventos aumentaram de um ano para o outro.

- O número de eventos também aumentou: 54,4% das empresas informaram que o número de eventos que realizariam em 2023 aumentaria em relação a 2022.
- Os eventos presenciais voltaram com força: 64% das empresas informaram que realizariam eventos presenciais em 2023, contra 26% de eventos virtuais e 10% de eventos híbridos.
- Os eventos híbridos e virtuais ainda são importantes: Apesar do retorno dos eventos presenciais, os eventos híbridos e virtuais ainda são utilizados por muitas empresas. 54% das empresas informaram que realizarão eventos híbridos em 2023 e 26% realizarão eventos virtuais.
- As principais métricas de avaliação de eventos são: número de participantes (90%), engajamento (70%) e interação nas redes sociais (60%).
- As principais ferramentas de engajamento utilizadas são: perguntas e respostas (85%), enquetes (80%), sorteio digital (75%) e quiz (70%).
- Há uma falta de estudos e pesquisas sobre as melhores práticas para eventos híbridos e virtuais.
- Há uma falta de ferramentas específicas para eventos híbridos e virtuais.
- A integração de ferramentas é fundamental para o sucesso de eventos híbridos e virtuais.
- As empresas precisam ter um plano estratégico de implementação de tecnologias digitais para eventos.
- Os eventos precisam ser inovadores e surpreendentes para se manterem relevantes.

Para saber mais
Acesse o relatório completo e o podcast da pesquisa.

O mercado de eventos está em crescimento e se adaptando às novas realidades. Os eventos presenciais voltaram com força, mas os eventos híbridos e virtuais ainda são importantes. As empresas precisam investir em tecnologias digitais e ter um plano estratégico para se manterem competitivas.

Veja cases, ebooks relevantes e outras informações e dicas, acessando o QR Code no resumo deste capítulo.

A SOCIEDADE PÓS-INDUSTRIAL E O EVENTO

Sociedade Pós-Industrial e Eventos: Uma Transformação em Colaboração

Segundo Domenico de Masi, a sociedade pós-industrial se caracteriza pela centralidade do conhecimento, da informação e da comunicação. Nesse novo paradigma, o trabalho se torna mais complexo e criativo, exigindo novas habilidades e competências dos indivíduos. As empresas, por sua vez, precisam se adaptar a essa realidade, buscando maior flexibilidade, agilidade e colaboração, deixando o formato industrial, pasteurizado, padrão para trás e desenvolvendo fortemente a capacidade criativa e de personalização das experiências.

Nos eventos na Sociedade Pós-Industrial:

- **Foco na Colaboração e na Criatividade:** Os eventos do futuro serão espaços ainda mais amplos para a troca de ideias, o compartilhamento de conhecimentos e a cocriação de soluções. A colaboração entre participantes, palestrantes e organizadores será fundamental para o sucesso dos eventos e isso se dará com a potencialização que a tecnologia traz para as interações que acontecem durante o evento e também no após.
- **Experiências Personalizadas e Engajadoras**: A personalização da experiência do participante será cada vez mais importante. Os eventos precisarão oferecer diferentes formatos, conteúdos e atividades para atender às necessidades e interesses de cada indivíduo. O evento será como uma orquestra, todos os participantes tocando

seu próprio instrumento, mas, ao ouvir o todo, a "música" parece brilhante e agradável a todos que a apreciam.
- **Sustentabilidade e Responsabilidade Social**: A sustentabilidade e a responsabilidade social serão princípios norteadores da organização de eventos. Os eventos do futuro serão mais conscientes do impacto ambiental e social que geram, buscando minimizar os impactos negativos e promover ações positivas. E isso vai acontecer de verdade.
- **Tecnologia como Facilitadora:** A tecnologia continuará a desempenhar um papel fundamental na organização e na realização de eventos. No entanto, a tecnologia deve ser utilizada de forma estratégica e criativa, para agregar valor à experiência do participante e não apenas para automatizar tarefas.

Entre os exemplos de Eventos Pós-Industriais estão

- **Hackathons:** Eventos que reúnem programadores, designers e outros profissionais para desenvolver soluções inovadoras para problemas específicos.
- **Meetups:** Encontros informais para pessoas com interesses em comum trocarem ideias e experiências.
- **Conferências Colaborativas**: Eventos que permitem que os participantes participem ativamente da programação, definindo temas, palestrantes e atividades.
- **Webinars:** Seminários online que permitem que pessoas de diferentes localidades participem de palestras e workshops.
- **Unconference:** são conferências ao contrário. Ao invés de várias pessoas virem ouvir poucas, todos virão para ouvir a todos, mas de forma estruturada e guiada.

Para saber mais
Se gostou do modelo UNCONFERENCE acesse aqui dicas de como realizar seu evento neste formato.

Consulte o capítulo 3 para encontrar outras tipologias e exemplos.

A sociedade pós-industrial tem transformado todo o mundo e também o dos eventos. Os eventos do (ou de) futuro serão mais colaborativos, criativos, personalizados, sustentáveis e tecnológicos. Para ter sucesso nesse novo cenário, o organizador de eventos precisa estar atento às tendências e buscar novas formas de criar experiências memoráveis e engajadoras para os participantes.

É uma oportunidade para os eventos se reinventarem e se tornarem mais relevantes para a sociedade. Ao abraçar as mudanças e buscar novas formas de conectar pessoas e ideias, os eventos podem contribuir para a construção de um futuro mais próspero e sustentável. Também os eventos pós-industriais alavancam a vida de seus participantes durante e após o evento, tendo participação ativa em suas vidas após todas as luzes terem sido apagadas. Busque soluções e experiências que enlaçam o participante em experiências mais criativas, mais úteis, mais profundas e mais perenes, de forma que o "evento" continue a acontecer na vida do participante por muito mais tempo, entregando para ele mais valor para sua vida pessoal e profissional.

A FRAGILIDADE DO MUNDO, O MUNDO DIGITAL E VUCA/BANI NO CONTEXTO DOS EVENTOS

O mundo em que vivemos hoje é marcado por uma complexa teia de interdependências e incertezas. Situações como a da pandemia da COVID-19, guerras, crises migratórias e mudanças climáticas evidenciam a fragilidade do nosso planeta e a necessidade de repensar a forma como organizamos e realizamos eventos.

VUCA/BANI: Um Mundo em Constante Transformação

O acrônimo VUCA (Volatilidade, Incerteza, Complexidade e Ambiguidade) foi criado para descrever o ambiente global no final do século XX. No entanto, nos últimos anos, a realidade se tornou ainda mais desafiadora, levando à criação do termo BANI (Brittle, Anxious, Non-linear, Incomprehensible).

- **Brittle (Frágil):** O mundo se tornou mais frágil, com sistemas interconectados que podem colapsar facilmente em cascata. A pandemia é um exemplo claro disso, com impactos em diversas áreas da sociedade.
- **Anxious (Ansioso):** A incerteza e a volatilidade do mundo geram ansiedade e medo nas pessoas, afetando sua saúde mental e comportamento. Isso pode ter um impacto significativo na participação em eventos.
- **Non-linear (Não linear):** As mudanças não acontecem mais de forma linear e previsível. Eventos inesperados podem surgir a qualquer momento, exigindo adaptabilidade e agilidade dos organizadores.
- **Incomprehensible (Incompreensível):** A quantidade de informações disponíveis torna difícil compreender a realidade em sua totalidade. Isso exige dos organizadores uma capacidade crítica para discernir o que é relevante e confiável.

Eventos em um Mundo VUCA/BANI

Organizar eventos em um mundo VUCA/BANI exige um novo mindset e novas habilidades dos organizadores. É preciso estar atento às mudanças do contexto global, planejar com flexibilidade, comunicar-se de forma transparente, tomar decisões estratégicas com base em dados que são gerados em tempo real para garantir o sucesso dos eventos.

Ao abraçar esses desafios e buscar soluções inovadoras, os eventos podem se tornar ferramentas poderosas para conectar pessoas, promover ideias e construir um futuro mais resiliente e sustentável.

Entre as principais características e impactos no mercado de eventos estão:

- **Planejamento Flexível e Resiliente**: Os eventos precisam ser planejados com flexibilidade para se adaptar a mudanças inesperadas.

Planos de contingência devem ser elaborados para lidar com diferentes cenários.

- **Comunicação Transparente e Constante**: A comunicação clara, transparente e constante com os stakeholders é fundamental para construir confiança e minimizar a ansiedade.
- **Segurança e Bem-Estar dos Participantes:** A segurança e o bem-estar dos participantes devem ser a principal prioridade dos organizadores. Isso inclui medidas de biossegurança, protocolos de segurança e suporte emocional.
- **Diversidade e Inclusão:** Os eventos precisam ser inclusivos e acolhedores para pessoas de diferentes origens, culturas e perspectivas. Isso contribui para um ambiente mais rico e diverso de ideias.
- **Sustentabilidade e Responsabilidade Social:** A organização de eventos sustentáveis e socialmente responsáveis é cada vez mais importante. Isso significa minimizar o impacto ambiental, promover práticas éticas e contribuir para o desenvolvimento social.
- **Dados que informam em tempo real:** organizadores precisam ter dados sendo enviados para seus smartphones e de seus colaboradores o tempo todo, informando a "saúde" do evento. Ações coordenadas e treinamentos para situações, numa lógica de previsibilidade, devem ser levadas a cabo.

A fragilidade do mundo e a complexa teia de interdependências exigem que os organizadores de eventos sejam mais proativos, adaptáveis e responsáveis. Ao navegar pelos desafios do mundo VUCA/BANI, os eventos podem se tornar espaços para a construção de um futuro mais justo, equitativo e sustentável para todos, mas, invariavelmente, isso vai exigir mais dos organizadores de eventos. Esteja preparado. Aliás, por ler esse livro, você já está à frente de milhares de outros organizadores de eventos do mundo inteiro. Parabéns!

Além destes aspectos, ganham destaque as diferenças geracionais que o mundo está vivenciando (veja o capítulo 3).

AS MÚLTIPLAS TRANSFORMAÇÕES DIGITAIS QUE ESTAMOS VIVENDO

Ninguém precisa falar para você a respeito da profunda transformação digital que estamos vivendo e que permeia todos os aspectos da vida humana, incluindo a forma como organizamos e vivenciamos eventos. Disso você já sabe! As múltiplas tecnologias digitais que surgem a cada dia moldam o comportamento das pessoas, suas expectativas e a maneira como interagem com o mundo ao seu redor. Compreender essas transformações é fundamental para os organizadores de eventos que desejam criar experiências memoráveis, relevantes e engajadoras para o público.

A Era dos Computadores e a Internet

A história da transformação digital, que molda profundamente a organização e a experiência dos eventos no século 21, tem suas raízes na invenção dos computadores na década de 1940. Esses primeiros computadores, colossais e complexos, eram máquinas de propósito único, usadas principalmente para cálculos científicos e militares. No entanto, eles marcaram o início de uma nova era, onde a informação poderia ser processada e armazenada de maneira revolucionária.

As décadas seguintes viram um rápido avanço na tecnologia dos computadores, com a criação de transistores, circuitos integrados e microprocessadores. Essa miniaturização e aumento de poder de processamento tornaram os computadores menores, mais acessíveis e versáteis, abrindo caminho para sua aplicação em diversas áreas.

Em paralelo, a década de 1960 deu origem à internet, inicialmente um projeto militar americano chamado ARPANET. Essa rede experimental conectou computadores de universidades e centros de pesquisa, permitindo a troca de mensagens e arquivos. A partir da década de 1980, a ARPANET se expandiu e se tornou a internet que conhecemos hoje, conectando milhões de pessoas e instituições em todo o mundo.

A internet criou o ciberespaço, um novo espaço virtual onde as pessoas podem se conectar, interagir e compartilhar informações. Esse ambiente digital revolucionou a forma como nos comunicamos, acessamos conhecimento, consumimos conteúdo e realizamos diversas atividades.

No contexto dos eventos, a internet possibilitou a comunicação em massa, a divulgação global e a participação de públicos remotos. Plataformas online como websites, e-mails e redes sociais se tornaram ferramentas essenciais para a organização e promoção de eventos, conectando organizadores, participantes e stakeholders de diferentes localidades.

A década de 1990 foi marcada pela ascensão da Web 2.0, caracterizada pela interatividade e pela participação ativa dos usuários na criação e compartilhamento de conteúdo. Plataformas como blogs, wikis, redes sociais e fóruns online permitiram que as pessoas se expressassem, colaborassem em projetos e se conectassem com interesses em comum.

No âmbito dos eventos, a Web 2.0 possibilitou a criação de comunidades online, a interação em tempo real entre organizadores e participantes e a participação ativa do público na construção da programação e da experiência geral do evento.

A Web 3.0, ainda em desenvolvimento, promete levar a internet para um novo patamar de inteligência, descentralização e personalização. Através de tecnologias como blockchain, inteligência artificial e realidade aumentada, a Web 3.0 visa criar um ambiente online mais autônomo, seguro e adaptado às necessidades individuais dos usuários.

Para os eventos, a Web 3.0 abre um leque de possibilidades para experiências ainda mais personalizadas, imersivas e engajadoras. Imagine eventos com curadoria de conteúdo baseada em inteligência artificial, tradução simultânea em tempo real através de realidade aumentada e sistemas de votação descentralizados para a escolha de palestrantes ou atividades.

A jornada da transformação digital nos eventos é contínua, marcada por inovações tecnológicas que moldam a forma como organizamos, vivenciamos e nos conectamos com esses eventos. Compreender as tendências e as novas tecnologias é fundamental para os organizadores que desejam criar experiências memoráveis, relevantes e engajadoras para o público do futuro.

A Relação das Pessoas com o Digital

As tecnologias digitais se tornaram parte integrante da vida das pessoas. A comoditização da tecnologia e a expansão do acesso à internet possibilitaram a democratização do conhecimento e a quebra de paradigmas. As pessoas estão cada vez mais conectadas e dependentes das ferramentas digitais para se comunicar, trabalhar, se divertir e aprender. E não tem nada de errado com isso. Outras tecnologias também nos deixaram dependentes no passado e, após serem totalmente comoditizadas, aprendemos a ser uma sociedade com elas. Dois bons exemplos disso são os óculos e o automóvel. Nos acostumamos a enxergar após os 40 anos e isso deu uma extensão da vida intelectual para todas as pessoas que puderam ter acesso a esta tecnologia. Não é uma tecnologia universalizada, como nenhuma o é. Mas é uma tecnologia que já estamos acostumados, enquanto sociedade. Virou coisa comum. Assim será com as ferramentas digitais. Será ou já está sendo?

Vantagens da Transformação Digital

A transformação digital traz consigo diversas vantagens que impactam diretamente a organização e a realização de eventos. As principais incluem:

- **Conexões:** A internet e as redes sociais facilitam a conexão entre pessoas de todo o mundo, ampliando o alcance dos eventos e permitindo a participação de um público mais diverso.
- **Custo-benefício:** As ferramentas digitais podem ajudar a reduzir custos com organização, logística e divulgação de eventos, além de permitir a criação de novas fontes de receita através de plataformas online.
- **Imediatismo:** A internet permite a comunicação instantânea e a disseminação rápida de informações, o que é fundamental para a organização de eventos em tempo real.
- **Personalização:** As ferramentas digitais podem ser utilizadas para personalizar a experiência dos participantes, desde a inscrição até o pós-evento.

- **Acessibilidade:** As tecnologias digitais podem tornar os eventos mais acessíveis a pessoas com deficiências ou que residem em locais distantes.

Realidade Mista: Uma Nova Fronteira para Eventos Imersivos

A realidade mista, que engloba a realidade virtual (RV), a realidade aumentada (RA) e outras tecnologias, abre um leque de possibilidades para a criação de eventos imersivos e engajadores. Através dela, os participantes podem experimentar simulações realistas, interagir com objetos virtuais e ambientes imersivos, e ter uma experiência mais profunda e memorável do evento.

Níveis de Realidades Mistas:

A realidade mista pode ser dividida em diferentes níveis, cada um com suas características e aplicações:

- **Nível Waze:** neste nível, o participante nem percebe que está numa experiência de realidade mista. Como no caso do Waze, que dá nome a este nível, a geolocalização é usada para sobrepor informações digitais ao mundo real. Este nível pode ser usado em várias outras aplicações, com o uso dos QR Codes para revelar outros conteúdos em uma exposição de feira. Por exemplo, o participante chega a um estande com veículos agrícolas expostos. Aponta para um QR Code presente em um dos veículos e acessa o descritivo técnico completo, presente no site da empresa. Mas essa experiência pode ser ainda melhor, veja o próximo nível.
- **Múltiplas Interações:** Esse nível permite interações mais complexas entre o mundo real e o digital, como através de QR Codes de 4ª geração que podem disparar ações como abrir websites, realizar compras ou acessar informações adicionais, de acordo com o perfil do participante. O mesmo QR Code entrega conteúdos distintos para perfis distintos, mas todos relacionados ao mesmo produto sendo

exposto. Este caso é muito útil para uma feira de produtos farmacêuticos, por exemplo, que entrega informações básicas para um participante comum, a respeito de um medicamento exposto. Mas, se um médico escanear o mesmo produto, poderá ver informações mais aprofundadas e de aplicação prática. Se for um pesquisador da área, ao escanear o mesmo código, poderá ter acesso aos dados de pesquisa que permitiram a liberação daquele medicamento para a população.

- **Realidade Aumentada:** A RA sobrepõe elementos digitais ao mundo real, como no caso do Vision Pro, que permite visualizar modelos 3D de produtos ou objetos em um ambiente real. Essa visualização não se restringe aos elementos gráficos somente. Há interação dos dados digitais com os elementos que estão presentes no mundo real.

As Últimas Acelerações Digitais

A pandemia da COVID-19 acelerou a transformação digital em diversos setores, incluindo a organização de eventos. O renascimento dos estados em contramovimento à globalização, a automação, a robotização e a inteligência artificial também impulsionam novas formas de organização e realização de eventos.

A transformação digital dos eventos proporciona uma jornada imersiva em um mundo hiperconectado e parece que realmente vamos conectar tudo, mesmo as coisas que não são eletrônicas e possuem conexões com a Internet. Esse é o mundo do IoE, Internet of Everything, onde a expansão da conectividade vai para além da Internet das Coisas.

A Internet das Coisas (IoT) revolucionou a forma como interagimos com o mundo físico, conectando objetos do dia a dia à internet e permitindo a coleta e análise de dados em tempo real. No entanto, a IoT se limita a objetos que possuem conectividade à internet, deixando de fora uma vasta gama de elementos que compõem o nosso entorno.

É nesse contexto que surge a Internet of Everything (IoE), um conceito que vai além da IoT e propõe a interconexão de tudo com a internet, incluindo objetos sem conectividade direta, infraestrutura, pessoas e até mesmo animais. Através da IoE, sensores integrados em diversos elementos do nosso cotidiano, como ruas, pontes, edifícios e até mesmo roupas, podem coletar e transmitir dados para a nuvem a partir das interações que outros objetos (estes conectados) fazem com eles.

Isso cria um ambiente hiperconectado e rico em informações. Imagine um QR Code em uma área de exposição, no prisma de um produto da indústria química, como um saco de polipropileno. Neste saco, não há conectividade, mas há um QR Code. Quando as pessoas, com seus smartphones escaneiam este QR Code no saco de polipropileno, elas mandam dados para os servidores que aquele saco foi escaneado tantas mil vezes. E isso faz com que o saco, não conectado, insira dados de scans através dos outros objetos que interagem com ele. Isso vale para tudo dos eventos, todas as interações e todas as coisas.

A IoE abre um leque de possibilidades para a organização e a experiência de eventos, elevando-os a um novo patamar de interatividade, personalização e imersão. Imagine um evento onde:

- **A infraestrutura do local se adapta às necessidades dos participantes**: Sensores inteligentes ajustam a temperatura, a iluminação e o som do ambiente de acordo com o perfil e as preferências do público.
- **Objetos físicos interagem com o ambiente digital:** Os participantes podem interagir com objetos físicos presentes no local, como painéis informativos ou displays interativos, que fornecem informações relevantes sobre o evento e seus conteúdos.
- **Dados em tempo real guiam a organização do evento:** A análise de dados coletados por sensores e outros dispositivos conectados permite aos organizadores otimizar a logística, o fluxo de pessoas e a experiência geral dos participantes.

Por fim, ainda temos a tecnologia 5G, com sua alta velocidade, baixa latência e grande capacidade de conexão simultânea de dispositivos, e que é a infraestrutura essencial para a IoE se tornar realidade nos eventos. Através do 5G, a grande quantidade de dados gerada pelos diversos dispositivos conectados pode ser transmitida e processada em tempo real, permitindo a interação instantânea entre objetos, pessoas e o ambiente digital.

A IoE e o 5G representam um salto quântico na forma como organizamos e vivenciamos eventos. Ao conectar tudo e todos, essas tecnologias abrem portas para experiências imersivas, personalizadas e altamente engajadoras, que redefinirão o papel dos eventos na sociedade.

O FÍSICO, O DIGITAL E O FIGITAL

Como vimos na sessão anterior, a IoE e o 5G abrem caminho para uma nova era de eventos: a era dos eventos hiperconectados. Nessa era, os limites entre o mundo físico e o digital se dissolvem, dando origem a experiências imersivas e engajadoras que transcendem os limites do tradicional. Para entender essa convergência, é fundamental compreender os conceitos de físico, digital e figital.

O Físico

O mundo físico é o ambiente tangível em que os eventos tradicionalmente acontecem. É o espaço onde os participantes se reúnem, interagem e vivenciam o conteúdo do evento. O físico representa a base fundamental dos eventos, fornecendo o palco para as experiências que serão criadas.

O Digital

O mundo digital é o universo virtual que se conecta ao mundo físico através da internet e das tecnologias digitais. É o espaço onde as informações são armazenadas, compartilhadas e processadas. O digital oferece uma gama de ferramentas e recursos que podem ser utilizados para aprimorar a experiência dos eventos.

O Figital

O figital é a fusão do físico com o digital, criando uma experiência híbrida que integra o melhor de ambos os mundos. No contexto dos eventos, o figital permite que os participantes experimentem o evento tanto no local físico quanto no ambiente digital, quanto na intersecção entre eles, ampliando o alcance e a interatividade.

Mas, como seria um evento figital hiperconectado com IoE e 5G?

Imagine um evento figital onde as tecnologias amplificam a convergência entre o físico e o digital:

- **Registro e credenciamento instantâneos:** Participantes podem se registrar e se credenciar online, evitando filas e otimizando o fluxo de pessoas no local do evento.
- **Navegação interativa pelo local:** Mapas digitais interativos com realidade aumentada guiam os participantes pelo local do evento, fornecendo informações sobre palestras, workshops e pontos de interesse.
- **Interação com objetos físicos:** Os participantes podem interagir com objetos físicos presentes no local, como posters, painéis informativos ou displays interativos, que fornecem informações adicionais sobre o local onde estão (contexto), o evento e seus conteúdos.
- **Transmissão ao vivo e simultânea:** Todas as palestras, workshops e apresentações são transmitidas ao vivo online, permitindo que pessoas de todo o mundo participem do evento remotamente. Pessoas poderão estar nas áreas de alimentação e, ainda assim, continuarem a participar das palestras. Outros poderão continuar a visitar o espaço de exposição, de forma mais exploratória, e continuar ouvindo uma palestra que se interessou, mas nem tanto.
- **Interação em tempo real com palestrantes e outros participantes:** Ferramentas de chat online e videoconferência permitem que os participantes interajam em tempo real com palestrantes, outros participantes e organizadores do evento. Perguntas e comentários podem ser enviados para o palestrante enquanto fala, através de projeções de "retorno" para palestrantes e mediadores.
- **Análise de dados em tempo real:** A IoE permite a coleta e análise de dados em tempo real sobre o comportamento dos participantes,

fornecendo insights valiosos para os organizadores aprimorarem a experiência do evento.

Os eventos figitais hiperconectados, impulsionados pela IoE e pelo 5G, representam uma nova fronteira da organização e da experiência de eventos. Ao integrar o físico e o digital de forma inteligente e estratégica, os organizadores de eventos podem criar experiências imersivas, personalizadas e altamente engajadoras, conectando pessoas e ideias, mais inteligentes e sustentáveis, pois tudo isso, por exemplo, acontece com zero papel e ainda otimiza tempos e processos).

O QUE É VIRTUAL? E O QUE É PRESENCIA? E O QUE É O HÍBRIDO?

No imaginário popular, a palavra "virtual" se contrapõe ao "real", como se fossem conceitos antagônicos. No entanto, essa visão simplista não reflete a complexa relação entre os dois mundos. O virtual, longe de ser apenas a negação do real, é, na verdade, uma extensão dele, uma forma de representá-lo e interagir com ele de maneiras inovadoras.

Tecnicamente, o virtual se refere a qualquer tipo de representação do real em meios que não o contêm diretamente. Imagine uma fotografia: a imagem capturada não é o objeto em si, mas sim uma representação dele em um meio digital. Essa representação, embora não seja o objeto real, pode nos fornecer informações valiosas sobre ele, como sua forma, cores e textura.

O mesmo princípio se aplica a diversos outros tipos de representações virtuais, como:

- **Modelos 3D:** representações tridimensionais de objetos, ambientes e até mesmo seres vivos, permitindo visualizá-los de diferentes ângulos e em detalhes realistas.
- **Realidade Virtual (VR):** cria ambientes imersivos que simulam a realidade física, permitindo que os usuários explorem e interajam com eles como se estivessem presentes no local.

- **Realidade Aumentada (AR):** sobrepõe elementos digitais ao mundo real, criando experiências interativas e enriquecedoras.

A virtualização permeia diversos aspectos da nossa vida, desde a forma como nos comunicamos, até a maneira como consumimos conteúdo e realizamos compras. As redes sociais, por exemplo, nos conectam com amigos e familiares que estão distantes fisicamente, criando novas formas de interação e comunidade.

No âmbito profissional, as ferramentas virtuais facilitam a colaboração entre equipes, a realização de reuniões online e o acesso a informações de forma remota. O ensino à distância também se beneficia da virtualização, expandindo o acesso à educação para pessoas que residem em locais remotos ou que possuem horários flexíveis.

A virtualização também está transformando o mundo dos eventos, abrindo portas para novas possibilidades de organização, participação e interação. Eventos online e híbridos, que combinam o presencial com o virtual, estão se tornando cada vez mais comuns, oferecendo diversas vantagens:

- **Alcance global:** Eventos online podem alcançar um público muito maior do que os eventos presenciais, permitindo que pessoas de todo o mundo participem.
- **Flexibilidade:** Os participantes podem acessar os eventos de qualquer lugar e a qualquer momento, de acordo com sua disponibilidade, interesse e vontade.
- **Redução de custos:** Eventos somente online ou híbridos geralmente são mais baratos de organizar do que os eventos presenciais, pois não exigem o mesmo investimento em infraestrutura e logística.
- **Novas formas de interação:** As ferramentas virtuais permitem a criação de novas formas de interação entre os participantes, como chats, fóruns e sessões de perguntas e respostas.

Embora a virtualização ofereça diversas vantagens, o presencial ainda tem um papel importante nos eventos. A interação humana direta, o contato físico e a sensação de comunidade são elementos que não podem ser completamente substituídos pelas ferramentas virtuais.

Eventos híbridos, que combinam o presencial com o virtual, são uma ótima maneira de aproveitar os benefícios de ambos os mundos. Os participantes podem assistir a palestras e apresentações online, enquanto se reúnem presencialmente para workshops, networking e outras atividades que exigem interação direta.

O futuro dos eventos provavelmente será marcado por uma convergência cada vez maior entre o virtual e o presencial. As tecnologias virtuais continuarão a se desenvolver, oferecendo novas possibilidades de interação e imersão. Ao mesmo tempo, o presencial continuará a ser um elemento importante para a criação de experiências significativas e memoráveis.

A virtualização dos eventos está abrindo um novo mundo de possibilidades, tornando-os mais conectados, acessíveis e inclusivos. As ferramentas virtuais permitem que pessoas de todo o mundo participem de eventos, independentemente de sua localização ou disponibilidade.

Ao combinar o virtual com o presencial, os organizadores de eventos podem criar experiências mais ricas, engajadoras e personalizadas para o público. O futuro dos eventos é promissor e está repleto de oportunidades para explorar outras novas.

Veja cases, ebooks relevantes e outras informações e dicas, acessando o QR Code no resumo deste capítulo.

WEB 3, BLOCKCHAIN, NFT

A era digital dos eventos ainda está em plena transformação, impulsionada também pelas tecnologias inovadoras da Web 3.0, blockchain e NFTs. Essas ferramentas estão redefinindo a maneira como organizamos, participamos e vivenciamos eventos, criando experiências mais imersivas, interativas e seguras.

Web 3.0: Um Novo Paradigma para a Internet

A Web 3.0, também conhecida como "Web semântica", representa uma evolução da internet, tornando-a mais descentralizada, inteligente e autônoma. Essa nova era da internet se baseia em três pilares:

- **Descentralização:** O poder e o controle da internet serão distribuídos entre os usuários, eliminando a necessidade de intermediários e grandes plataformas.
- **Semântica:** A internet se tornará mais inteligente, capaz de entender o significado dos dados e informações, facilitando a busca e o acesso à informação.
- **Autonomia:** Os usuários terão mais controle sobre seus dados pessoais e sobre como interagem com a internet.

Blockchain: A Base da Web 3.0

O blockchain é a tecnologia que sustenta a Web 3.0. Trata-se de um registro público e distribuído de transações, onde cada bloco de informações é criptografado e vinculado ao anterior, criando uma cadeia imutável e transparente. Essa tecnologia oferece diversos benefícios para os eventos:

- **Segurança:** As informações armazenadas no blockchain são seguras e imutáveis, protegendo contra fraudes e manipulações.
- **Transparência:** Todas as transações registradas no blockchain são públicas e podem ser rastreadas, garantindo transparência e rastreabilidade.
- **Eficiência:** O blockchain permite realizar transações de forma rápida, segura e eficiente, sem a necessidade de intermediários.

NFTs: Colecionáveis Digitais Únicos e Autênticos

NFT é a abreviação de *Non-Fungible Token*, ou Token Não Fungível. É um ativo digital único, ou seja, "qualquer item (imagem, texto ou mídia) transformado em um código binário que leva embutido seu direito de uso e de propriedade".[1] Representa hoje o maior impulsionador de transações do mercado digital, incluindo os jogos. Podem ser categorizados em 4 grupos (ver Formatos).

Os NFTs são tokens digitais únicos e autênticos que podem representar diversos tipos de ativos, como obras de arte, música, itens de jogos e até mesmo ingressos para eventos.

É um ativo digital único, ou seja, "qualquer item (imagem, texto ou mídia) transformado em um código binário que leva embutido seu direito de uso"[2] e de propriedade. Representa hoje o maior impulsionador de transações do mercado digital, incluindo os jogos. Podem ser categorizados em 4 grupos (ver Formatos).

Por ser salvo na blockchain em uma *wallet* (carteira de NFTs) segura, ele pode ser acessado por qualquer device e é empoderado pelos contratos inteligentes (parte de código que é salvo na blockchain de maneira transparente e imutável, permitindo que sejam transferíveis e tenham autenticação do direito de propriedade).

Ou seja, reside em oferecer muito mais do que uma foto ou desenho bonito que o represente, mas em incorporar e entregar, desde o primeiro contato, um valor real e valioso para o *NFT holder*, ou o portador da NFT. E manter regularidade nesta entrega de valor ao longo de todo o período de posse dele.

Potencial do mercado

O mundo da música já acordou para as vantagens oferecidas pelo NFT:

- Snoop Dog, o famoso rapper norte-americano há muito decidiu incorporar a tecnologia blockchain na sua marca. Em 2022, já tinha dezenas de milhões de dólares e mais de 250 NFTs na sua wallet.

---

1 https://pt.wikipedia.org/wiki/Ativo_digital acesso em 10/10/24
2 https://pt.wikipedia.org/wiki/Ativo_digital

- Em 2021, o potencial de NFT para a música explodiu para acima de US$3 bilhões por mês, entre pouco mais de 1 milhão de usuários.
- O mercado de metaverso musical deve explodir para centenas de US$ bilhões na próxima década.
- Mais de 60% do dinheiro ganho nas NFTs musicais em 2021 foi para artistas independentes[3].
- King of Lyon, banda de rock norte-americana, foi a 1ª banda a relacionar um álbum como uma NFT, gerando US$ 2 milhões com vendas e mais de US$500k doados a um fundo para apoiar equipes de música ao vivo durante a pandemia.
- Grimes, cantora canadense, também foi uma das artistas a entrar na NFT Gold Rush. Ela vendeu cerca de US $ 6 milhões em obras de arte digitais depois de colocá-las para leilão na primavera passada.[4]

A figura 1 apresenta, descreve e contextualiza a estrutura esquemática do NFT:

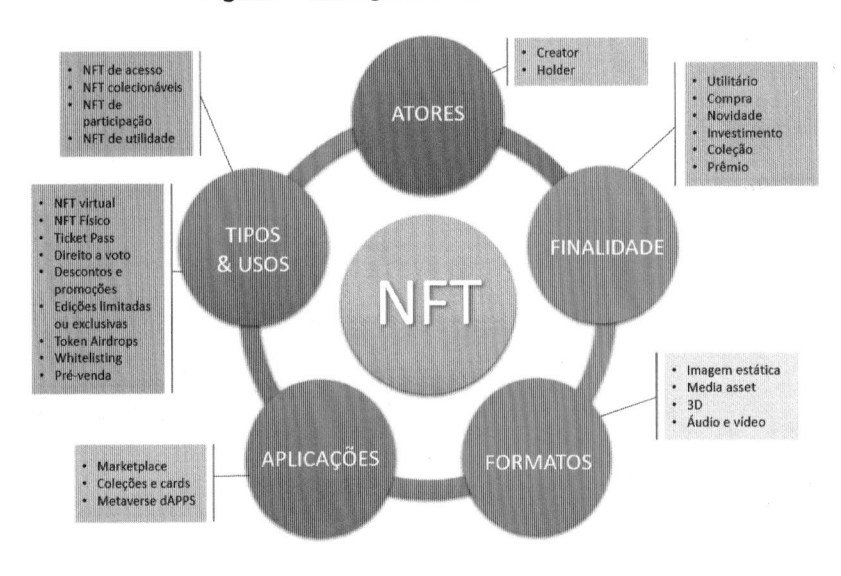

Figura 1 - Visão geral do mercado de NFTs

ATORES
- Creator
- Holder

TIPOS & USOS
- NFT de acesso
- NFT colecionáveis
- NFT de participação
- NFT de utilidade
- NFT virtual
- NFT Físico
- Ticket Pass
- Direito a voto
- Descontos e promoções
- Edições limitadas ou exclusivas
- Token Airdrops
- Whitelisting
- Pré-venda

FINALIDADE
- Utilitário
- Compra
- Novidade
- Investimento
- Coleção
- Prêmio

FORMATOS
- Imagem estática
- Media asset
- 3D
- Áudio e vídeo

APLICAÇÕES
- Marketplace
- Coleções e cards
- Metaverse dAPPS

---

3   ELLIOTT, Eric. The Musician's NFT & Metaverse Playbook - https://medium.com/the-challenge/the-musicians-nft-metaverse-playbook-fe97023eaee2 21/01/22

4   KACHAN, Dana. Snoop Dogg and other musicians are getting in on the NFT Gold-fever - https://productcoalition.com/snoop-dogg-and-other-musicians-are-getting-in-on-the-nft-gold-fever-f402881a39e0

1. PRINCIPAIS ATORES ENVOLVIDOS

Há duas personas diretamente envolvidas na criação e posse de um NFT:

- CREATOR - É o dono ou o criador do NFT e da coleção:
    o   Cria novas formas de receitas que perduram,
    o   Aumenta a fidelidade à marca,
    o   Gera buzz e interesse pelo projeto e
    o   Mantém engajamento de consumidores ativos e prospects

- HOLDER - É quem compra o NFT. A posse pode ser de *single ownership* (único dono) ou compartilhada com outros holders:
    o   Obtêm itens físicos ou virtuais exclusivos (conteúdo, brindes, acesso a eventos, mercadorias, networking, autógrafos, produtos fora de linha ou esgotados, etc.).
    o   Tem acesso a comunidades dedicadas e exclusivas.
    o   Tem possibilidade de ganhos no mercado secundário.

A justificativa pelo crescimento exponencial do interesse e uso dos NFTs está no engajamento e envolvimento da comunidade dos *holders* com uma coleção por longos períodos.

> O potencial do NFT impressiona pelo crescimento. Apenas na OpenSea, uma das principais marketplace de NFT, houve aumento de 7 vezes no volume transacionado do 2º para o 3ª trimestre de 2021 (de $1,3 Bilhões para $10,7Bilhões (mais de $10bn em volume foi negociado no OpenSea em 2021.[5]

Quanto melhor e mais estruturada é a experiência e mais profunda a conexão obtida, maior será a atração, o interesse e a permanência dos *holders* no grupo. A construção desta comunidade segue os mesmos preceitos

---

5   https://www.yahoo.com/now/more-10bn-volume-now-traded-155716114.html

de outras: pessoas e fãs com mesma mentalidade, desejos, vontades e relacionamentos. O NFT pode ser a porta de acesso e o estímulo a tudo isso e muito mais.

Quanto melhor e mais estruturada é a experiência e mais profunda a conexão obtida, maior será a atração, o interesse e a permanência dos *holders* no grupo. A construção desta comunidade segue os mesmos preceitos de outras: pessoas e fãs com mesma mentalidade, desejos, vontades e relacionamentos. O NFT pode ser a porta de acesso e o estímulo a tudo isso e muito mais.

2. FINALIDADE

O segredo que diferencia um NFT e também uma coleção de sucesso está na sua utilidade, ou seja, no valor ou oferta a ele atrelados e entregues aos *holders*. Para conseguir isso, o NFT deve conter os gostos, as necessidades e a identidade do consumidor potencial, estimulando as decisões emocionais e buscando que tenha a maior vida útil possível.

Eles podem ser físicos (oferecem benefícios na vida real) ou digitais (atraem o titular para o mundo online dos criadores).

De acordo com Hackl[6], a utilidade de um NFT pode estar relacionada em 3 categorias:

- **GEOLOCALIZAÇÃO** - Está relacionado com localização, ou onde você posiciona seu NFT no mundo virtual. Ao escolher colocá-lo perto de marcas associadas, produtos similares ou eventos que tenham aderência ao seu projeto, você aumenta muito as possibilidades de sucesso. Como por exemplo, escolher as proximidades de um estádio de futebol para colocar NFT focados neste esporte.
- **CONTEXTUALIZAÇÃO** - Engloba o que fazer no local (geolocalização), como por exemplo, ingresso em evento, skins, avatar e cupons, adicionando contexto a ele e criando pontes atrativas entre o mundo real e o metaverso no qual está inserido.

---

6   HACKL, Cathy et al. Navigating the metaverse. Hoboken, New Jersey, USA: Wiley, 2022 p 162

- **GAMIFICAÇÃO -** É a melhor maneira de engajar os consumidores: criando atividades que possam motivar a retornar e consumir cada vez mais, aumentando a demanda por mais NFTs.

Além da utilidade, Hackl indica outras cinco categorias na compra e venda de NFTs podem ser feitas por ser novidade, como investimento, para coleção de arte ou por gosto pessoal, para uso como prêmio por completar tarefas, como objeto de troca por outro INFT ou para conter conteúdo exclusivo. Quando utilizado como PoS – *proof-of-stake*, esta categoria garante ganho passivo percentual anual durante toda a sua validade.

3. FORMATOS

Segundo Kackl, (HACKL, Cathy et al. Navigating the metaverse. Hoboken, New Jersey, USA: Wiley, 2022 p 162) eles podem ter uma grande variedade de formatos, tais como:

- **Imagem estática -** É o mais comum. São figuras planas, bidimensionais como desenhos e fotos, normalmente nos formatos JPG, PNG, GIF, SVG E TIF. Algumas das mais famosas e valiosas coleções como a BYAC - *Bored Ape Yatch Club* e a *Crypto Punk* utilizam este formato. Aplicáveis no *marketplaces*, coleções e cards e *metaverse dApps*.
- **Media asset -** São pequenos arquivos animados como GIF, mintados como NFT. Aplicáveis em marketplaces e *metaverse dApps*.
- **3D** - Em formato como glTF tem apelo ainda mais especial quando visualizado em RA e RV, Aplicáveis no *marketplaces*, coleções e cards e *metaverse dApps*.
- **Audio e video -** Ao transformar sua criação de conteúdo digital em NFT, o seu criador pode proteger sua obra em audiobooks, música, filmes, etc. Formatos mais utilizados: GIF, MP4, MP3, WebM, WAV e OGG. Aplicável no *marketplaces*. E o esporte já saiu na frente e está lucrando muito com esta ideia, em especial o basquete norte-americano e o futebol mundial.

4. APLICAÇÕES

Os NFTs são comercializados unitário ou como parte de uma coleção em um marketplace, local onde os usuários podem comprar e vender NFT em qualquer formato (ver o próximo tem com o mesmo nome) ou coleções. Uma das plataformas mais conhecidas é a OpenSea.

A justificativa pelo crescimento exponencial do interesse e uso dos NFTs está no engajamento e envolvimento da comunidade dos *holders* com uma coleção por longos períodos.

> O potencial do NFT impressiona pelo crescimento. Apenas na OpenSea, uma das principais marketplace de NFT, houve aumento de 7 vezes no volume transacionado do 2º para o 3ª trimestre de 2021 (de $1,3 Bilhões para $10,7Bilhões (mais de $10bn em volume foi negociado no OpenSea em 2021. [7]

As aplicações de NFTs em eventos

Os NFTs oferecem uma série de oportunidades para inovar na organização de eventos, proporcionando experiências mais personalizadas, exclusivas e engajadoras. Ao explorar os diferentes tipos de NFTs e suas aplicações, os organizadores de eventos podem criar eventos mais memoráveis e lucrativos. Mas não deve-se esquecer do investimento que esta inovação pode demandar do evento, tracionando o orçamento que, invariavelmente, é apertado.

A utilização de NFTs para ingressos (ver item anterior) é uma das aplicações mais promissoras para o mercado de eventos, pelas vantagens oferecidas detalhadas neste capítulo. A sua utilização como ingresso, permite acesso aos 3 ambientes nos quais os eventos podem ser realizados: presencial, virtual e híbrido.

---

7   https://www.yahoo.com/now/more-10bn-volume-now-traded-155716114.html

A criatividade na escolha dos utilitários que podem ser utilizados para eventos e turismo não tem fim. NFT de viagem em grupo reduzido para participar de evento internacional pode ser vendido em lotes por leilão e incluir várias vantagens além de passagens e hospedagens: conteúdo bônus, arte animada por designers famosos, assentos VIP em palestras e shows, comida e bebida diferenciada, oportunidades de networking, entre outros.

Nos eventos virtuais (incluindo o metaverso) e presenciais, também podem ser replicados o conteúdo descrito no item NFT *ticket* e a outros que são exclusivos do universo virtual, como acesso a áreas específicas e únicas aos *holders*.

Um exemplo muito bacana é oferecer encontro exclusivo virtual e ao vivo com um influenciador, ídolo, artista, jogador ou expert para tirar dúvidas, histórias de bastidores ou apenas bate-papo.

Quais as vantagens do uso em Eventos?

Essa tecnologia oferece diversas vantagens para os eventos:

- **Propriedade digital:** Os NFTs permitem que os participantes possuam e troquem ativos digitais de forma segura e transparente.
- **Novos modelos de monetização**: Os organizadores de eventos podem criar novos modelos de monetização, vendendo NTFs como ingressos colecionáveis, acesso a experiências exclusivas ou direitos de propriedade intelectual.
- **Engajamento do público:** Os NTFs podem ser usados para criar experiências interativas e engajadoras para os participantes, como jogos, desafios e recompensas. Cria uma conexão mais profunda entre os participantes e o evento, incentivando a participação e a fidelização.
- **Autenticidade e Exclusividade:** Cada NFT é único, garantindo a autenticidade e exclusividade dos itens adquiridos.
- **Novas Fontes de Renda:** Gera novas fontes de receita para os organizadores de eventos.
- **Sustentabilidade:** Elimina a necessidade de imprimir ingressos físicos e outros materiais promocionais, reduzindo o impacto ambiental.
- **Experiência Imersiva:** Oferece uma experiência mais rica e interativa para os participantes, integrando o mundo físico e o digital.

- **Maior segurança** – por ser único, rastreável e inviolável a fraudes e falsificações, muito comum quando se usa ingresso impresso, o NFT *ticket* garante a sua posse ao *holder* e a verificação de autenticidade de cada ingresso.
- **Fácil rastreabilidade** – além da verificação de autenticidade, permite rastrear quem é o verdadeiro dono.
- **Melhor experiência para o fan** - por ser um ativo digital, ao NFT podem ser agregados **itens exclusivos** pela lealdade, tais como:
  o Alimentos ou bebidas,
  o Brindes,
  o Acesso a eventos futuros ou únicos para holders, como encontro especial de bate-papo com jogadores ou artistas. (ver produtos físicos) e
  o Participação em comunidade de holders no Discord, ou outro ambiente.
- **Lucratividade maior e constante –** Na revenda direto pelo portador ele pode ter lucro e o evento ainda pode receber taxa de royalties pelo processo, algo impensável no método tradicional de impressão.
- **Nos itens colecionáveis –** semelhante ao que já acontece com os ingressos físicos, o NFT *ticket* também pode ser parte de coleção.
- **Maior rapidez** – o NFT pode ser criado e mintado em menos de 1 minuto.
- **Baratos de produzir** – é bem mais barato criar e comercializar um NFT do que o ingresso físico.
- **Praticidade** – pode ser acessado pelo portador de qualquer device.
- **Maior controle** – por serem rastreáveis, o organizador sabe exatamente quantas pessoas estão no evento com este ingresso e tem a certeza de que foram comprados em canais oficiais.
- **Maior acesso aos millennials e Gen-Z** – estes nativos digitais nascidos entre 1984 e 2005 têm muita facilidade para acessar e usar todos os recursos digitais. Assim sendo, transitam nas ferramentas da web 3, como as criptomoedas e os NFTs com tranquilidade e frequência.
- **Direito a voto –** Por serem invioláveis e facilmente rastreáveis, ao holder pode também ser dado direito de opinar sobre assuntos específicos

da comunidade a que pertence, tais como escolher o *line-up* do evento, curadoria de conteúdo e ações de ativação da marca.
- **Descontos e promoções** – Outra aplicação do 'Produto físico' é, a qualquer momento, oferecer cupons de descontos ou promoções dos produtos ou serviços da sua empresa ou de marcas parceiras.
- **Edições limitadas ou exclusivas** – O conceito de escassez é aplicado com maestria para as melhores coleções de NFTs, impondo senso de exclusividade, urgência e diferenciação. O resultado também beneficia aos holders e ao criador da coleção, pois
- **Outros** – Mais uma opção é o oferecimento de experiências imersivas através de conteúdo em vídeo, imagens ou sons exclusivos apenas para os holders, como entrevista, faixa de música, cenas não escolhidas, melhores momentos, gravação ao vivo e on demand dos bastidores e ao camarim do show, etc.

A tabela 1 mostra algumas vantagens para os organizadores de eventos e para o público.

Tabela 1 - Como a venda de NFT favorece convidados e organizadores

PARA ORGANIZADORES	PARA CONVIDADOS
Obter vantagens e incentivos para a compra de ingressos da NFT	Os designs de ingressos que retratam a história de um evento atrairão as pessoas a colecioná-los.
Revender os ingressos para os próximos eventos.	Verifique a autenticidade de cada ingresso e seu proprietário
As pessoas adoraram coletar ingressos antigos.	Lucre com a revenda de bilhetes NFT.
Vender os ingressos dos eventos anteriores mais raros.	Utilize dados potenciais para melhorar eventos futuros
Manter seus memórias vivas.	Envie um e-mail ou uma mensagem de texto para distribuir tíquetes NFT.
Armazenar os ingressos da NFT para sempre.	Torne-se parte da comunidade de um organizador de eventos.

Fonte: NFT ticket: how are the event management and ticketing industry embracing this trend? - https://bitscrunch.com/blogs/nft-tickets. Tradução e adaptação dos autores.

Apesar destas e outras vantagens, também existem desafios e pontos a considerar no uso dos NFTs. A volatilidade do mercado por exemplo. O valor dos NFTs pode flutuar significativamente, o que pode gerar incerteza para os compradores. Tem também a questão da complexidade técnica, pois a tecnologia blockchain pode ser mais difícil de entender para alguns usuários, o que pode dificultar a adoção dos NFTs. A regulamentação dos NFTs ainda está em desenvolvimento em muitos países, o que pode criar incertezas jurídicas.

5. TIPOS E USOS

Os NFTs podem ser classificados e ter vastas opções de uso, tais como:

- **NFT virtual**

Este é um dos primeiros tipos de NFT, ao qual são aplicados e incorporados apenas itens virtuais

- **NFT físico**

Pode conter mercadorias físicas e brindes especiais e exclusivos resgatáveis como parte da utilidade do seu NFT, como a feita pela Coca-Cola entregando refrigerante grátis durante evento patrocinado pela marca, ou ainda incluir também acesso à local VIP, etc.

Quanto mais raro e exclusivo, maior valor é agregado ao NFT. Este movimento pode ser feito pelas marcas em coleções já existentes, como feito pela coleção exclusiva da Adidas de moletons, agasalhos e gorros apenas para membros do BAYC[8]. Por promover engajamento das marcas (sporsorship engagement) é um movimento chamado por alguns como com forte tendência de uso pelas marcas.

Podem também chamados de *redeemable* NFT (NFT resgatável, *digital twin* NFT (NFT gêmeo digital) ou *phygital* NFT (NFT físico + digital), traz várias vantagens ao ajudar as marcas a aumentarem presença, criarem mais opções de receita e alcançarem público diversificado. Entre os formatos estão:

---

8   https://boredapeyachtclub.com/#/

- **Resgate de itens físicos** – você pode atrelar utilidades ao NFT que incluem resgate de itens físicos como o feito pelo festival Coachella. A sua coleção *Desert Reflections Collections* incluía versão de 10 posters da história do evento, que podiam ser resgatados em livro físico das fotos.
- **Vendas de royalties secundários** – as características essenciais do NFT, já explicadas anteriormente, possibilitam que a ele sejam pré-definidos percentuais em cada revenda. Ou seja, a cada vez que ele é negociado, percentual desta transação é concedida ao dono original (normalmente de 5% a 10%) de forma segura e garantida.
- **Colaboração com outras marcas** – a popularidade das coleções de NFTs estão sendo utilizadas pelas marcas para alcançar novos públicos e construir melhores conexões com os consumidores atuais.

- **SOCIAL TOKEN**[9]

Ou *Social Media Tokens*, termos em inglês para Token Social. Por ter sua operação muito similar a de um NFT (Token não-fungível), utilizarem a tecnologia blockchain, em especial a da Ethereum e o mesmo modelo das criptomoedas, ele também é chamado de NFT Social.

> Os tokens sociais são essencialmente um tipo de criptomoeda que uma pessoa, marca ou organização pode usar para se monetizar além de avenidas tradicionais, como publicidade paga, embaixadores e patrocínios. (...) São sobre possuir uma parte da comunidade e o conteúdo, em vez de apenas obter acesso a ele. Os detentores de token social têm direitos únicos que até agora não estavam disponíveis para eles.

---

9   EDGER, Zent. Social Token and the future of web3.0. https://www.zenledger.io/blog/what-are-social-community-tokens acesso em 23/10/22 Wikipedia - https://en.wikipedia.org/wiki/Social_token

Também são uma nova maneira de se envolver mais nas comunidades e criar um relacionamento mais profundo, não apenas com um criador de conteúdo como um comediante, músico ou um artista criptográfico, mas com as outras pessoas que compartilham os mesmos interesses.[10]

Ou seja, está estruturado na ideia de criar uma nova maneira de favorecer as finanças do seu criador, utilizando o *social token* para monetizar e aumentar os ganhos das suas marcas (produtos e serviços) pessoais, além de dar a ele o controle de propriedade do seu trabalho. Desta forma, diminui a dependência dos artistas e criadores de conteúdo dos grandes players do mercado na web2.0, como Spotify, YouTube, gravadoras, distribuidoras, etc.

Entre os setores que mais os utilizam estão:

- Entretenimento,
  - Esportes,
  - Artes,
  - Criação de conteúdo,
  - Design,
  - Turismo,
  - Eventos e
  - Games.

A tabela 2 mostra comparativo entre o token social e NFT.

- **PERSONAL TOKENS OU CREATOR TOKENS**

Criados por celebridades, influenciadores ou experts para servir de troca de trabalho, como para ser resgatado para ter acesso a conversas ou consultas privadas ou em grupo.

---

10   BREIA, Rachel. *A guide to social tokens What are social Tokens* - https://sensoriumxr.com/articles/what-are-social-tokens 23/10/22

Tabela 2 - Comparativo entre Token Social e NFT

PARA ORGANIZADORES	PARA CONVIDADOS
São de natureza fungível – O 1º e último tem o mesmo valor e não indistinguíveis um do outro.	Cada NFT é única e incentiva os colecionadores.
São construídos em torno do princípio da economia de propriedade, assumindo que as comunidades de criadores ganharão um valor múltiplo no futuro.	São incríveis ferramentas de monetização na economia da criação de conteúdo na web3.
Permitem que os criadores de conteúdo monetizem o trabalho como parte do token não-fungível (NFT).	
Podem dar aos criadores de conteúdo o direito da propriedade intelectual e da imagem.	
Serão pilares-chave para como os criadores de conteúdo extraem e transferem o valor das comunidades que cultivam.	

Fonte: https://www.zenledger.io/blog/what-are-social-community-tokens / https://sensoriumxr.com/articles/what-are-social-tokens .

Os tipos de social token são (BREIA, Rachel. A *guide to social token*s - https://sensoriumxr.com/articles/what-are-social-tokens

Acesso 23/10/22 Adaptação dos autores.

- **COMMUNITY TOKENS**

    Feitos para envolver os membros de uma comunidade através da entrega de vantagens e facilidades. Além do benefício do holder fazer parte da comunidade, ele também passa a receber itens exclusivos como direito a voto, mercadorias, acesso antecipado a conteúdo, eventos privativos, etc.

- **PARTICIPATION TOKEN OU SOCIAL PLATFORM TOKENS**

Esta é uma opção de *crowdfunding* adaptada para a blockchain. Oferece várias vantagens para o *creator* ou emissor, que emite, vende, controla e define o valor do produto ou serviço ainda em desenvolvimento e ganha os recursos necessários para a sua produção e entrega.

O *creator* consegue financiar seus projetos e os *holders* ganham recompensas e benefícios além de participação fracionária na coleção de NFTs. O *holder*, tem acesso antecipado aos produtos ou serviços e pode ter um bom lucro no mercado secundário, quando da revenda do NFT. Além destes benefícios, ao contrato inteligente deste tipo de NFT podem ser incluídas outras vantagens, já descritas anteriormente.

A presença da solidariedade em ações de responsabilidade no mercado brasileiro faz com que mais uma atribuição possa ser incluída aos tipos de token:

Token solidário

Por ser também uma ação que envolve o crowdfunding, este NFT social é uma variação da anterior (*Participation Token*). A diferença está em ter finalidade solidária e sem fins lucrativos para com o dinheiro arrecadado.

O "Impactoken Outubro Rosa"[11] foi direcionado para financiar expedição de 7 dias para atendimento à saúde de 500 mulheres em algumas cidades do Ceará. A transparência de todas as operações, registradas na blockchain permitem o acompanhamento de todas as transações realizadas.

Tipos de NFTs em Eventos

Os NTFs não são todos iguais e quando falamos na aplicação na área de eventos, podemos entender os tipos e onde usar na nossa indústria. Vamos ver aqui os principais tipos:

---

11 https://www.moneytimes.com.br/liqi-utiliza-social-tokens-para-levar-atendimento-gratuito-a-mulheres-durante-outubro-rosa/ acesso 23/11²22

NFTs de Acesso

- **Ingresso Digital:** Substitui os ingressos físicos por tokens únicos, garantindo a autenticidade e evitando fraudes.
- **Backstage Pass:** Oferece acesso exclusivo a áreas restritas do evento, como camarins ou meet & greets com artistas.
- **Experiência VIP:** Confere experiências únicas, como jantares com palestrantes, workshops exclusivos ou meet & greets com personalidades.

NFT Ticket Pass e NFT POAP

São os maiores potenciais para o mercado MICE, pois fortalecem a comunidade, mantém alto o engajamento e estimulam a lealdade dos membros.

O NFT *ticket* serve como credencial de acesso ao evento exclusivo, além de poder incluir vantagens exclusivas. Eles podem;

- Ser não-fungível
- Ser *single ownership* (único dono)
- Ter métodos de pagamento integrados
- Estar ancorado em blockchain inteligente

O protocolo POAP – *Proof of Attendance Protocol,* ou "Protocolo de Prova de Comparecimento foi desenvolvido em 2019 na rede ETH (Etherium) e no ano seguinte migrou para a side chain xDai, que oferece transações rápidas e baratas.

O POAP foi criado para comemorar e registrar o comparecimento em um certo evento, substituindo o ingresso ou inscrição tradicional. Seu valor pode ser ainda maior, quando estimulado como item de coleção e um registro confiável e de fácil acesso dos registros das suas experiências de vida ou comprovante de algo especial, criando portfólio ou currículo descentralizado do seu envolvimento em grupo ou assunto específico. São, portanto, itens colecionáveis que mostram lugares ou atividades que realizou e com quem estava quando aconteceu. Também pode ser utilizado para certificados diversos como: etapas em jogos, vacinas e cursos, entre outras opções.

Além deste registro, o POAP[12] tem outras possibilidades interessantes como sorteio de brindes, descontos, etc., criar e acessar sala de chat, permitir envio de perguntas ou ainda participar de votação apenas entre quem tem POAPs específicos. Existem várias formas de distribuição, como solicitando palavra-secreta ou para endereços específicos, entre outras opções.

NFTs Colecionáveis

- **Momentos Digitais:** Oferecem itens colecionáveis digitais, como pôsteres virtuais autografados, passes de acesso exclusivos a áreas VIP virtuais ou fragmentos de vídeos do evento.
- **Obras de Arte Digitais:** Artistas podem criar obras de arte exclusivas e vendê-las com NFTs durante o evento, proporcionando uma fonte de renda adicional e um atrativo para colecionadores.

NFTs de Participação

- **Token de Governança:** Confere aos detentores o direito de votar em decisões sobre o futuro do evento, como a escolha de palestrantes ou a definição da programação.
- **NFTs de Co-criação**: Permitem que os participantes colaborem na criação de elementos do evento, como a escolha do tema ou a definição da identidade visual.

NFTs de Utilidade

- **Merchandise Virtual:** Oferecem produtos digitais, como avatares personalizados, roupas virtuais para metaversos ou itens para jogos.

---

12 https://artigos.banklessbr.com/p/o-que-e-poap-colecionando-suas-experiencias acesso 22/10/22

- **Descontos e Benefícios:** Conferem descontos em produtos ou serviços relacionados ao evento, como hospedagem, alimentação ou transporte.
- **Token Airdrops –** Airdropping é um método de distribuição utilizado para enviar tokens ou criptomoedas para as wallets. O envio de novidades é uma poderosa ferramenta para aumentar ou manter os *holders* engajados e envolvidos. Há pouco tempo, uma ação de muito sucesso, foi obtida com o envio aos *holders* dos BAYC, sua dose de *"Bored Ape Mutant Serum"* (soro mutante dos *Bored Apes*), que provocava apenas uma mutação no macaco do holder, tais como, dentes deformados, olhos esbugalhados, camisa rasgada, etc.
- **Whitelisting (lista de espera) para novos lançamentos –** É a criação de lista de espera para determinadas wallets permitindo acesso antecipado para pré-venda de NFTs. É uma maneira de recompensar os holders pela sua lealdade e por fazerem parte do grupo.

Veja cases, ebooks relevantes, opinião de expert e outras informações e dicas, acessando o QR Code no resumo deste capítulo.

O PROCESSO DE CRIAÇÃO E VENDA DE NFT

O passos para a criação e comercialização de NFTS

1. **Mapeamento –** Elabore a estratégia baseada nos objetivos e nas personas do público-alvo, além dos planos financeiro, operacional, comercial e de marketing.
2. **Roadmap –** defina caminho atraente e sedutor para o holder, explicando de forma clara o que ele pode esperar do seu projeto:
   - Identifique os prêmios, produtos e serviços exclusivos, virtuais e físicos, que serão oferecidos.
   - Defina critérios e datas para os lotes e lançamentos de utilitários a serem liberados

3. **Comunicação constante**
   - Mantenha a comunidade envolvida.
   - Mostre com clareza o valor do seu projeto de NFT e o que ele entregará no longo prazo.
   - Entregue o prometido.
   - Surpreenda com, por exemplo, lançamentos surpresa

A figura 2 mostra como os NFTs podem ser criados e comercializados. Ele inicia com a escolha da plataforma de blockchain e a programação do NFT com as especificações desejadas. Após a compra pelos participantes, ou *owner*, ele é armazenado na sua *wallet* (bolsa de NFT) e no banco de dados de plataformas descentralizadas de NFT. Ele pode ser utilizado pelo *owner* ou ser revendido e esta operação é registrada no *smart contract* (contrato inteligente) gerado quando ele foi criado na blockchain. Desta forma, todas as movimentações ficam vinculadas a um único contrato, prevenindo fraudes, reduzindo custos e oferecendo novas formas de receitas para participante e organizador do evento (ele pode receber por cada revenda feita).

Figura 2 - O processo de criação e venda de NFT

Escolher a plataforma blockchain	Armazenamento do NFT na wallet do comprador	Produzir ingresso tokenizado na NFT
Programar NFTs para definir preço de venda	Upload do IPFS de cada ingresso	O NFT pode ser revendido
Pagar a empresa de ingressos pela reserva do NFT	IPFS calcula hash e o NFTs é armazenado em banco de dados	Pagamento automático ao vendedor após a compra do NFT
Smart Contract acionado pelo pagamento e NFT enviado ao comprador	Os ingressos enviados ao marcado de NFTs	**Como criar e vender NFT**

Fonte - https://blog.bitscrunch.com/nft-tickets-how-are-the-event-management-and-ticketing-industry-embracing-this-trend-839c57b159df acesso 10/05/24. Tradução e layout dos autores.

Veja cases, ebooks relevantes, opinião do expert e outras informações e dicas, acessando o QR Code no resumo deste capítulo.

Cases: Aplicando WEB 3, Blockchain e NFT em Eventos

Diversos eventos já estão explorando as possibilidades da Web 3.0, blockchain e NFTs para criar experiências inovadoras e imersivas para seus participantes. Alguns exemplos:

- **South by Southwest (SXSW):** O festival de música e tecnologia SXSW utilizou NTFs para dar acesso a experiências exclusivas, como workshops, palestras e meetups com artistas e palestrantes.
- **Art Basel:** A feira de arte Art Basel lançou uma plataforma para artistas venderem suas obras de arte como NTFs, autenticando a propriedade e facilitando a compra e venda de obras digitais.
- **Coachella:** O festival de música Coachella vendeu NFTs que davam acesso a experiências VIP, como backstage passes e meetups com artistas.

A Web 3.0, blockchain e NFTs representam uma grande oportunidade para transformar a indústria de eventos. Essas tecnologias permitem criar experiências mais imersivas, interativas e seguras para os participantes, além de oferecer novos modelos de monetização para os organizadores. O futuro dos eventos é promissor e está repleto de oportunidades para explorar o potencial dessas tecnologias inovadoras.

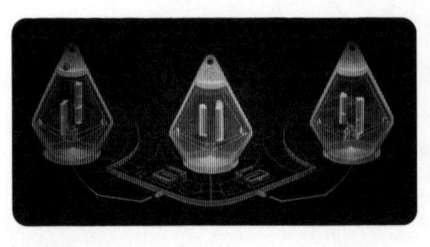

Para saber mais
Acesse este artigo sobre os 3 dilemas em blockchain

Resumo do capítulo

Para o resumo deste capítulo, acesse o QR Code abaixo. Se usar o super app Oasis, poderá colecionar estas referências para quando precisar, por toda a vida. Também trazemos destaque dos:

- principais aspectos e conceitos apresentados,
- cases,
- opinião do expert,
- bibliografia e
- questões para reflexão.

Além disso, neste código você poderá acessar leituras complementares (indicação de referências bibliográficas e eletrônicas para maior detalhamento do tema).

2.

ROBÔS E INTELIGÊNCIA ARTIFICIAL PARA EVENTOS

A indústria de eventos está vivendo uma transformação digital sem precedentes. A automação e a robótica, antes restritas a ambientes industriais, estão cada vez mais presentes em eventos de todos os portes. Neste capítulo, exploraremos como essas tecnologias estão redefinindo a maneira como planejamos, executamos e vivenciamos eventos, desde a logística até a interação com o público.

ROBOTIZAÇÃO E A AUTOMAÇÃO

A robotização e a automação estão cada vez mais presentes em diversos setores da economia, e a indústria de eventos não é exceção.

A robotização se refere à utilização de robôs para realizar tarefas de forma autônoma ou semi autônoma, substituindo ou auxiliando o trabalho humano. Já a automação abrange um conceito mais amplo, englobando a aplicação de tecnologias para executar tarefas de forma automática, independentemente da utilização de robôs. Isso pode ser feito por meio de softwares, sistemas inteligentes, sensores e outros dispositivos.

Embora os termos sejam frequentemente utilizados de forma intercambiável, existem distinções importantes entre robotização e automação:

- **Foco:** A robotização se concentra na utilização de máquinas físicas para realizar tarefas, enquanto a automação se concentra na execução de tarefas por meio de sistemas e softwares.
- **Complexidade:** A robotização geralmente envolve sistemas mais complexos e com maior capacidade de movimento e interação com o ambiente, enquanto a automação pode ser aplicada em tarefas mais simples e repetitivas.

- **Integração:** A robotização e a automação muitas vezes se complementam, com sistemas robóticos utilizando softwares de automação para realizar tarefas de forma mais eficiente e precisa.

APLICAÇÕES NA INDÚSTRIA DE EVENTOS

A robotização e a automação podem ser aplicadas em diversas etapas da organização de eventos, desde a logística até a interação com o público, proporcionando benefícios como:

- **Otimização de tarefas repetitivas e manuais:** Robôs e sistemas automatizados podem realizar tarefas repetitivas e manuais com mais eficiência e precisão do que os humanos, liberando tempo e recursos para atividades mais criativas e estratégicas.
- **Redução de custos:** A automação pode reduzir significativamente os custos operacionais dos eventos, diminuindo a necessidade de mão de obra humana e otimizando o uso de recursos.
- **Melhoria da qualidade do serviço:** Robôs e sistemas automatizados podem fornecer um serviço mais consistente e de alta qualidade, minimizando erros humanos e garantindo uma experiência mais positiva para os participantes.
- **Criação de novas experiências:** A robotização e a automação podem ser utilizadas para criar novas experiências interativas e imersivas para os participantes, como robôs que interagem com o público, chatbots que respondem perguntas e sistemas de reconhecimento facial que personalizam a experiência.

Veja cases, ebooks relevantes, opinião do expert e outras informações e dicas, acessando o QR Code no resumo deste capítulo.

Exemplos Práticos:

- **Registro e credenciamento:** Robôs podem realizar o registro e credenciamento dos participantes, verificando documentos, coletando dados e emitindo credenciais.
- **Logística e transporte:** Robôs podem transportar equipamentos, transportar materiais e auxiliar na montagem e desmontagem do evento.
- **Atendimento ao cliente:** Chatbots podem responder perguntas frequentes, fornecer informações sobre o evento e resolver problemas dos participantes.
- **Segurança:** Robôs podem monitorar o local do evento, detectar anomalias e auxiliar na segurança dos participantes.
- **Entretenimento:** Robôs podem interagir com o público, contar piadas, tocar música e realizar apresentações interativas.

Para saber mais
Acesse 3 artigos sobre o uso de Robôs na indústria de eventos

E O CUSTO DISSO TUDO?

A robotização e a automação já estão impactando significativamente a indústria de eventos e essa tendência deve se intensificar nos próximos anos. Os organizadores que se adaptarem a essas tecnologias e explorarem suas possibilidades estarão na vanguarda da criação de eventos inovadores, eficientes e memoráveis para o público.

É claro que tudo isso custa dinheiro e precisa de uma avaliação de retorno de investimento séria e profunda.

Existe ainda o custo da eliminação de empregos que também deve ser levada em consideração. Os princípios usados na indústria eletro-eletrônica neste setor para a decisão do investimento em robôs São:

- a automação aumenta substancialmente a precisão da operação?
- a automação aumenta substancialmente a segurança das pessoas na operação?
- a automação aumenta substancialmente a economia de custo da operação?
- a automação gera menos emissões de CO_2 e é menos poluente?
- o desemprego gerado, que é o impacto social da automação?
- os empregos gerados com a automação?

Com estes e outros parâmetros, vai ficar mais fácil decidir o quê deve ser automatizado e como.

Cases: Robôs e Automação em Ação

Diversos eventos já estão utilizando a robotização e a automação para criar experiências inovadoras e eficientes para seus participantes. Alguns exemplos:

- **CES (Consumer Electronics Show):** A feira de tecnologia CES utiliza robôs para auxiliar no registro e credenciamento dos participantes, responder perguntas e fornecer informações sobre os produtos em exposição.
- **MWC (Mobile World Congress):** O congresso de telefonia móvel MWC utiliza robôs para transportar equipamentos, distribuir materiais promocionais e interagir com o público.
- **Lollapalooza:** O festival de música Lollapalooza utiliza chatbots para responder perguntas frequentes dos participantes, fornecer informações sobre o evento e resolver problemas.

- **South by Southwest (SXSW)**: O festival de música e tecnologia SXSW utiliza robôs para monitorar o local do evento, detectar anomalias e auxiliar na segurança dos participantes.
- **Dreamforce:** A conferência anual da Salesforce utiliza robôs para interagir com o público, contar piadas, tocar música e realizar apresentações interativas.

A robotização e a automação são ferramentas poderosas que podem transformar a indústria de eventos, otimizando operações, reduzindo custos, melhorando a qualidade e a segurança do serviço e criando novas experiências para os participantes. Os organizadores que se adaptarem a essas tecnologias e explorarem suas possibilidades estarão na vanguarda da criação de eventos inovadores e memoráveis para o público.

Veja cases, ebooks relevantes, opinião do expert e outras informações e dicas, acessando o QR Code no resumo deste capítulo.

IA - INTELIGÊNCIA ARTIFICIAL EM EVENTOS

Nas palavras de Suleiman & Bhaskar[1],

> A tecnologia é um conjunto de ideias em evolução. Novas tecnologias evoluem ao colidirem e se combinarem com outras. (...) Quanto mais tecnologias existem, mais elas se transformam em componentes de novas tecnologias(..). A tecnologia é, portanto, como a linguagem

---

1 SULEYMAN, Mustafa e BHASKAR, Michael. A próxima onda inteligência artificial, poder e o maior dilema do século XXI. Rio de Janeiro : Record, 2023 p. 68

ou a química: não um conjunto de entidades e práticas independentes, mas um conjunto de partes para combinar e recombinar.

Ou seja, para entender a IA, é preciso iniciar compreendendo que ela acontece por conta de inúmeras outras tecnologias que a precederam. Ainda segundo estes autores, elas ficarão ainda mais emaranhadas e com outro traço marcante, a velocidade.

Assim sendo, segundo a Gartner[2], a inteligência artificial pode ser definida como *"a aplicação de análises avançadas e técnicas baseadas em lógica, incluindo machine learning, para interpretar eventos, apoiar e automatizar decisões e realizar ações"*. Esta definição está alinhada com o fato de que a IA envolve análise probabilística para atribuir valor.

Para a I2Ai[3] - International Association of Artificial Intelligence a IA:

> *"é a capacidade das máquinas de aprender e executar tarefas que até então apenas nós, os humanos, fazíamos. (..) Nós ensinamos as máquinas a reconhecer padrões em nossas imensas bases de dados e baseados nestes padrões, nos ajudar a tomar decisões mais assertivas ou mesmo tomá-las para nós."*

A figura 3 mostra comparativo entre a inteligência humana e a artificial. Entre as explicações para o crescimento exponencial das soluções com IA está na simplicidade da interação dos usuários com ela, que podem usar a linguagem natural para os comandos (prompt).

---

2 https://www.gartner.com.br/pt-br/temas/inteligencia-artificial, 03/06/2024
3 Guia rápido de IA, I2IA.

Figura 3 - Comparativo entre as inteligências humana e artificial

Inteligência Humana	Inteligência Artificial
Compreender contexto	Visão computacional
Extrair informações de uma conversa	Processamento de linguagem natural
Planejar e otimizar	Planejamento em I.A.
Falar	Geração de voz artificial
Interagir	Chatbots
Responder a um problema	Sistemas especialistas
Gerar frases/histórias	Geração de linguagem natural
Reconhecer pessoas/objetos	Reconhecimento facial/objetos
Negociar	Algoritmos de otimização
Aprender padrões	Aprendizagem de máquina
Seguir regras definidas	Robotic Process Automation	RPA

Inteligências que se completam

Fonte: Guia rápido de IA, I2IA

A IA não é substituta para o conhecimento humano!
A IA é complemento para o conhecimento humano.

Glauco Reis [4]

Para Lee[5], a revolução completa da IA acontece em 4 ondas: a Internet, IA de negócios, IA de percepção e IA autônoma. Cada uma usa diferentes tipos de dados. As duas primeiras já impactam o cotidiano de forma profunda, bem como a 3a, através do reconhecimento facial e de objetos. A IA autônoma também impactará de forma profunda a realidade física, com carros, drone e robôs autônomos.

A IA Gen, ou inteligência artificial generativa, deriva da IA e tem como foco a criação de conteúdo a partir de dados derivados de informações

---

4   https://www.linkedin.com/pulse/o-futuro-do-desenvolvedor-de-software-e-ias-generativas-glauco-reis-v5vaf/ acesso em 30/08/24

5   LEE, Kai-Fu. Inteligência Artificial: como os robôs estão mudando o mundo, a forma como amamos, nos relacionamos, trabalhamos e vivemos. Rio de Janeiro : Globo Livros, 2019. Título original: AI Superpowers: China, Silicon Valley and the New World Order

existentes. Utiliza diversas técnicas e redes neurais, como o Deep Learning (algoritmos de aprendizado profundo), para aprendizado constante, otimização de resultados precisos e identificação de padrões em grandes volumes de dados pré-existentes para decidir ou recomendar resultados em novos dados ou conteúdos.

> "Os sistemas tradicionais de IA são treinados em grandes quantidades de dados para identificar padrões e são capazes de realizar tarefas específicas que podem ajudar pessoas e organizações. Mas a IA generativa vai um passo além ao usar sistemas e modelos complexos para gerar saídas novas ou inovadoras na forma de imagem, texto ou áudio com base em prompts de linguagem natural." [6]

Para saber mais
Baixe o E-book sobre IA Generativa da Mckinsey.

A IA Gen está revolucionando o mundo todo pela sua flexibilidade e grandes possibilidades de aplicação, através de interface user-friendly e uso de prompts de linguagem natural, ou SEJA, pela forma como nos expressamos corriqueiramente.

---

6   https://blog.dsacademy.com.br/guia-completo-sobre-inteligencia-artificial-generativa/,   acessado em 03/06/24

Como consequência, oferece potencial exponencial de ganho de tempo, redução de despesas e aumento de produtividade laboral e lucratividade, através da automação de tarefas rotineiras, repetitivas e complexas, do estímulo à inovação, da criação de novos produtos e formatos de conteúdo (textos, vídeos, fotos, etc.), entre outros:

- 74% das empresas latino-americanas perceberam crescimento da produtividade a partir do uso da IA generativa
- 64% tiveram melhorias na experiência do usuário, 67% no crescimento do negócio e 57% na eficiência dos custos.[7]
- Ao modernizarem os processos liderados por IA, as empresas tiveram aumento de receitas 2,5 vezes maior e 2,4 vezes mais produtividade.[8]

Parte importante do sucesso da IA está na simbiose humano-IA, onde as habilidades humanas como a criatividade, adaptabilidade, o pensamento holístico, julgamento ético e a inteligência emocional, são potencializadas pela IA que automatiza processos, processa enormes volumes de dados, aumenta o desempenho em escala e exponencializa a capacidade analítica.

> "Todos os aspectos de nossas vidas serão transformados pela IA e este poderia ser o maior evento da história em nossa civilização"
>
> *Stephen Hawking*

A IA gen pode beneficiar 5 áreas-chave na vida cotidiana[9]:

---

7 Pesquisa Google & National Research Group - https://www.startse.com/artigos/empresas-latinoamericanas-usam-ia-exemplos/ acesso em 17/08/24
8 Relatório "Reinventando as Operações Empresariais com IA Generativa" da Accenture
9 The AI-Powered Human. Estudo NRG 2023. https://www.nrgmr.com/our-thinking/technology/the-ai-powered-human-nrg-labs/ acesso 08/10/24

- **Administração pessoal:** produtividade diária, viagens, compras, automóvel, crianças
- **Trabalho:** produtividade profissional, codificação
- **Criatividade e auto-expressão**: redes sociais, arte, música
- **Conexão com os outros**: envolvimento na comunidade, encontros
- **Bem-estar e desenvolvimento pessoal**: cuidados de saúde, educação.

Entre os modelos de IA Gen mais comuns estão os LLMs - Large Language Models, que processa e gera texto em linguagem natural por aprendizado de máquina, com aplicações práticas como Chat GPT, chatbots e assistentes virtuais.

Em 2030, a Mckinsey[10] estima que 30% do total de horas trabalhadas nos EUA poderão ser automatizadas pela IA Generativa. Este cenário de crescimento acelerado está ancorado nos benefícios que ela entrega, tais como:

- Ser excepcional multiplicador de produtividade através da eliminação de trabalhos repetitivos.
- Sua capacidade de extrair insights valiosos através de volumes expressivos de dados.
- Prever tendências de mercado.
- Personalizar experiências dos clientes
- Otimizar campanhas

O potencial de uso da IA pode ser observado nos dados abaixo:

- 43% das empresas já estão investindo em IA Gen[11].

---

10 Generative Ai and the future of work in America - Mckinsey report. https://www.mckinsey.com/mgi/our-research/generative-ai-and-the-future-of-work-in-america acessado em 26/07/23

11 Estudo 'Reimagining Industry Future 2024'. Ernst & Young LLP. chrome-extension://efaidnbmnnnibpcajpcglclefindmkaj/https://assets.ey.com/content/dam/ey-sites/ey-com/en_gl/topics/tmt/ey-reimagining-industry-futures-study-2024-report.pdf

- O investimento em DIA tem impacto tangível em todas as funções de negócios, com ROI positivo em Eficiências operacionais (77%), Produtividade dos funcionários (74%) e Satisfação do cliente (72%)[12].
- A adoção da IA generativa pelas empresas quase dobrou em menos de 1 ano (65%) e o uso dela em duas ou mais funções cresceu de $^1/_3$ para 50% em 2024[13].
- Nas empresas, as áreas que mais utilizam IA são marketing/vendas, desenvolvimento de produtos & serviços e tecnologia (ver gráfico 1)

Gráfico 1 - Aplicações mais utilizadas de IA nas empresas

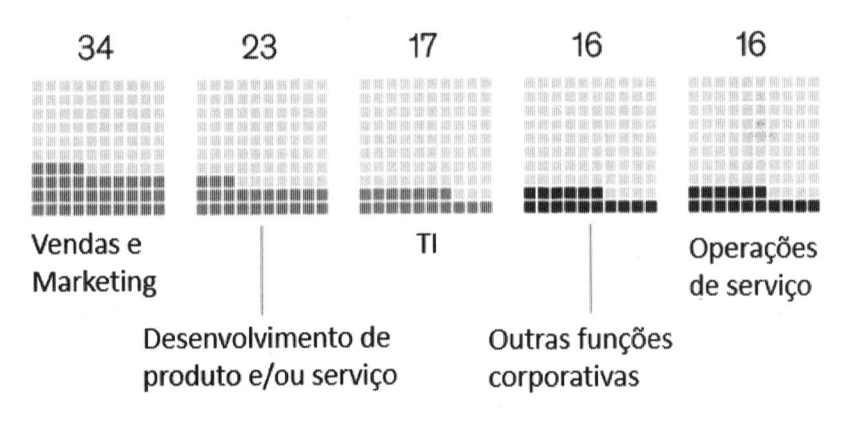

34	23	17	16	16
Vendas e Marketing	Desenvolvimento de produto e/ou serviço	TI	Outras funções corporativas	Operações de serviço

Fonte - Relatório McKinsey. Adaptação dos autores

"Temo mais o retrocesso da inteligência natural do que os avanços da IA."

Eduardo Kac

---

12 EY AI Pulse Survey Jun/2024.
13 Relatório McKinsey - The state of AI in early 2024: Gen AI adoption spikes and start to generate value. https://www.mckinsey.com/capabilities/quantumblack/our-insights/the-state-of-ai Acesso em 28/08/24

No segmento de eventos, houve crescimento significativo da adoção de IA nas atividades diárias[14], pulando de 30% no final de 2023, para 48% em 2024. Este aumento foi encontrado, prioritariamente, na melhoria do conteúdo, na seleção de locais de evento e no suporte às atividades de marketing. As ferramentas de IA mais utilizadas incluem chatbots, (84%) ferramentas gramaticais, de criação de conteúdos e de imagens e anotações. Veja gráfico 2

Gráfico 2 - Ferramentas de IA mais utilizadas

Ferramenta	Percentual
Chatbots (como Chat GPT, CoPilot)	84%
Verificadores gramaticais e editores de texto	44%
Criação de conteúdo	15%
Geração de imagens	12%
Transcrição, sumarização e análise de conversas	10%
Criação de vídeos	9%
Outros	15%

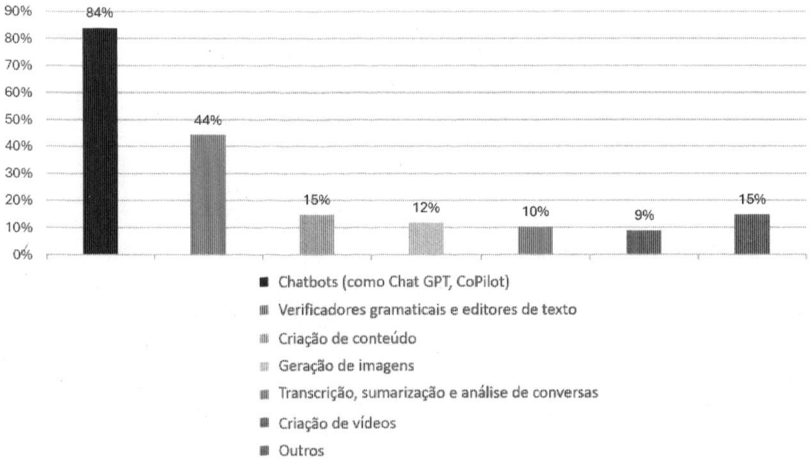

Fonte: Global DMC Partners - 2024 Q3 Report

A figura 4 mostra aplicações corporativas da IA Gen.

Apesar da agressiva e progressiva adoção da IA Gen, o seu uso vem acompanhado de resistência, barreiras e também de questões éticas e autorais. Sua implantação precisa ser estratégica e cuidadosa e considerar todos estes aspectos.

---

14 Global DMC Partners - 2024 Q3 report https://globaldmcpartners.com/2024-q3-meetings-events-pulse-navigating-rising-costs-ai-adoption-and-sustainability-trends acessado em 17/09/24

Figura 4 - Aplicações empresariais e casos de utilização para a IA generativa

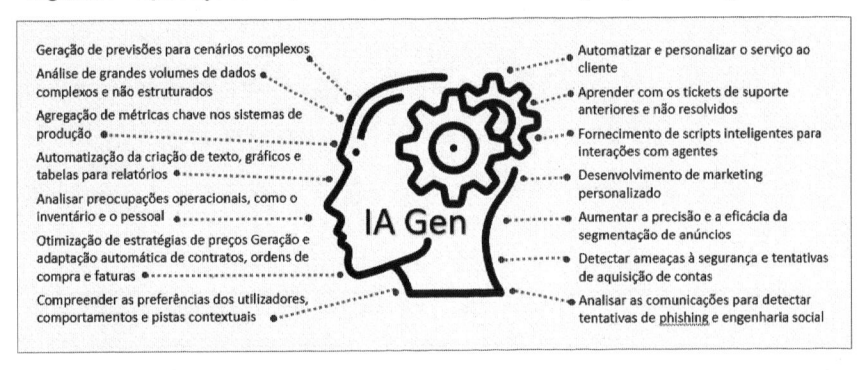

- Geração de previsões para cenários complexos
- Análise de grandes volumes de dados complexos e não estruturados
- Agregação de métricas chave nos sistemas de produção
- Automatização da criação de texto, gráficos e tabelas para relatórios
- Analisar preocupações operacionais, como o inventário e o pessoal
- Otimização de estratégias de preços Geração e adaptação automática de contratos, ordens de compra e faturas
- Compreender as preferências dos utilizadores, comportamentos e pistas contextuais

- Automatizar e personalizar o serviço ao cliente
- Aprender com os tickets de suporte anteriores e não resolvidos
- Fornecimento de scripts inteligentes para interações com agentes
- Desenvolvimento de marketing personalizado
- Aumentar a precisão e a eficácia da segmentação de anúncios
- Detectar ameaças à segurança e tentativas de aquisição de contas
- Analisar as comunicações para detectar tentativas de phishing e engenharia social

Fonte - The great Acceleration: CIO perspectives on generative AI, MIT Technology Review. Tradução e adaptação dos autores https://www.databricks.com/resources/ebook/mit-cio-generative-ai-report

Veja cases, ebooks relevantes, opinião do expert e outras informações e dicas, acessando o QR Code no resumo deste capítulo.

Por ter possibilidades de aplicação tão ampla também em eventos, a escolha das soluções de IA deve estar ancorada com clareza sobre onde, quando e com qual intensidade pode ser utilizada, para que seja eficaz e confiável. Entre as aplicações de IA mais utilizadas para os eventos estão:

- **Conteúdo e programação** - Respostas e assistência em texto. Curadoria. Busca e avaliação das temáticas mais relevantes para o público naquele momento para personalização da experiência e aumento do engajamento. Fornece insights sobre tendências e informações detalhadas sobre diversos temas e assuntos.
- **Suporte aos participantes** - automatização, personalização e otimização da comunicação, suporte, matchmaking, networking etc. Cria respostas automatizadas.
- **Palestrantes** - Pesquisa e validação de nomes e abordagens mais desejadas e relevantes ao evento.

- **Produção de textos** - arquivos diversos, contratos, etc. Criação e edição de texto. Leitura e resumos de textos, incluindo PDFs.
- **Geração de imagens** - criação de imagens a partir de determinados prompt
- **Criação de vídeos** - o prompt de texto ou referência de uma imagem aplica estilos específicos a um vídeo existente, ou cria novos ou videoclipes, vinhetas, etc.
- **Tradução de idiomas em tempo real** - permite entender o contexto de um texto e construir frases faladas ou escritas em outro idioma, além de melhorar e refinar textos nestes idiomas.
- **Criação, desenvolvimento e manipulação de tabelas** - organiza, formata e ajuda na análise de dados em tabelas.
- **Planejamento e organização** - cria projetos de eventos, cronogramas, check list etc.
- **Pesquisa na web e web design** - automatiza e agiliza o processo da busca online e a criação da identidade visual (design, logotipos, banners, layouts responsivos etc.)
- **Marketing digital** - criar, personalizar, postar e acompanhar resultados de campanhas, textos, legendas, imagens ou vídeos para postagens nas blogs, redes sociais e emails.
- **Busca e gestão de patrocínios** - Desde a identificação de prospects até a avaliação de planos e a gestão do relacionamento com os parceiros.
- **Monetização** - abre um leque de novas possibilidades, permitindo a criação de modelos de monetização mais diversificados e inovadores.
- **Analytics** - extrair insights acionáveis e revelar padrões, tendências e insights ocultos ou futuros para otimizar o evento.

Para saber mais
As principais tendências e a remodelação da gestão dos eventos com IA

Este e outros ebooks (através do QR Code no resumo deste capítulo) irão ajudar a entender melhor as possibilidades de aplicação de IA nas suas atividades diárias.

O relatório da HBR - Harvard Business Review[15] destaca ser inócuo e inadequado considerar apenas a produtividade individual na análise de desempenho da IA Gen. Segundo Cezar Taurion[16], "*os ganhos das empresas com GenAI só serão significativos quando saírem das aplicações commodities, focadas em tarefas individuais, e implementarem soluções específicas, com visão de processos. Mas isso exige estratégia, maturidade digital, dados e talentos. Não é tão simples quanto fazer alguns prompts.*"

Ou seja, esta tecnologia pode ser utilizada para apresentar ganhos ainda mais significativos na produtividade coletiva nos próximos anos, impactando também o setor de eventos.

Ao liberar o tempo pessoal, uma das commodities mais escassas da atualidade, o profissional de eventos pode se dedicar a funções e atividades mais estratégicas e criativas.

A utilização de soluções de IA em eventos vem crescendo com consistência. Pesquisa recente neste mercado[17] aponta relevância para 95% das empresas entrevistadas, sendo que 43% definem como alta e 45% como média prioridade para o seu negócio.

A IA abre um mundo de possibilidades para a inovação em eventos, desde a identificação de tendências e o desenvolvimento de novos formatos, até a criação de experiências personalizadas, o aumento do engajamento do público e a expansão para novos públicos. A identificação de novos patrocinadores, o desenvolvimento de novos modelos de negócios e a criação de plataformas de eventos online são apenas alguns exemplos do potencial transformador da IA.

Ela se torna um aliado indispensável para os organizadores de eventos, impulsionando a indústria para o futuro e garantindo experiências memoráveis

---

15 https://hbr.org/2024/01/is-genais-impact-on-productivity-overblown

16 https://www.linkedin.com/posts/ctaurion_is-genais-impact-on-productivity-overblown-activity-7188954836011270144-kDEs?utm_source=share&utm_medium=member_desktop 24/04/23

17 https://corp.kaltura.com/resources/industry-reports/the-state-of-events-2024-survey-report/ acesso em 27/08/24

e inovadoras para o público. Ao adotar soluções de IA, os eventos se tornam mais eficientes, eficazes e personalizados, abrindo um leque de oportunidades para o sucesso e a fidelização do público.

Os resultados expressivos que as soluções em IA já oferecem são os responsáveis pelo seu uso em atividades diárias de pessoas por todo o planeta. Isso também se reflete junto aos profissionais de eventos: 36% já utilizam a IA[18] em tarefas diárias como compilação de RPFs, criação de textos para marketing e tratamento de informações de clientes. E 81% dos entrevistados prevê revolução da IA no mercado.

Sua aplicação pode ser observada em todas as fases dos eventos, como você poderá ler entremeando todos os capítulos, tais como na criação de títulos e descrições das sessões, no site, speaker selection (seleção de palestrantes) e post-event data analysis (análise de dados do pós-evento)

Prompt

Para trabalhar com soluções envolvendo IA, como Chat Gpt, Gemini e milhares de outras, é indispensável elaborar comandos para indicar o que precisa e quer que seja feito. A facilidade de não mais usar códigos de programação e sim elaborar as demandas em linguagem natural, ou da maneira como falamos no dia-a-dia, é um dos motivos pelo crescimento exponencial no seu uso, aliado aos resultados e ganhos em produtividade que oferecem.

ntretanto, tem sido uma das grandes dificuldades para as gerações mais novas, por demandar extensão vocabular (vocabulário) para a formatação dos prompts corretos. Ou seja, para ter resultados de excelência da IA, é indispensável saber escrever ou dizer corretamente e fornecer detalhes precisos do que se quer. E para isso, é preciso definir com precisão a palavra e a sentença necessária.

Em termos simples, um prompt é uma instrução ou pergunta que você dá a um modelo de linguagem como o Chat GPT para gerar uma demanda

---

18 https://huddle-agency.com/the-state-of-the-events-industry-in-2024-recent-data/ acesso em 30/07/24

específica em retorno. No contexto de eventos, os prompts podem ser usados para criar desde convites personalizados até relatórios pós-evento detalhados.

Veja cases, ebooks relevantes, opinião de expert e outras informações e dicas, acessando o QR Code no resumo deste capítulo.

IA como conteúdo do evento

Em um mundo cada vez mais digitalizado e conectado, a inteligência artificial (IA) se torna uma ferramenta poderosa para aprimorar diversos setores, incluindo o mercado de eventos. Neste capítulo, exploraremos o conceito de "inteligência como conteúdo", um novo paradigma para eventos do século XXI que utiliza a IA para oferecer experiências mais personalizadas, engajadoras e transformadoras para o público.

Para saber mais
Acesse um guia de prompts de IA para a área de eventos e um ebook completo sobre o tema

A ascensão da IA nos eventos

As empresas já estão utilizando a IA em seus processos internos, otimizando tarefas como análise de dados, criação de conteúdo e atendimento ao cliente. No entanto, a aplicação da IA na entrega de conteúdo para o público final ainda é incipiente.

O que é IA como conteúdo?

A inteligência como conteúdo vai além da mera utilização de ferramentas de IA para automatizar tarefas. Trata-se de uma filosofia que permeia todo o processo de criação e entrega de conteúdo, utilizando a IA para:

- **Avaliação das temáticas mais relevantes:** indicação dos temas que estão e destaque entre os participantes potenciais do evento.
- **Personalizar a experiência do público:** A IA pode analisar dados sobre os participantes, como interesses e comportamentos passados, para oferecer conteúdo relevante e personalizado.
- **Aumentar o engajamento:** Chatbots inteligentes e outras ferramentas interativas podem manter o público engajado durante o evento, respondendo perguntas, fornecendo informações adicionais e facilitando a participação em atividades.
- **Transformar o aprendizado:** A IA pode ser utilizada para criar experiências de aprendizado mais imersivas e eficazes, adaptando-se ao ritmo de cada participante e fornecendo feedback individualizado.
- **Curadoria e Programação –** A IA se torna uma ferramenta essencial para a curadoria de eventos, garantindo a diversidade e o equilíbrio na programação, representatividade dos palestrantes e tópicos relevantes para o público-alvo. Através da análise de dados históricos, perfil do público e tendências do mercado, a IA identifica os elementos mais atrativos e personalizados para cada participante, garantindo um evento rico e engajador.
- **Palestrantes** - pesquisa e validação de nomes e abordagens mais desejadas e relevantes.

Aplicação de IA como conteúdo em ação

- **Geração de Conteúdo Automatizada:** Redação de textos: A IA pode gerar textos para diversas finalidades, como posts para redes sociais, e-mails marketing, descrições de eventos e até mesmo discursos de abertura.
- **Criação de imagens e vídeos:** Ferramentas de IA podem gerar imagens e vídeos personalizados, como artes para divulgação, apresentações e teasers.
- **Personalização de conteúdo para uma segmentação de público:** A IA permite segmentar o público em grupos com interesses e comportamentos semelhantes, permitindo criar mensagens mais personalizadas.

- **Recomendação de conteúdo:** Através da análise de dados, a IA pode recomendar conteúdos relevantes para cada participante, aumentando o engajamento.
- **Otimização de Conteúdo:** A IA pode otimizar o conteúdo para mecanismos de busca, aumentando a visibilidade do evento online.
- **Análise de sentimentos:** Ferramentas de IA podem analisar o sentimento das pessoas em relação ao evento, permitindo ajustes em tempo real no conteúdo.
- **Tradução automática para alcance global:** A IA permite traduzir o conteúdo para diferentes idiomas, facilitando a comunicação com um público internacional.
- **Gravação com qualidade aprimorada:** Algoritmos de IA podem reduzir ruídos e melhorar a qualidade do áudio, garantindo uma gravação mais clara e nítida.
- **Identificação de palestrantes:** A IA consegue identificar diferentes palestrantes em uma gravação, facilitando a separação de vozes e a criação de transcrições mais precisas.
- **Transcrição com precisão em tempo real:** Ferramentas de transcrição automática, baseadas em IA, podem gerar transcrições precisas em tempo real, durante a própria palestra.
- **Múltiplos idiomas:** A IA permite a transcrição em tempo real ou na editoração de palestras em diversos idiomas, ampliando o alcance do conteúdo.
- **Formatação e edição:** As transcrições podem ser formatadas de diferentes maneiras, como a inclusão de marcas de tempo, identificação de palestrantes e destaque de palavras-chave.
- **Geração automática:** A IA pode gerar resumos automáticos de palestras, identificando os pontos principais e as ideias mais relevantes.
- **Personalização:** É possível personalizar os resumos, focando em aspectos específicos da palestra, como dados, conclusões ou exemplos.
- **Visualização:** Os resumos podem ser apresentados em diferentes formatos, como texto, gráficos ou infográficos, facilitando a compreensão.

Veja cases, ebooks relevantes, opinião de expert e outras informações e dicas, acessando o QR Code no resumo deste capítulo.

IMPLEMENTAÇÃO DA INTELIGÊNCIA COMO CONTEÚDO

Para implementar a inteligência como conteúdo em seus eventos, é importante seguir alguns passos (figura 5):

Figura 5 - Passos da implementação da IA

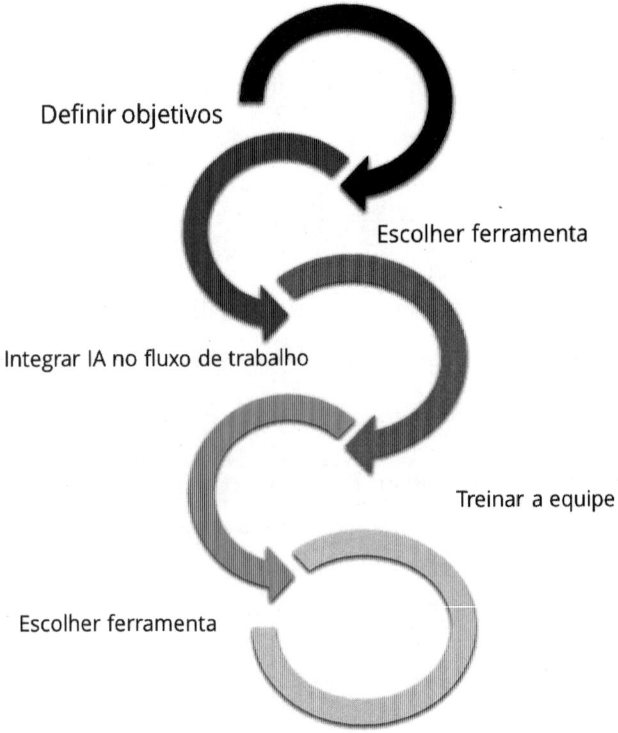

Definir objetivos

Escolher ferramenta

Integrar IA no fluxo de trabalho

Treinar a equipe

Escolher ferramenta

- **Definir seus objetivos:** O que você deseja alcançar com a utilização da IA? Aumentar o engajamento do público? Transformar o aprendizado? Melhorar a experiência do cliente?

- **Escolher as ferramentas certas:** Existem diversas ferramentas de IA disponíveis no mercado, cada uma com seus próprios recursos e funcionalidades. É importante escolher as ferramentas que melhor atendem às suas necessidades e orçamento.
- **Integrar a IA em seu fluxo de trabalho:** A IA deve ser integrada a todo o processo de criação e entrega de conteúdo, desde o planejamento do evento até a avaliação dos resultados.
- **Treinar sua equipe:** É importante que sua equipe esteja familiarizada com as ferramentas de IA e saiba como utilizá-las de forma eficaz.
- **Monitorar e medir os resultados:** É importante monitorar o impacto da IA em seus eventos e medir os resultados em relação aos seus objetivos.

A inteligência como conteúdo é um conceito promissor que tem o potencial de transformar o mercado de eventos. Ao utilizar a IA de forma estratégica, os organizadores de eventos podem criar experiências mais personalizadas, engajadoras e transformadoras para o público, levando os eventos do século XXI a um novo patamar.

Lembre-se:

- A inteligência como conteúdo não é apenas sobre tecnologia, mas também sobre estratégia e criatividade.
- É importante utilizar a IA de forma ética e responsável, respeitando a privacidade dos participantes.
- A inteligência como conteúdo é uma ferramenta poderosa que pode ser utilizada para aprimorar todos os aspectos de um evento, desde o planejamento até a avaliação dos resultados.

Ao abraçar a inteligência como conteúdo, você pode criar eventos do século XXI que realmente façam a diferença na vida das pessoas.

Atendimento ao participante

IA no atendimento ao participante se refere à utilização de tecnologias de IA para automatizar, personalizar e otimizar a comunicação e o suporte aos participantes de eventos. Isso pode ser feito por meio de chatbots, assistentes virtuais, sistemas de recomendação e outras ferramentas inteligentes.

BENEFÍCIOS DA IA NO ATENDIMENTO AO PARTICIPANTE:

- **Personalização:** A IA permite que os organizadores personalizem a comunicação com os participantes, fornecendo informações relevantes, ofertas e sugestões de acordo com seus interesses e necessidades.
- **Eficiência:** A IA pode automatizar tarefas repetitivas, como responder perguntas frequentes, resolver problemas e direcionar os participantes para os recursos corretos, liberando tempo da equipe para se concentrar em tarefas mais complexas e estratégicas.
- **Disponibilidade 24/7:** A IA oferece suporte aos participantes 24 horas por dia, 7 dias por semana, garantindo que suas dúvidas e solicitações sejam atendidas de forma rápida e eficiente, independentemente do horário ou local.
- **Melhoria da experiência:** A IA pode contribuir para uma experiência mais positiva e memorável para os participantes, fornecendo-lhes o suporte e as informações que precisam de forma rápida, eficiente e personalizada.

Veja cases, ebooks relevantes e outras informações e dicas, acessando o QR Code no resumo deste capítulo.

APLICAÇÕES DA IA NO ATENDIMENTO AO PARTICIPANTE:

- **Chatbots:** Chatbots podem responder perguntas frequentes, fornecer informações sobre o evento, resolver problemas técnicos e direcionar os participantes para os recursos corretos.

- **Assistentes virtuais:** Assistentes virtuais podem auxiliar os participantes na inscrição, na criação de agendas personalizadas, na navegação pelo local do evento e na busca por informações específicas.
- **Sistemas de recomendação:** Sistemas de recomendação podem sugerir sessões, workshops, palestrantes e outros eventos relevantes com base nos interesses e perfil dos participantes.
- **Análise de dados:** A IA pode ser utilizada para analisar dados de interações com os participantes, identificando tendências e padrões que podem ajudar a melhorar a qualidade do atendimento e a experiência do público.

Cases do uso da IA no atendimento ao participante

- **Facebook F8:** O Facebook F8, conferência anual de desenvolvedores da empresa, utiliza chatbots para responder perguntas frequentes e fornecer informações sobre o evento.
- **SXSW:** O SXSW, festival de música e tecnologia, utiliza assistentes virtuais para auxiliar os participantes na inscrição, na criação de agendas personalizadas e na navegação pelo local do evento.
- **Dreamforce:** A Dreamforce, conferência anual da Salesforce, utiliza sistemas de recomendação para sugerir sessões, workshops e palestrantes relevantes com base nos interesses e perfil dos participantes.
- **Lollapalooza:** O Lollapalooza, festival de música, utiliza a IA para analisar dados de interações com os participantes, identificando tendências e padrões que podem ajudar a melhorar a qualidade do

Veja cases, ebooks relevantes, opinião do expert e outras informações e dicas, acessando o QR Code no resumo deste capítulo.

Atendimento e a experiência do público.

Transformar a forma como os organizadores se comunicam com o público e oferecem suporte aos participantes com a IA é um prato cheio para inovações. Ao implementar soluções de IA, os organizadores podem criar experiências mais personalizadas, eficientes e memoráveis para o público, contribuindo para o sucesso de seus eventos.

Para saber mais
IA no Atendimento ao Cliente: O Guia Completo

Identidade visual e web design

Na criação do próprio site do evento aos elementos visuais, como logotipos, banners, cenários, materiais gráficos e outros, hoje é possível usar a IA e dar um salto de qualidade e de produtividade. Isso pode ser feito por meio de ferramentas que geram sugestões de design, automatizam tarefas repetitivas e personalizam elementos visuais com base em dados e preferências.

Benefícios da IA no Design Visual de Eventos:

- **Criatividade Amplificada:** A IA pode auxiliar designers a explorarem novas ideias, gerar soluções criativas e encontrar combinações de cores, imagens e elementos visuais que podem não ser óbvias para o olho humano.
- **Eficiência e Produtividade:** A IA pode automatizar tarefas repetitivas, como a criação de layouts, a formatação de textos e a geração de variações de design, liberando tempo para que os designers se concentrem em tarefas mais criativas e estratégicas.
- **Personalização:** A IA pode ser utilizada para personalizar elementos visuais com base no tema do evento, no perfil do público e nas

preferências dos organizadores, criando uma experiência visual única e memorável.
- **Otimização para diferentes plataformas:** A IA pode ajudar a otimizar o design visual para diferentes plataformas, como websites, aplicativos, mídias sociais e materiais impressos, garantindo uma experiência visual consistente em todos os canais de comunicação.

Veja cases, ebooks relevantes, opinião do expert e outras informações e dicas, acessando o QR Code no resumo deste capítulo.

Aplicações da IA no Design Visual de Eventos:

- **Geração de logotipos e identidade visual:** Ferramentas de IA podem gerar sugestões de logotipos, cores, tipografias e outros elementos visuais que representem a identidade do evento de forma única e memorável.
- **Ferramentas de geração de conteúdo:** Ferramentas de IA podem gerar automaticamente conteúdo para o site do evento, como descrições de sessões, perfis de palestrantes e resumos de notícias.
- **Criação de banners e materiais de divulgação:** A IA pode auxiliar na criação de banners personalizados para diferentes plataformas, como web sites, redes sociais e materiais impressos, utilizando imagens, cores e textos relevantes para o evento.
- **Design de cenários e ambientes:** A IA pode ser utilizada para gerar sugestões de design para cenários, palcos e outros ambientes do evento, criando espaços imersivos e visualmente atraentes.
- **Personalização de experiências visuais:** A IA pode personalizar a experiência visual para cada participante, com base em seus interesses e preferências, utilizando técnicas como realidade aumentada e realidade virtual.

Cases de Design com IA

- **SXSW:** O SXSW, festival de música e tecnologia, utiliza a IA para gerar sugestões de design para logotipos, banners e materiais gráficos, otimizando a identidade visual do evento para diferentes plataformas.
- **Dreamforce:** A Dreamforce, conferência anual da Salesforce, utiliza a IA para criar cenários imersivos e personalizados para cada sessão, utilizando projeções 3D e realidade aumentada.
- **Lollapalooza:** O Lollapalooza, festival de música, utiliza a IA para personalizar a experiência visual para cada participante, com base em seus interesses musicais e preferências de estilo, utilizando realidade aumentada e filtros personalizados.
- **Coachella:** O Coachella, festival de música, utiliza a IA para gerar sugestões de design para obras de arte e instalações interativas, criando experiências visuais únicas e memoráveis para o público.

Veja cases, ebooks relevantes, opinião do expert e outras informações e dicas, acessando o QR Code no resumo deste capítulo

A IA no design visual de eventos é uma ferramenta poderosa que pode transformar a forma como os organizadores criam experiências visuais para o público. Ao utilizar ferramentas de IA, os designers podem ampliar sua criatividade, otimizar seu trabalho e criar experiências visuais únicas, personalizadas e imersivas que contribuem para o sucesso dos eventos.

Para Saber Mais
IA no Design Visual

Marketing digital e IA

A indústria de eventos está em constante transformação. Os consumidores pedem agora experiências personalizadas, nas quais as marcas (de patrocinadores e do evento) ofereçam campanha eficiente e eficaz na qual os dados disponíveis forneçam resposta direcionada à satisfação ou superação das suas necessidades e desejos.

Neste cenário, a Inteligência Artificial (IA) surge como uma aliada poderosa para os organizadores que desejam impulsionar o sucesso de seus eventos através da criação de experiências hiper personalizadas. Ao utilizar soluções de IA, que analisam grandes volumes de dados envolvendo perfil e expectativas dos participantes, os organizadores podem alcançar o público certo na hora certa, aumentar o engajamento e gerar mais leads e vendas para seus eventos.

As marcas precisam ampliar o processo decisório da estratégia de marketing personalizado, saindo das informações demográficas básicas para entender as rotinas diárias e o mapa detalhado da jornada de pontos de contato do participante com o evento.

MINTEL
Mintel Trends:
Predictive Insights

Para saber mais
E outras macro tendências

Através de ferramentas e soluções inovadoras, a IA oferece uma vasta gama de benefícios que redefinem o marketing de eventos, tornando-o mais eficiente, personalizado e eficaz:

1. ALCANCE PRECISO DO PÚBLICO-ALVO: ENCONTRANDO O PARTICIPANTE IDEAL

Com a IA, o alcance preciso do público-alvo deixa de ser um sonho e se torna realidade. Através da análise de dados históricos, comportamentos online e perfis de usuários, algoritmos inteligentes identificam com precisão o público ideal para cada evento. Essa segmentação precisa garante que as mensagens e campanhas de marketing sejam direcionadas para as pessoas com maior probabilidade de se interessar pelo evento, otimizando o investimento e maximizando o retorno sobre o investimento (ROI).

2. Engajamento Personalizado: Criando Experiências Únicas

A IA vai além do alcance preciso e permite a criação de experiências de marketing personalizadas para cada participante. Através da análise de dados em tempo real, como interações nas redes sociais, histórico de compras e comportamento no site do evento, a IA identifica as preferências e interesses individuais de cada usuário. Com base nessas informações, ferramentas inteligentes podem gerar conteúdos, ofertas e mensagens personalizadas, aumentando o engajamento do público e a probabilidade de conversão.

3. Otimização de Custos: Gastando Menos, Obrigando Mais

A IA otimiza o marketing de eventos, reduzindo custos e maximizando o ROI. Ao direcionar as campanhas para o público certo e utilizar ferramentas automatizadas para tarefas repetitivas, como envio de emails e agendamento de posts em redes sociais, os organizadores podem economizar tempo e recursos valiosos. Além disso, a IA permite a análise precisa do desempenho das campanhas, identificando pontos de melhoria e oportunidades para otimizar o investimento.

4. Escalabilidade de Campanhas: Abrangendo Mais com Menos Esforço

A IA torna possível escalar as campanhas de marketing de eventos com eficiência, alcançando um público maior sem aumentar significativamente o esforço dos organizadores. Ferramentas inteligentes automatizam tarefas repetitivas, como a criação de conteúdo personalizado e a segmentação de público, liberando tempo para que os organizadores se concentrem em estratégias mais criativas e inovadoras. Essa escalabilidade permite que eventos de todos os portes alcancem um público mais amplo e aumentem suas chances de sucesso.

Benefícios da IA no marketing digital para Eventos:

- **Aumento do ROI:** Campanhas direcionadas e personalizadas geram mais conversões e vendas.
- **Engajamento do público:** Conteúdos e mensagens relevantes criam experiências mais envolventes.
- **Economia de tempo e recursos:** Automação de tarefas repetitivas e otimização de processos.
- **Escalabilidade de campanhas:** Alcance de um público maior com menos esforço.
- **Melhoria na tomada de decisões:** Dados e análises precisas para decisões estratégicas.
- **Personalização da experiência do cliente:** Ofertas, conteúdos e mensagens sob medida para cada participante.
- **Criação de campanhas de marketing mais eficazes:** Segmentação precisa do público-alvo e otimização do orçamento.
- **Automação de tarefas repetitivas:** Liberação de tempo para que os organizadores se concentrem em atividades mais estratégicas.
- **Análise em tempo real do desempenho das campanhas:** Identificação de oportunidades de otimização e melhoria.

Veja cases, ebooks relevantes, opinião do expert e outras informações e dicas, acessando o QR Code no resumo deste capítulo

Aplicações da IA no marketing digital:

- **Segmentação de público:** Identificação do público ideal para cada evento com base em dados e perfis de usuários.

- **Criação de campanhas personalizadas:** Conteúdos, ofertas e mensagens direcionadas aos interesses e necessidades de cada participante.
- **Otimização de canais de marketing:** Seleção dos canais mais eficazes para alcançar o público-alvo e divulgar o evento.
- **Automação de email marketing:** Envio de emails personalizados e segmentados para nutrir leads e aumentar as conversões.
- **Análise de dados de redes sociais:** Monitoramento de conversas online e identificação de tendências para melhorar as estratégias de marketing.

A Inteligência Artificial está transformando o cenário do marketing de eventos, oferecendo oportunidades inéditas para alcançar o público-alvo de forma precisa, criar engajamento personalizado, otimizar custos e melhorar a experiência do cliente. Ao adotar soluções de IA, os organizadores de eventos podem se destacar da concorrência, aumentar o retorno sobre o investimento e construir relacionamentos duradouros com o público.

Para saber mais
IA no Marketing de Eventos

Treinamento

A IA revoluciona o treinamento de equipe, criando programas personalizados para cada colaborador, com base em suas necessidades e perfil. A otimização do tempo e dos recursos, a utilização de métodos de ensino comprovados cientificamente e a personalização do aprendizado garantem a efetividade dos treinamentos e o aprimoramento do desempenho da equipe. Fazer tudo isso com Inteligência Artificial ajuda a ganhar tempo e efetividade.

Veja cases, ebooks relevantes, opinião do expert e outras informações e dicas, acessando o QR Code no resumo deste capítulo

IA na Busca e Gestão de Patrocínios: Construindo Parcerias Estratégicas para Eventos Inesquecíveis

Se tem uma área que a IA pode ajudar os organizadores de eventos é na questão dos patrocínios, pois é uma área das mais complexas e que necessita de mais análise de dados. Desde a identificação de prospects até a avaliação de planos e a gestão do relacionamento com os parceiros, tudo nessa área parece complexo e a IA pode ajudar:

- **Perfil do evento:** A IA pode analisar o perfil do evento, como o público-alvo, a temática, o local e a data, para identificar quais marcas e empresas teriam maior interesse em patrociná-lo.
- **Perfil dos patrocinadores:** A IA pode analisar o perfil dos patrocinadores anteriores do evento, identificando características em comum e tendências de mercado.
- **Dados de mercado:** A IA pode analisar dados de mercado, como o tamanho do mercado, as tendências do setor e a concorrência, para identificar novas oportunidades de patrocínio.
- **Interações online:** A IA pode analisar as interações online dos participantes do evento com as marcas nas redes sociais e em outros canais digitais, para identificar potenciais parceiros.

BENEFÍCIOS DA BUSCA E GESTÃO DE PATROCÍNIOS COM IA EM EVENTOS:

- **Identificação precisa de prospects:** A IA permite que os organizadores identifiquem os prospects com maior potencial de se tornarem patrocinadores, otimizando o tempo e os recursos da equipe de captação.

- **Propostas personalizadas:** A IA pode auxiliar na criação de propostas personalizadas para cada prospect, com base em seus interesses e necessidades.
- **Avaliação de planos eficiente:** A IA pode auxiliar na avaliação dos planos a serem oferecidos aos patrocinadores, considerando fatores como o custo-benefício, o valor agregado e o impacto na marca.
- **Gerenciamento de relacionamento eficaz:** A IA pode auxiliar na gestão do relacionamento com os patrocinadores, automatizando tarefas como envio de relatórios, agendamento de reuniões e acompanhamento de indicadores de desempenho.

Veja cases, ebooks relevantes, opinião do expert e outras informações e dicas, acessando o QR Code no resumo deste capítulo

Monetização de Eventos: Abrindo Novas Fronteiras de Lucratividade com auxílio da IA

Tradicionalmente, os eventos são monetizados por meio de **ingressos, patrocínios e venda de áreas de exposição**. No entanto, a IA abre um leque de novas possibilidades, permitindo a criação de modelos de monetização mais diversificados e inovadores. Algumas dessas possibilidades incluem:

- **Venda de dados e análises:** A IA pode ser utilizada para coletar e analisar dados sobre os participantes do evento, como seus interesses, comportamento e preferências. Esses dados podem ser vendidos para empresas que desejam direcionar suas campanhas de marketing para um público específico.
- **Experiências personalizadas:** A IA pode ser utilizada para criar experiências personalizadas para os participantes do evento, como recomendações de produtos, serviços e atividades. Essa personalização pode aumentar o engajamento dos participantes e a probabilidade de compras.

- **Gamificação:** A IA pode ser utilizada para gamificar a experiência do evento, criando desafios, recompensas e rankings para os participantes. Essa gamificação pode aumentar o engajamento e a retenção dos participantes.
- **Merchandising virtual:** A IA pode ser utilizada para criar um ambiente de merchandising virtual, onde os participantes podem comprar produtos e serviços online durante o evento. Essa virtualização pode aumentar o alcance e a conveniência para os compradores.
- **Assinaturas e memberships:** A IA pode ser utilizada para criar programas de assinaturas e memberships que oferecem aos participantes acesso a conteúdo exclusivo, descontos e outras vantagens. Essa fidelização pode aumentar a receita recorrente do evento.

Como a IA pode ajudar:

A IA pode ajudar os organizadores a identificar novas estratégias de monetização de diversas maneiras:

- **Novas ideias de monetização:** através de várias interações nos prompts, novas formas de trazer resultados podem ser identificados com a ajuda da IA
- **Análise de dados:** A IA pode analisar dados históricos de eventos, dados de mercado e dados dos participantes para identificar oportunidades de monetização mais lucrativas.
- **Segmentação de público:** A IA pode segmentar o público do evento em diferentes grupos com base em seus interesses, comportamento e preferências, permitindo que os organizadores criem modelos de monetização personalizados para cada grupo.
- **Otimização de preços:** A IA pode otimizar os preços dos ingressos, patrocínios e outros produtos e serviços do evento, maximizando a receita.
- **Automação do marketing digital:** A IA pode automatizar tarefas de marketing, como criação de campanhas, envio de e-mails e análise

de resultados, liberando tempo para que os organizadores se concentrem em outras áreas importantes.

Veja cases, ebooks relevantes, opinião do expert e outras informações e dicas, acessando o QR Code no resumo deste capítulo.

IA no Analytics de Eventos: Desvendando Insights para Otimização e Sucesso

A coleta e organização de dados de diversas fontes, como inscrições, vendas de ingressos, pesquisas de satisfação, mídias sociais e interações online pode ser, em muito, melhorada pela Inteligência Artificial. A automação da coleta de dados garante a precisão e confiabilidade das informações, enquanto a organização inteligente permite a categorização e estruturação dos dados para facilitar a análise.

A IA torna a análise de dados mais avançada e profunda, permitindo aos organizadores extrair insights acionáveis que antes eram impossíveis de identificar. Algoritmos sofisticados processam grandes volumes de dados de forma rápida e eficiente, revelando padrões, tendências e insights ocultos que podem ser utilizados para otimizar o evento.

Também a segmentação detalhada do público, dividindo-o em grupos com características e comportamentos específicos ganha um novo contorno com o uso da IA. Essa segmentação facilita a criação de experiências personalizadas para cada grupo, aumentando a satisfação e o engajamento dos participantes.

A IA identifica áreas que podem ser melhoradas no evento, analisando dados como tempo de espera nas filas, feedback dos participantes e interações nas mídias sociais. Essa análise permite que os organizadores realizem mudanças estratégicas para aprimorar a experiência do público e aumentar a eficiência do evento.

Olhando para frente, a IA ajuda na avaliação de tendências futuras, utilizando dados históricos e análises preditivas. Essa capacidade permite que os organizadores se adaptem às mudanças do mercado, antecipem as necessidades do público e desenvolvam eventos inovadores e relevantes.

Por fim, a IA contribui para a otimização do ROI, analisando dados de vendas, custos e retorno sobre investimento. Essa análise permite que os organizadores identifiquem as áreas que geram mais receita e tomem decisões estratégicas para aumentar a lucratividade do evento.

A IA na análise de dados e analytics de eventos se torna uma ferramenta essencial para os organizadores que desejam otimizar seus eventos, aumentar a satisfação do público e impulsionar o ROI. Ao extrair insights valiosos dos dados, os organizadores podem tomar decisões estratégicas e aprimorar a experiência dos participantes, garantindo o sucesso do evento.

A avaliação e gestão de riscos se torna mais eficiente e eficaz com a IA, que permite a identificação precoce de potenciais ameaças, avaliação precisa da severidade e probabilidade de cada risco, e a sugestão de medidas mitigadoras eficazes. O monitoramento contínuo durante o evento garante a segurança e o bem-estar dos participantes, ajustando as medidas preventivas conforme necessário.

O Hype da IA? Entre Promessas e Realidades

A inteligência artificial (IA) tem sido o centro das atenções nos últimos anos, com promessas de revolucionar diversos setores da sociedade. É inegável que ofereça um potencial imenso, com aplicações que vão desde a automação de tarefas até a criação de novas formas de interação. No entanto, é fundamental analisar o hype em torno da IA com um olhar crítico, ponderando seus benefícios e limitações.

As soluções de IA têm demonstrado sua eficácia em diversas áreas, como:

- **Automação de processos:** A IA pode automatizar tarefas repetitivas e demoradas, liberando os profissionais para atividades mais estratégicas e criativas.
- **Análise de dados:** A capacidade da IA de processar grandes volumes de dados em tempo real permite identificar padrões e tendências

que seriam difíceis de detectar manualmente, impulsionando a tomada de decisões mais precisas.
- **Personalização:** A IA pode personalizar produtos e serviços, oferecendo experiências mais relevantes e satisfatórias aos usuários.
- **Desenvolvimento de novos produtos:** A IA está sendo utilizada para criar novos produtos e serviços inovadores, impulsionando a economia e a competitividade.

O Lado B da Moeda: Limitações e Preocupações

Apesar de seus benefícios, a IA também apresenta desafios e limitações que precisam ser considerados:

- **Viés algorítmico:** Os algoritmos de IA são treinados com dados, e esses dados podem conter vieses que são refletidos nos resultados. É fundamental garantir que os algoritmos sejam desenvolvidos de forma ética e transparente, evitando a perpetuação de desigualdades.
- **Segurança da informação:** A IA pode ser vulnerável a ataques cibernéticos, colocando em risco dados sensíveis de pessoas e empresas. É necessário investir em medidas de segurança robustas para proteger os sistemas de IA.
- **Desemprego:** A automação de tarefas pela IA pode levar à perda de empregos em diversos setores. É preciso pensar em estratégias para lidar com essa transição e garantir que os trabalhadores tenham as habilidades necessárias para o mercado de trabalho do futuro.
- **Dependência tecnológica:** A crescente dependência da IA pode tornar a sociedade mais vulnerável a falhas tecnológicas e interrupções no fornecimento de energia.

Hype ou Realidade?

A IA é, sem dúvida, uma tecnologia poderosa com o potencial de transformar o mundo. No entanto, é importante ter em mente que a IA não é uma solução mágica para todos os problemas. É fundamental analisar cada aplicação da IA de forma crítica, considerando seus benefícios e riscos.

O QUE VOCÊ PENSA?

A IA é um hype ou uma realidade? Até que ponto devemos confiar nas soluções de IA? Quais são os desafios que precisam ser superados para que a IA seja utilizada de forma ética e responsável?

Convidamos você a refletir sobre essas questões e compartilhar sua opinião. Acesse o QR Code no final deste capítulo para acessar tópicos e textos para aprofundar a sua análise e discussão.

Assistente autônomo de IA

Todas estas e inúmeras outras aplicações, sem falar nas incontáveis ferramentas existentes e em desenvolvimento, os assistentes de IA já estão levando os resultados do seu uso a outro nível de eficiência, resultados e redução do tempo e esforço nas tarefas às quais são utilizados.

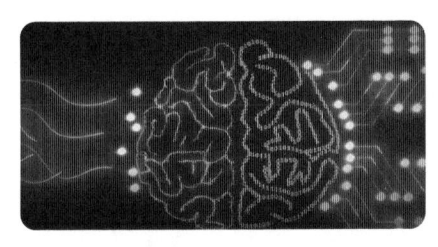

Para saber mais
O que são agentes autônomos de IA

Um agente autônomo de inteligência artificial, ou apenas agente de IA, é um programa de software que, ao receber comandos feitos em linguagem natural (prompt escritos da mesma forma simples que falamos ou escrevemos), interage com o ambiente, executa tarefas pré-definidas, coletando dados e usando-os autonomamente, ou seja, sem supervisão direta de um ser humano, para alcançar metas estabelecidas.

Ao reduzir a realização de tarefas repetitivas e de custos, bem como a coleta e processamento de enormes quantidades de dados em tempo real, há expressiva melhora da produtividade e na redução do tempo gasto na produção de conteúdos, entre outros benefícios para empresas e clientes.

Veja cases, ebooks relevantes, opinião do expert e outras informações e dicas, acessando o QR Code no resumo deste capítulo.

A QUESTÃO GERACIONAL NOS EVENTOS

Para agradar, engajar e até mesmo superar as expectativas de todos os stakeholders em um evento, é absolutamente essencial conhecer em profundidade as necessidades e o perfil da maioria deles.

Hoje em dia, este desafio está cada vez maior, com a presença de diversas gerações atuantes no mercado de trabalho. Cada uma delas tem suas características próprias, portanto, há divergências inevitáveis que precisam ser trabalhadas para que possam coexistir em harmonia e respeito: 51,6% do mercado de trabalho diz ter dificuldade para lidar com as diferentes gerações e as necessidades das empresas. Mas esta média sobe para 68,1%[19] quando se refere à Geração Z, nascidos entre 1996 e 2010.

A figura 6 e a tabela 3 mostram comparativo envolvendo as 4 gerações a partir da Baby Boomer

Figura 6 - Comparativo entre gerações

Fonte: Winter 2024 Freeman Syndicated Survey of Event Attendees.

Para públicos mais jovens, como as gerações consideradas nativas digitais, o uso da tecnologia é instintivo e sem grandes barreiras. Já os Baby Boomers e X tem limitações ou restrições. Este aspecto, aliado à grande quantidade e diversidade de plataformas, mídias sociais e ferramentas online existentes, ressalta a importância destas informações no design.

---

19 https://conteudo.gptw.com.br/relatorio-tendencias-gestao-de-pessoas-2024 acessado em 12/08/24

Tabela 3 - Comparativo entre gerações

Baby Boomer 1945 a 1964	Geração X 1965 a 1980.	Geração Y 1981 a 2000	Geração Z 2001 a 2010
Educação rígida. Figura paterna no centro de tudo. Longa permanência na empresa. Dedicados ao trabalho e forte senso de hierarquia	São 26% da população brasileira (2022) Mais familiaridade com tecnologia Usam mais Facebook, LinkedIn e WhatsApp Preocupa-se mais com os acontecimento e com sustentabilidade Buscam equilíbrio profissional x pessoal	Também chamado de Millennials. Representam 70% da força de trabalho no Brasil (2022) Os 1os desta geração não tiveram acesso à internet e aos devidos. Os demais conviveram com a tecnologia desde cedo em suas vidas.	Demandam experiência e conexão digital para tudo. Consomem 20% menos álcool que os millennials. Valorizam o bem-estar e a saúde. Acreditam fortemente nas mídias sociais para novos aprendizados.
Habilidades A geração mais experiente Focada no lucro Facilidade de liderar	**Habilidades** Experientes como o boomer e também leais e dedicados à empresa. Medem seu sucesso por isso	**Habilidades** Irreverentes, criativos e com facilidade com a tecnologia. Valorizam o trabalho em equipe e a honestidade entre colegas.	**Habilidades** Nativos digitais Usam a tecnologia para aprender e divulgar conhecimento Tem pré-disposição a comprar direto no site da empresa. Está comprometido com causas sociais, diversidade e a fazer a sua parte para ter um mundo melhor.

Baby Boomer 1945 a 1964	Geração X 1965 a 1980.	Geração Y 1981 a 2000	Geração Z 2001 a 2010
Pontos Fracos Tecnologia não é o forte Tendem a ser controladores devido ao cenário profissional em que cresceram	**Pontos Fracos** Mais familiarizados com tecnologia que os boomers, mas sem a agilidade digital dos mais jovens Esperam respeito pelo cargo que ocupa.	**Pontos Fracos** São imediatistas. Não valorizam burocracia e normas. Sofrem com ansiedade e depressão.	**Pontos Fracos** Podem ter opiniões fortes e sem embasamento. Pode ser vistos como "mimados" pelas outras gerações

Fonte -

- https://forbes.com.br/carreira/2022/04/geracoes-no-trabalho-as-habilidades-e-pontos-fracos-de-cada-uma/ acessado em 29/04/22
- https://sapphireventures.com/blog/all-hail-happiness-the-gen-z-buying-habit-coming-to-a-wellness-investment-near-you/ acessado em 09/10/22
- https://wslstrategicretail.com/article-detail/gen-z-is-waiting-for-you-are-you-coming acessado em 09/10/22

A Geração Z é impaciente, não gosta de trabalho repetitivo, busca reconhecimento e quer transformar a cultura da empresa. Não se interessa em ter cargos, mas ser referência e fazer projetos significativos. Sua prioridade para o trabalho é que seja híbrido (home office + presencial) e é dirigida para que todos os funcionários tenham tratamento justo, qualidade de vida e responsabilidade social corporativa. Valorizam flexibilidade, equilíbrio entre rotina de trabalho e vida pessoal e o trabalho com esforço proporcional ao salário.

Marins[20] indica cinco passos para liderar e trabalhar com as novas gerações:

- Identificar as gerações para saber interagir com cada uma delas
- Trabalhar em times e em rede (relativização da hierarquia)

---

20   Marins, Luiz - 10º Fórum Internacional de Educação 08/09/21 - Os desafios da educação em tempo de extrema mudança.

- Criar / desenvolver uma cultura de feedback
- Ter e oferecer flexibilidade
- Meritocracia em função do perfil de cada uma
- Estar aberto a ensinar e aprender

Enquanto as Gerações X e Baby Boomer focam em solidez de carreira e fidelidade, as gerações mais jovens estão empenhadas na busca por significado, sem o peso do casamento ou em ter casa e carro próprios. Este movimento tem alterado a estrutura do trabalho que passa a ter modelos mais humanizados e flexíveis e mudado as demandas dos participantes.

O item Promoção e Vendas no capítulo 4 mostra a preferência de mídias sociais destas gerações.

Abaixo as características singulares dos GenZ que merecem atenção pelo meeting planner e suas implicações e impactos no event design:

A. Tendência maior a procurar empresas cujos valores se identifica - Apesar da busca por resultados muito rápidos, os Millennials e os da GenZ são idealistas e querem em empresas que estejam alinhadas com seu propósito e onde tenham orgulho de trabalhar, evitando as antiéticas e aquelas que não se preocupam com sustentabilidade ou diversidade.

B. Busca por qualidade de vida e sentido no trabalho - Valorizam a flexibilidade de horário e de equilíbrio entre a vida pessoal e profissional, pois desejam alinhamento entre eles figura 7).

Principais ambições:[21]

- Passar tempo com a minha família e amigos: 67%
- Ser fisicamente/mentalmente saudável: 64%
- Viajar: 58%
- Receber um aumento: 54%

---

21 https://www.visier.com/blog/new-research-individual-contributors-shun-management/ acessado 09/06/24

Figura 7 - Importância do alinhamento dos interesses profissionais e pessoais

É importante que haja alguma sobreposição entre os meus interesses profissional e pessoais.
44%

É importante que os meus interesses profissionais e pessoais estejam alinhados.
31%

NÃO é importante que as minhas atividades profissional e pessoal estejam alinhados
25%

Fonte: The Freeman Trends Report - 2024 Attendee Intent and Behavior.

C. *Quiet Quitting* (demissão silenciosa) – O GenZ está mais propenso a desistir do emprego ao se sentir sob estresse ou sobrecarregado. Nos EUA, a Geração Z fica, em média, 2 anos e 3 meses em um mesmo trabalho, contra 8 anos e 3 meses entre os Baby Boomers (dados da CareerBuilder). Esta geração não titubeia em largar um emprego e privilegia passar mais tempo com família e amigos

D. *Quiet Ambition* (ambição silenciosa) – Termo mencionado pela primeira vez por Austin Kleon (artigo na revista Fortune em abril/2023). É utilizado para definir os jovens desta geração que não tem interesse em assumir cargos executivos, nem liderar times. Apenas 38%[22] deles

---

22   Idem

têm interesse em se tornar gestores de pessoas na empresa e apenas 4% consideram chegar a C-level e 9% à posições gerenciais.

E. **Tecnologia & experiência** - Este público é nativo digital. Por ter crescido nesse ambiente, é muito conectado, exigente, ávido por tecnologias, querem conexão emocional com as marcas e experiências.

F. **Councious unbossing**[23] (não chefia consciente) - 52% dos trabalhadores desta geração não querem assumir posições de gerência intermediária por ser muito estressante e com poucos benefícios, preferindo permanecer em funções onde se sentem conectados a um trabalho significativo, que realça o seu talento individual e no qual podem controlar a sua saúde mental e pela preferência a dar mais importância ao trabalho. Por não aceitarem às funções e responsabilidades deste nível hierárquico, "as empresas terão de experimentar estruturas de liderança não hierárquicas ou baseadas em projetos". Como consequência, é possível que aconteçam mudanças nas estruturas hierárquicas corporativas, nas quais a delegação cede espaço para o diálogo aberto e a motivação das equipes.

O Relatório Freeman 2024 (figura 8) aponta diversos insights agrupados em 4 áreas para ajudar a entender e entregar valor para o participante de feiras e exposições, todas elas consideradas essenciais e necessárias:

A. EXPERIÊNCIA

- **Experiências memoráveis** - através de ativações imersivas, personalização e engajamento através da tecnologia, como ambientes instagramáveis, realidade aumentada (AR), realidade virtual (AV), entre outras (gráfico 3).

---

23 BOND, Kimberly. Why we're 'consciously unbossing'—and what that means for our careers. https://www.harpersbazaar.in/culture/story/what-consciously-unbossing-and-what-that-means-for-our-careers-1110094-2024-10-23 24/10/24

Figura 8 - Importância dos componentes do evento para a experiência global

20% EXPERIÊNCIA

26% APRENDIZAGEM

30% COMÉRCIO

25% NETWORKING

EXPERIÊNCIA
Sentimento
Localização
Design

APRENDIZAGEM
Treinamento
Inspiração
Descobertas

NETWORKING
Social
Profissional
Comercial

COMÉRCIO
Conscientização
Avaliação
Compras

Densidade da área de exposição
Ativação experienciais para os visitantes
Visitas a páginas
Menções em mídias sociais
Opinião sobre as mídias sociais

Participantes envolvidos no conteúdo
Notas feitas pelos participantes
Respostas dos participantes pesquisas
Total de sessões
Educação Médica Contínua (CME) / Unidades de Educação Contínua (CEU)

Conexões realizadas
Reuniões realizadas
Networking efetivado

Tomadores de decisão/compradores
Total de contatos
Crescimento da área de exposição
Novos expositores
Procura de Expositores

Fonte - The Freeman Trends Report- 2024 Attendee Intent and Behavior. Tradução dos autores

Gráfico 3 - Elementos de experiência mais importantes

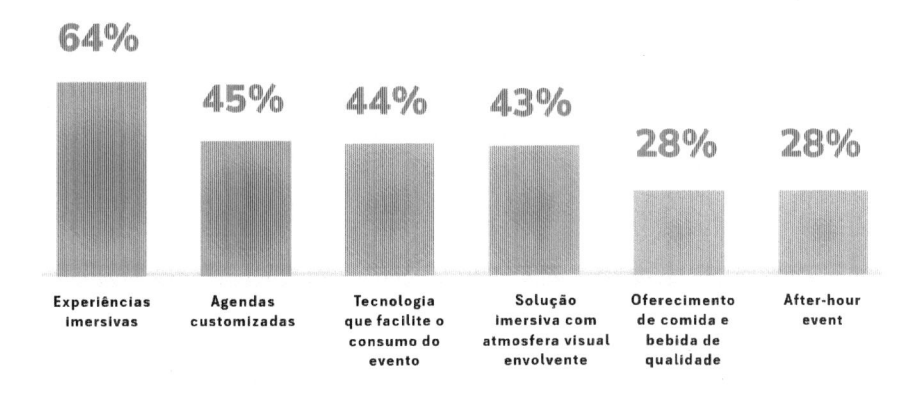

Experiências imersivas	Agendas customizadas	Tecnologia que facilite o consumo do evento	Solução imersiva com atmosfera visual envolvente	Oferecimento de comida e bebida de qualidade	After-hour event
64%	45%	44%	43%	28%	28%

Fonte - The Freeman Trends Report- 2024 Attendee Intent and Behavior.

- **Conteúdo** – querem palestrantes consistentes ao invés de uma celebridade e preferem tópicos relevantes, instigantes e inovadores. Buscam saírem das sessões informados (38%) e inspirados/motivados (35%). Os entrevistados no Relatório Freeman 2024 apontaram os mais importantes fatores de escolha para atender às sessões e plenárias: tópico, tipo de speaker, formato da sessão, duração, prêmio ou reconhecimento. O gráfico 4 mostra detalhamento desta escolha, onde o palestrante e tema preferido é o de inovação (39%) e os líderes e experts do seu mercado (35%).

B. APRENDIZADO

O aprendizado presencial é o preferido por 70% dos participantes e o evento online decresceu 7% em relação ao ano anterior. Os participantes estão privilegiando interações que facilitam encontros presenciais. Ver tabela 4.

Gráfico 4 - Tópicos de preferência para escolha de palestrante e Keynote speaker

- **2%** OUTROS
- **1%** HISTÓRIAS DE CELEBRIDADES
- **11%** HISTÓRIAS ÚNICAS DE SEU INTERESSE
- **14%** INSPIRACIONAL MOTIVACIONAL
- **34%** LÍDERES / EXPERTS DO SEU MERCADO
- **39%** INOVAÇÃO

Fonte - The Freeman Trends Report- 2024 Attendee Intent and Behavior.

Tabela 4 - Principais fontes para treinamento e conteúdo profissional

%	Item
70%	Eventos presenciais
53%	Eventos online
50%	Online/On demand training (LinkedIn, YouTube etc.)
49%	Professional and trade organizations
46%	Employer in-house training
41%	Journals / Trade publication
25%	Academic Instituions
24%	Podcast
23%	Social websites (Facebook, Twitter (X), Reddit etc.)
3%	Other

7% Mais que no ano anterior

Fonte - The Freeman Trends Report- 2024 Attendee Intent and Behavior.

O gráfico 11 no capítulo 3 mostra os ambientes e formatos dos eventos e indica os preferidos para educação e informação técnica, onde o formato educacional preferido envolve atividades como demonstração e atividades práticas (75%) e interações com experts (52%).

As atividades práticas também são as preferidas no aprendizado por 56% dos participantes, nos encontros informais com pequenas e médias empresas (48%), demos em sala de aula e ativações no estande de expositores (43%) e oportunidade de aprendizado entre colegas (37%), como mostra o gráfico 5.

Gráfico 5 - Elementos de aprendizado mais importantes

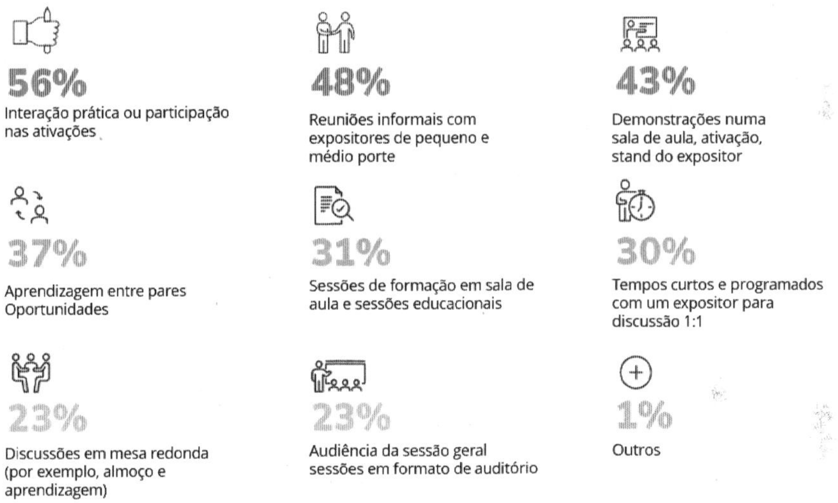

56% Interação prática ou participação nas ativações

48% Reuniões informais com expositores de pequeno e médio porte

43% Demonstrações numa sala de aula, ativação, stand do expositor

37% Aprendizagem entre pares Oportunidades

31% Sessões de formação em sala de aula e sessões educacionais

30% Tempos curtos e programados com um expositor para discussão 1:1

23% Discussões em mesa redonda (por exemplo, almoço e aprendizagem)

23% Audiência da sessão geral sessões em formato de auditório

1% Outros

Fonte - The Freeman Trends Report- 2024 Attendee Intent and Behavior. Tradução dos autores

C. NETWORKING

O interesse está na troca de ideias e experiências com colegas, fazer novos contatos e aproveitar a oportunidade de encontrar com experts pessoalmente (gráfico 6).

Gráfico 6 - Atividades de networking preferidas pelo participante

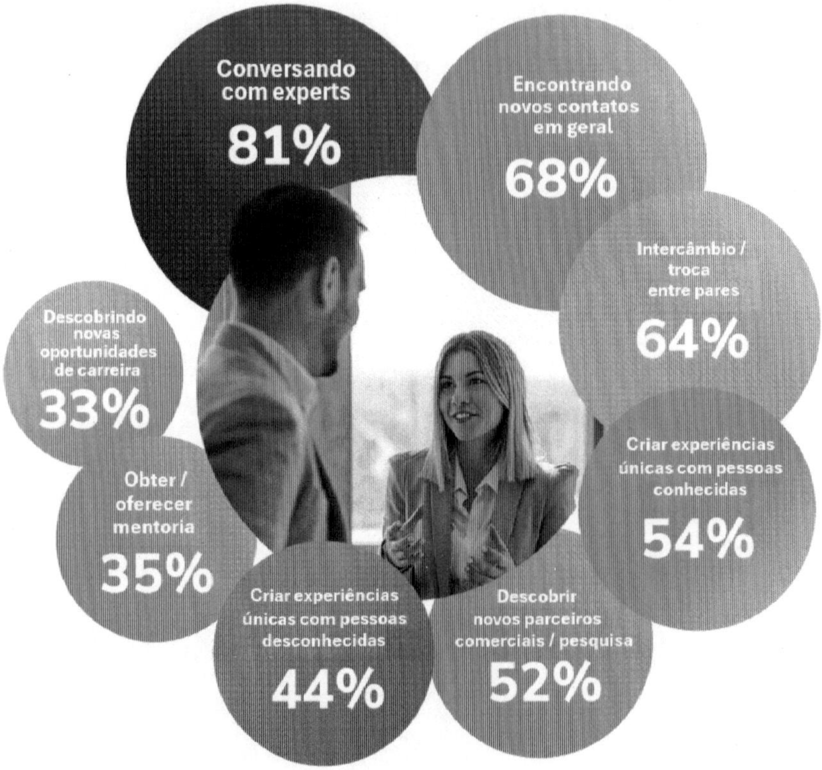

- Conversando com experts: 81%
- Encontrando novos contatos em geral: 68%
- Intercâmbio / troca entre pares: 64%
- Criar experiências únicas com pessoas conhecidas: 54%
- Descobrir novos parceiros comerciais / pesquisa: 52%
- Criar experiências únicas com pessoas desconhecidas: 44%
- Obter / oferecer mentoria: 35%
- Descobrindo novas oportunidades de carreira: 33%

Fonte - The Freeman Trends Report - 2024 Attendee Intent and Behavior.

Desejam ter mais tempo em formatos de networking que ofereçam valor, como meetups que tenham desafios profissionais iguais (52%), tópicos específicos (44%) e interesses em comum (35%). O networking informal foi indicado por 35% e as reuniões fora do horário de trabalho por 34%. Ver gráfico 7)

D. VENDAS

A grande quantidade de informações erradas ou confusas que podem ser obtidas online e a maior confiança no encontro presencial, tornam este último na fonte mais desejada para descobrir novos produtos e serviços. Os participantes valorizam amostras e demonstrações (ver gráficos 8 e 9).

Gráfico 7 - Elementos de networking mais relevantes

OUTROS	1%
SPEED MEETINGS PARA IDENTIFICAR INTERESSES COMUNS	8%
EMBAIXADORES LOCAIS PARA ENVOLVER OS PARTICIPANTES	10%
FERRAMENTA PARA ENGAJAR OS PARTICIPANTES NA REUNIÃO	13%
SESSÕES DE MENTORES/MENTORANDOS	13%
ZONA/HUB DEDICADO AO NETWORKING	18%
OPORTUNIDADES DE ENCONTROS DE INTERESSE PESSOAL	25%
AFTER-HOUR EVENTS	34%
ÁREAS PARA ESTABELECER UMA REDE INFORMAL DE CONTACTOS	35%
ENCONTROS PROGRAMADOS DE INTERESSES COMUNS	35%
OPORTUNIDADES DE ENCONTROS SOBRE TEMAS ESPECÍFICOS	44%
ENCONTROS COM DESAFIOS PROFISSIONAIS SIMILIARES	52%

Fonte - The Freeman Trends Report- 2024 Attendee Intent and Behavior.

Gráfico 8 - Principais fontes para encontrar novos produtos ou serviços

Eventos presenciais	Web site da empresa	Organizações profissionais e comerciais	Revistas / publicações profissionais	Eventos online
80%	62%	53%	51%	38%

Fonte - The Freeman Trends Report- 2024 Attendee Intent and Behavior.

Gráfico 9 - Elementos comerciais mais importantes

68% Amostras ou demonstrações de serviços em stands / ativações

61% Demonstrações práticas, sessões em stands/ativações

35% Brindes / swag de fornecedores

33% Materiais impressos descrevendo produtos/serviços

20% Pré-agenda com expositor qualificado

20% After-hour events

19% Placas informativas mostrando insights de fornecedores

18% Site do evento para saber mais sobre expositores

17% QR Codes com informações dos fornecedores

1% Outros

Fonte - The Freeman Trends Report- 2024 Attendee Intent and Behavior.

O event design de dentro para fora

Por Barbara Duran

Quando pensamos na entrega de um evento encantador, que atinja as expectativas dos clientes e participantes, independente de suas gerações, é inevitável considerar a equipe envolvida em toda a entrega. Partindo da premissa que "ninguém dá aquilo que não tem", para atingirmos a excelência nos eventos precisamos começar pela excelência em nossos times.

Liderar pessoas em prol de um mesmo objetivo, conquistando de cada profissional o máximo engajamento e qualidade é uma das tarefas mais complexas considerando os tempos atuais.

A liderança vem sofrendo transformações impulsionadas pelas novas gerações e é preciso entender de "gente" do começo ao fim do processo para chegar numa entrega excelente.

Abaixo, consideramos etapas importantes na formação dos times para conquistarmos eventos inesquecíveis:

1. Definição do time e suas entregas

Colocar a "pessoa certa no lugar certo", considerando nessas escolhas as habilidades individuais & as necessidades do evento são fundamentais para conquistar fluidez e agilidade nas entregas.

2. Comunicação que engaja

Compartilhar propósitos e valores, seguido de treinamentos técnicos e comportamentais aumenta o engajamento do time, que pode representar um aumento de aproximadamente 21% no faturamento do evento, ao mesmo tempo que, ao analisar os profissionais atualmente, 77% se dizem "desengajados" de suas funções. Considerando a economia global, isso pode representar um prejuízo de até 9% do PIB global (https://www.institutomudita.com/blogmudi/o-impacto-do-engajamento-para-a-produtividade-e-resultados/).

3. Criação de relações de proximidade e confiança

É comum a equipe de um evento ser composta por várias equipes/empresas que se unem através de suas especialidades para fazer um evento acontecer. Gerenciar funcionários fixos já é complexo devido às diferenças de gerações e modelos mentais que desenvolvem e motivam, mais complexo ainda gerenciar pessoas que não possuem vínculo empregatício direto com seus gestores de projetos.

Como sair dessa complexidade? Construindo relações de confiança, com vínculos verdadeiros, gerados através da transparência e da consciência de que um trabalho bem-feito só acontece com a união de todos. Isso se dá através da proximidade da liderança junto aos envolvidos motivando, esclarecendo, apoiando, e facilitando as entregas de forma consistente e ética. A integridade foi apontada por 78% de mais de 600 CEOs mundiais entrevistados pelo Fórum Econômico Mundial em 2023, como competência fundamental na Liderança dos tempos atuais.

Dito isto, se quiser entregar um evento que conquiste seu público gerando prosperidade para os envolvidos comece pelo time de entrega. Assim será capaz de traduzir ideias em projetos, projetos em experiências e experiências em crescimento de negócios e pessoas. Consequentemente, da sociedade como um todo.

Resumo do capítulo

Para o resumo deste capítulo, acesse o QR Code abaixo. Se usar o super app Oasis, poderá colecionar estas referências para quando precisar, por toda a vida. Também trazemos destaque dos:

- principais aspectos e conceitos apresentados,
- cases,
- opinião do expert
- bibliografia e
- questões para reflexão.

Além disso, neste código você poderá acessar leituras complementares (indicação de referências bibliográficas e eletrônicas para maior detalhamento do tema).

3.

COMO O FORMATO DOS EVENTOS EVOLUIU E EVOLUIRÁ?

Conceitos e Formatos de Eventos de Hoje do Futuro

O QUE É UM EVENTO

Os eventos são o retrato exato do momento histórico em que eles acontecem. Este fato explica e clareia muito sobre as características e o forte movimento que esse mercado está sendo impactado com a explosão de uso dos eventos digitais a partir de 2020, quando toda a comunicação pessoal e corporativa passou a depender quase que exclusivamente do acesso digital.

Por retratar fielmente o cenário e o momento temporal no qual cada evento é realizado, aspectos como orçamentos, inflação e dificuldades econômicas impactam diretamente, tais como[1] por diminuição nos orçamentos para viagens (50%), inflação e aspectos econômicos (44%), a percepção de segurança no local do evento (42%) e diminuição dos orçamentos para treinamento (38%).

A ausência de estudos e bibliografias relevantes sobre este assunto, aliado à grande demanda pelo evento virtual a partir de 2020, estimulou divergências no mercado quanto à definição unânime sobre os conceitos deste formato e também sobre o evento híbrido.

---

1   Winter 2024 Freeman Syndicated Survey of Event Attendees https://www.freeman.com/wp-content/uploads/2024/04/Freeman_2024-Exhibitor-Trends-Report.pdf

Para alguns, o evento virtual "é um encontro que permite aos organizadores do evento, palestrantes, participantes e / ou patrocinadores para se conectarem virtualmente por meio de ambiente digital".

Para a PCMA[2] - Professional Convention Management Association, as mudanças provocadas pela pandemia em 2020 promoveram uma nova definição nos eventos que contempla o virtual e o híbrido: "um encontro de pessoas com interesses comuns que se encontram nos meios em que estão - seja pessoalmente, online ou uma combinação dos dois."

Há até quem afirme que o híbrido acontece quando algumas sessões ou palestras são transmitidas pela web e/ou gravadas e outras ao vivo. Ao considerar apenas este aspecto, é caracterizado apenas o evento virtual. Para ser híbrido o evento presencial deve incorporar também elementos de um evento virtual, simultaneamente.

Para este livro, tanto o evento híbrido quanto o virtual são considerados eventos digitais, ou seja, ambos têm um forte fator em comum entre eles que é o de usar tecnologias digitais para complementar a experiência dos participantes, estando eles presentes no local do evento ou atendendo remotamente.

Desta forma, o conceito norteador utilizado aqui para diferenciar todos os três formatos básico, descritos a seguir, serão os participantes:

- PRESENCIAL

Evento que acontece com 100% das pessoas presentes no local do evento (os participantes, os palestrantes, expositores e todos os envolvidos na execução do evento).

Quando desconsiderados fatores como custos e disponibilidade de agenda, os eventos presenciais são preferidos por 82% do público[3]. O evento presencial é percebido como a mais confiável fonte de informações. E esta confiança subiu 10% entre 2023 e 2024 (tabela 5).

---

2 https://www.pcma.org/roe-return-on-events-study-meetings-industry/ acesso em 12/08/24

3 Winter 2024 Freeman Syndicated Survey of Event Attendees - https://www.freeman.com/wp-content/uploads/2024/01/Freeman-Trends-Report-Attendee-Motivators-Jan-2024.pdf

Tabela 5 - Fontes confiáveis de informação

Aspectos	2023	2024
Eventos presenciais	75%	80% ▲
Organizações profissionais	68%	68%
Instituições acadêmicas	65%	61% ▼
Webinar	48%	44% ▼
Líderes corporativos	45%	42% ▼
Líderes inspiradores	36%	31% ▼
Social Midia	12%	12%
Posts em blogs	9%	9%
Líderes governamentais	8%	8%
Mídia social / influenciadores	6%	7%

Fonte - Winter 2024 Freeman Syndicated Survey of Event Attendees. Layout dos autores.

Os motivos[4] apontados por aqueles que atenderiam menos eventos em 2024 que no ano anterior, devem ser analisados para criar oportunidades e facilidades para estimular a sua participação:

- Mudança no orçamento (33%). Redução de 11% em relação ao ano anterior.
- Escassez de pessoal / pressões sobre o fluxo de trabalho (33%).
- Falta de oportunidades de descobrir novos produtos /serviços (17%)
- Falta de oportunidades de networking (15%)
- Falta de oportunidade educacionais (13%)

---

4   Winter 2024 Freeman Syndicated Survey of Event Attendees

- VIRTUAL

É aquele que é totalmente baseado no acesso à internet[5] (sistema global de redes de computadores interligadas que utilizam um conjunto próprio de protocolos (*Internet Protocol Suite* ou TCP/IP com o propósito de servir progressivamente usuários no mundo inteiro) e web[6] (sistema de documentos em hipermídia (ou hipermédia) que são interligados e executados na *Internet*.) É uma rede de várias outras redes, com todas as pessoas interagindo isoladamente em todas as pontas da conexão. Ou seja, é o evento que acontece com 100% das pessoas participando e interagindo virtualmente, via tecnologias digitais.

- HÍBRIDO

É o evento presencial com componentes digitais na sua transmissão e/ou recepção para outros locais Ou seja, o híbrido é o evento que acontece quando os participantes estão parte presencialmente e parte virtualmente.

- EVENTOS DIGITAIS

São aqueles que têm componentes digitais na sua estrutura de experiência e conteúdo. Podem ser divididos em híbridos e virtuais.

Tanto o evento híbrido quanto o virtual são eventos digitais.

O fator comum entre o evento virtual e o híbrido está no uso de tecnologias digitais para permitir e complementar a experiência dos participantes presenciais ou remotos na captura e no streaming do evento. As regras que regem o evento virtual são muito diferentes do presencial, como a atenção do participante ao evento, que no remoto é bem fugaz, demandando maior interatividade e tempos mais curtos entre mensagem, entrega de conteúdo e as ações de engajamento.

---

5   Internet. Wikipedia - https://pt.wikipedia.org/wiki/Internet acesso em 13/11/24)
6   Web - Wikipedia - https://pt.wikipedia.org/wiki/World_Wide_Web acesso em 13/11/24)

Aproveite que, no ambiente virtual, há maior facilidade de definir, trackear e acompanhar a evolução em tempo real das informações dos participantes e de envolver os stakeholders em múltiplos canais digitais para entrega de conteúdo, relacionamento, engajamento e networking nas três fases do evento. Deixando claro que o evento digital não é o mesmo que o presencial, para conseguir destacar o seu evento no ambiente virtual dos demais eventos concorrentes, trabalhe muito bem a sua marca e o design atraente do seu projeto.

O EVENTO DIGITAL E POR QUE USÁ-LO

As características do digital permitem às empresas encontrar seus consumidores em qualquer lugar, a qualquer momento e construir relacionamento com eles em escala, mas também personalizado.

Há benefícios em qualquer ambiente (virtual e/ou presencial) onde os eventos podem ser realizados. Os virtuais e os híbridos removem barreiras relacionadas ao deslocamento, sendo a opção mais econômica ao oferecer valores por participante mais reduzidos que o presencial. O ambiente virtual permite uma mentalidade global, aproximando e conectando público espalhado pelo planeta que não poderiam participar ao vivo.

A escolha do ambiente ideal está relacionada aos objetivos desejados, mas também à tipologia do evento, como mostra o gráfico 11.

Gráfico 10 - Tipologia x ambiente

Tipologia	Híbrido	Presencial	Virtual
Curso de capacitação	37,2	31,7	31,2
Relacionamento com cliente	25,3	51,5	23,2
Relacionamento com parceiros e fornecedores	25,1	46,6	28,3
Simpósios e seminários	35,3	46	18,7
Congressos	30,6	55	14,4
Feiras e Exposições	14,2	75,7	10,1
Lançamento de produtos	24,2	53,9	21,8
Convenção de vendas	18,4	69,1	12,5
Festivais e shows	8,8	84,6	6,6
Eventos Esportivos	12,9	80,2	6,9

Fonte - 2a Pesquisa sobre eventos híbridos no Brasil, 2023. Martin, V e Christensen, G

TANTO O HÍBRIDO QUANTO O VIRTUAL, QUANDO COMPARADOS AO EVENTO PRESENCIAL, OFERECEM BENEFÍCIOS DISTINTOS.

Entre os diferenciais do evento híbrido destacam-se:

- **Grande relevância da audiência e qualidade dos leads de vendas**
- **Custos de realização diferentes do presencial** - o virtual dispensa os gastos com hospedagem, deslocamento, espaço físico do evento, por outro lado, necessita maior investimento em plataformas, na gravação e na transmissão de som e imagem.
- **Acessibilidade** - Alcançar o participante que não pode estar no evento presencialmente. Independente do motivo (recursos ou tempo disponível), o evento digital permite que ele possa participar do evento à distância.
- **Exponencialização da cobertura geográfica do evento** - Com escalabilidade ilimitada, os eventos virtual e híbrido não tem restrições geográficas de alcance Para participar, basta apenas a permissão de acesso, equipamento (computador ou smartphone) e banda.
- **Quantidade de participantes perto do ilimitado** - ao contar com o ambiente virtual, a capacidade máxima de participantes total do evento virtual ou híbrido passa a ter pouca restrição de limite. Quando combinado o presencial com o virtual e transformando-o em evento híbrido, imediatamente há ganho de várias vezes o número de participantes do primeiro formato.
- **Aumento da visibilidade da marca** – ao impactar número maior de participantes e por tempo maior que no evento presencial, o virtual e o híbrido podem oferecer métricas quantitativas diferenciadas.
- **Coleta de dados valiosa e farta sobre o evento e o participante** – a oferta de métricas e a facilidade de coleta permite segmentação do público com maior assertividade, bem como farto detalhamento sobre preferências e mapeamento preciso do comportamento do participante antes, durante e pós evento.

- **Sem limites de tempo ou espaço** - - cada participante pode participar de qualquer lugar e em qualquer device (notebook, celular ou tablet). Suas características o tornam mais fácil de planejamento e execução do que o evento presencial, reduzindo o tempo necessário para sua realização.
- **O conteúdo pode ser acessado a qualquer momento** – após a gravação o conteúdo total ou parcial do evento digital pode ser disponibilizado on demand ou gratuitamente e o participante pode acessá-lo e consumi-lo no seu próprio ritmo.
- **Frequência e consistência** - o conteúdo virtual pode ser oferecido de diversas maneiras, inclusive em pequenas porções por um período de tempo maior que o virtual. E ainda pode ser acessado e envelopado de várias maneiras (*multiple touchpoints*) para atender diferentes pacotes de conteúdo. Este cenário oferece maiores e diferentes oportunidades para exposição dos patrocinadores pela repetição por período de tempo mais longo, mas também para atingir perfil variado dos consumidores.
- **Evento mais sustentável** – O digital tem impacto positivo em todos os tripés da sustentabilidade. No econômico e ambiental, por evitar os deslocamentos e os resíduos ambientais, oferece menor pegada de carbono que o presencial. No tripé social, oferece capacitação e conhecimento, networking e engajamento com os demais stakeholders, além de favorecer a diversidade e inclusão.
- **Melhor relação custo x benefício e melhor ROI**– há custos que tendem a zero em várias despesas, como viagens (transporte, alimentação e hospedagem) dos participantes e palestrantes, venue (local onde é realizado), decoração, cenografia, alimentos e bebidas (coffee-breaks, almoço, jantar, etc.), audiovisual, recursos humanos (recepcionistas e seguranças) e montadoras, entre outros fornecedores indispensáveis para o evento presencial acontecer. Por outro lado, o evento digital requer investimentos em plataformas digitais, em cyber security e banda larga considerável, entre outros fornecedores diretos.

As dificuldades no uso do evento virtual, quer isoladamente ou como parte do evento híbrido, estão:

- **No engajamento** - na dificuldade de entregar a mesma emoção e o estímulo sensorial que só o presencial consegue proporcionar.
- **No fuso horário** - quanto maior a abrangência geográfica, maior será a amplitude dos fusos horários, dificultando a elaboração da programação viável para participantes e palestrantes.
- **Nos diferentes idiomas e culturas** - a facilidade de acesso permite também que pessoas de diversos países possam participar, elevando o grau de dificuldade operacional para entrosar e engajar públicos tão distintos.

EVENTO VIRTUAL

O evento virtual acontece 100% através de mecanismos digitais e nisso se diferencia do híbrido, que possui algum tipo de interação presencial.

No caso do evento virtual, palestrantes, participantes e demais stakeholders podem estar em espaços distintos.

Desta forma, o evento virtual é aquele que é totalmente baseado na web, com as pessoas interagindo isoladamente em todas as pontas da conexão digital.

Entre as motivações para a escolha do evento online destacam-se o conteúdo atrativo ou único (67%) e a facilidade de acesso dele on-demand (60%), como mostra o gráfico 12.

O evento virtual mais simples é a reunião online utilizando uma plataforma de streaming como Zoom ou Meet, entre duas ou mais pessoas de uma equipe ou com clientes, com duração variada.

Gráfico 11 - Fatores relevantes de escolha do evento online.

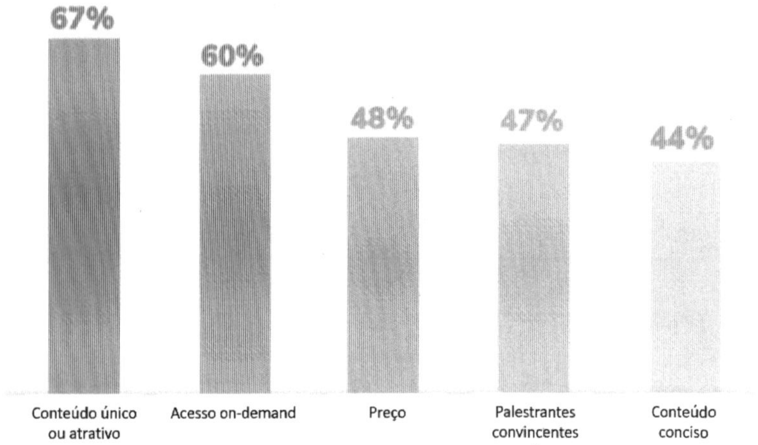

Conteúdo único ou atrativo	Acesso on-demand	Preço	Palestrantes convincentes	Conteúdo conciso
67%	60%	48%	47%	44%

Fonte - Winter 2024 Freeman Syndicated Survey of Event Attendees

Mesmo neste formato e com público reduzido, a eficiência e organização da agenda podem fazer muita diferença nos resultados. Recomenda-se elaboração e envio de agenda com informações essenciais como:

- Objetivo da reunião
- Data, horário, local (link) e duração
- Participantes, tempo alocado e responsabilidade de cada um na reunião
- Agenda (itens que serão discutidos
- Leitura prévia recomendada ou obrigatória
- Outros

Veja aqui [7]outras sugestões e modelos.

---

7   7 meeting agenda examples, templates, and how to create your own - https://www.zoom.com/en/blog/meeting-agenda-examples/ acesso 12/08/24

- **QUANDO UM EVENTO É VIRTUAL**

Um evento pode ser considerado virtual quando usa tecnologias digitais para conectar participantes remotamente, proporcionando uma experiência imersiva e interativa. Através de plataformas online, os participantes podem assistir a palestras, participar de workshops, interagir com outros participantes e até mesmo explorar ambientes virtuais 3D.

Elementos essenciais para a magia acontecer: O que torna um evento virtual?

Para ser considerado virtual, um evento precisa apresentar algumas características fundamentais:

- **Plataforma digital:** A base do evento virtual é uma plataforma online que permite a transmissão de conteúdo, a interação entre os participantes e a oferta de recursos interativos.
- **Acesso remoto:** Os participantes acessam o evento através da internet, sem a necessidade de estarem fisicamente presentes em um local específico.
- **Engajamento digital:** O evento utiliza ferramentas digitais para promover a interação entre os participantes, como chats, fóruns, enquetes e quizzes.

Vantagens dos eventos virtuais: um mundo de possibilidades sem limites

Os eventos virtuais oferecem diversas vantagens em comparação com os eventos presenciais, como:

- **Alcance global:** Os eventos virtuais podem alcançar um público global, sem as restrições geográficas dos eventos presenciais.
- **Redução de custos:** Os custos de organização de um evento virtual são geralmente menores do que os de um evento presencial, pois

não há necessidade de alugar espaço físico, contratar equipe local ou fornecer alimentação e hospedagem aos participantes.
- **Flexibilidade:** Os participantes podem acessar o evento virtual a partir de qualquer lugar do mundo e a qualquer momento, de acordo com sua disponibilidade.
- **Sustentabilidade:** Os eventos virtuais são mais sustentáveis do que os eventos presenciais, pois reduzem o impacto ambiental do transporte e do consumo de materiais.

- **O ESPAÇO FÍSICO DO EVENTO VIRTUAL**

No universo dos eventos virtuais, uma dúvida frequente paira no ar: afinal, é preciso ter um espaço físico para realizar essa jornada imersiva online? A resposta, meus caros leitores, é um sonoro **não!** A magia dos eventos virtuais pode se desenrolar somente no reino digital, transcendendo as fronteiras físicas e conectando pessoas de qualquer lugar do mundo.

O espaço físico para o evento virtual pode sim ajudar.

Embora um espaço físico não seja essencial para a realização de um evento virtual, ele pode ser um aliado valioso. A experiência de execução do evento fica mais profissional, os palestrantes podem interagir e quem assiste o evento do outro lado percebe a diferença. Veja alguns elementos destes espaços físicos para os eventos digitais:

- **Estúdios para transmissão:** Se você deseja transmitir palestras ou workshops ao vivo com alta qualidade de imagem e som, um estúdio profissional pode ser a escolha ideal.
- **Locais para eventos híbridos:** Eventos híbridos combinam elementos virtuais e presenciais, reunindo um público online e outro em um local físico. Nesses casos, o espaço físico é necessário para acomodar o público presencial.

- **Áreas de apoio:** Se você precisa de um local para armazenar equipamentos, preparar materiais ou reunir a equipe de organização, um espaço físico pode ser útil.

Caso você opte por utilizar um espaço físico para seu evento virtual, lembre-se de considerar alguns pontos importantes:

- **Localização:** Escolha um local de fácil acesso para os palestrantes que irão presencialmente e para a equipe de organização, com excelente infraestrutura de internet.

Para saber mais
Assista ao webinar com Leila Bueno, premiada cenógrafa brasileira.

- **Tamanho:** O tamanho do espaço deve ser adequado ao número de pessoas que trabalharão no evento e à quantidade de equipamentos que serão utilizados.
- **Estrutura:** Verifique se o local possui os recursos necessários para a realização do evento, como mesas, cadeiras, tomadas, internet banda larga e sistema de som.
- **Segurança:** Certifique-se de que o local seja seguro e que atenda às normas de segurança contra incêndios e outros riscos.

Veja cases, ebooks relevantes, opinião do expert e outras informações e dicas, acessando o QR Code no resumo deste capítulo

EVENTO HÍBRIDO

Pelos benefícios oferecidos a participantes e clientes, a partir de 2020, o evento híbrido foi considerado "o novo normal", ou seja, aquele que é utilizado com maior regularidade que apenas o presencial. Entre eles estão:

- Permitir experiências síncronas ou assíncronas acontecendo em diferentes pontos, lugares e maneiras.
- Oferecer maior cobertura geográfica de alcance com público mais amplo.
- Feedback mais amplo.
- Reduzir o custo por pessoa de produção do evento.
- Data abrangente e de fácil captura e acompanhamento ontime.
- Ampliando sessões, opções de palestrantes e conteúdo.
- Amplificando a experiência para o participante.
- Aumentando as possibilidades de receitas.

O gráfico 11 mostrado antes neste capítulo, identifica as principais motivações para o uso de evento híbrido, que continuam presentes em pesquisas mais recentes.

O infográfico 13 mostra principais características dos eventos híbridos, destacando que os congressos eram a principal tipologia utilizada (79%), utilizado para os públicos interno e externo das empresas e a escolha dos fornecedores digitais estava ancorada na experiência, no histórico de sucesso e conhecimento técnico dos profissionais.

Decidindo entre o evento virtual e o híbrido

Existem várias diferenças entre o formato híbrido e o virtual, como indicado no comparativo entre eles (tabela64).

Infográfico 12 - Potencial do mercado brasileiro de eventos híbridos

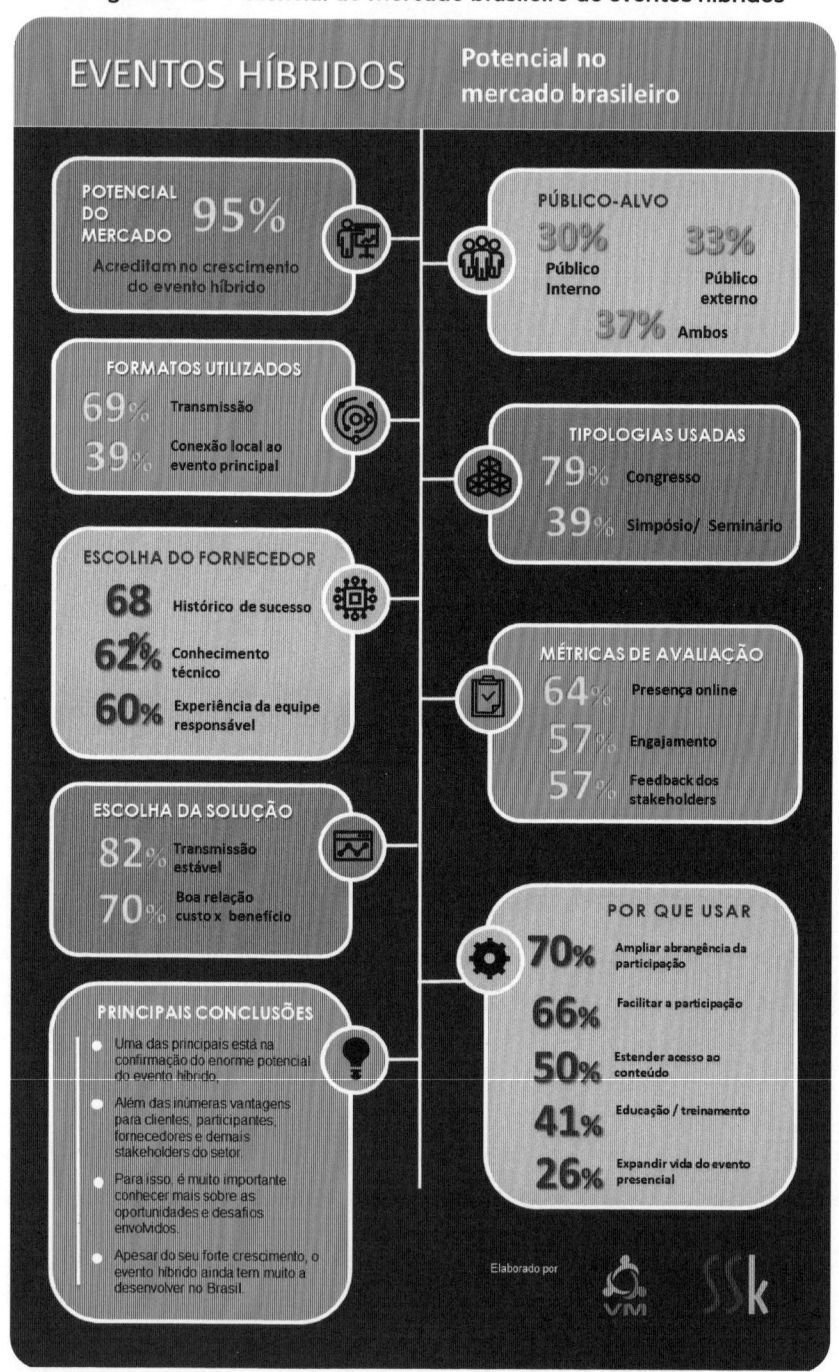

EVENTOS HÍBRIDOS — Potencial no mercado brasileiro

POTENCIAL DO MERCADO
- 95% Acreditam no crescimento do evento híbrido

PÚBLICO-ALVO
- 30% Público Interno
- 33% Público externo
- 37% Ambos

FORMATOS UTILIZADOS
- 69% Transmissão
- 39% Conexão local ao evento principal

TIPOLOGIAS USADAS
- 79% Congresso
- 39% Simpósio/ Seminário

ESCOLHA DO FORNECEDOR
- 68% Histórico de sucesso
- 62% Conhecimento técnico
- 60% Experiência da equipe responsável

MÉTRICAS DE AVALIAÇÃO
- 64% Presença online
- 57% Engajamento
- 57% Feedback dos stakeholders

ESCOLHA DA SOLUÇÃO
- 82% Transmissão estável
- 70% Boa relação custo x benefício

POR QUE USAR
- 70% Ampliar abrangência da participação
- 66% Facilitar a participação
- 50% Estender acesso ao conteúdo
- 41% Educação / treinamento
- 26% Expandir vida do evento presencial

PRINCIPAIS CONCLUSÕES
- Uma das principais está na confirmação do enorme potencial do evento híbrido.
- Além das inúmeras vantagens para clientes, participantes, fornecedores e demais stakeholders do setor.
- Para isso, é muito importante conhecer mais sobre as oportunidades e desafios envolvidos.
- Apesar do seu forte crescimento, o evento híbrido ainda tem muito a desenvolver no Brasil.

Elaborado por VM / SSk

Fonte - 2a Pesquisa sobre eventos híbridos no Brasil, 2023. Martin, V e Christensen, G

Tabela 6 - Comparativo entre os eventos híbridos e virtuais

Aspectos	Presencial	Híbrido	Virtual
Fator de atração	Atraem público para um único local e para o networking.	Também converge todos para um mesmo local. No virtual, a atração principal é o conteúdo e a dinâmica dos encontros presenciais.	O que atrai é o conteúdo e a facilidade de acesso. Flexibilidade de tempo. Não há necessidade de deslocamento.
Conteúdo	Conteúdo direcionado e dinâmicas de interação presencial que reforçam sua retenção. Conteúdos com maior profundidade.	O conteúdo do híbrido deve ser mais rico que o presencial para motivar a participação. Os participantes do híbrido podem não ter acesso a todos os conteúdos do evento.	Conteúdos mais curtos e mais precisos. Densos e práticos.
Tamanho do público	Limitado ao espaço e ao mercado regional (pessoas podem viajar até o local do evento).	No presencial, limite do espaço físico do local. No virtual, potencial quase ilimitado de alcance virtualmente.	Potencial quase ilimitado de público.
Programação	Oferece formato e programa variados, desde plenária, seminários, sessões simultâneas e paralelas.	Programação mais complexa para criar que o presencial, uma vez que precisa atender, de forma integrada, os públicos do presencial e do virtual.	Programação mais flexível quanto aos dias e horários. Possibilidade de várias sessões paralelas com moderadores e públicos de tamanhos distintos.

Aspectos	Presencial	Híbrido	Virtual
Sustentabilidade	Maior uso de papel e geração de lixo que os demais. Maior emissão de CO_2 per capita.	Igual ao presencial, mas sem uso de papel ou geração de resíduos sólidos para a audiência virtual.	Sem uso de papel. Sem geração de resíduos sólidos. Menor pegada ambiental que os demais.
Custo para desenvolvimento	Demanda maior investimento	Demanda maior investimento	Demanda maior investimento nos primeiros eventos. Tende a diminuir com o tempo.
Custo para o participante	Mais caro que os demais, encabeçado pelo deslocamento físico.	No presencial igual. No virtual, mais acessível que o presencial.	Menor custo entre os modelos
Estruturas de mobilidade	Transporte, táxi, estacionamento, transporte público, Uber.	Idem ao presencial. O virtual não necessita.	Sem necessidade de mobilidade.
Necessidades de estruturas físicas	Demanda por local adequado, com estacionamento, próximo de transporte público, com ar condicionado, mesas, cadeiras, projetores, cenografia etc.	Idem para o evento presencial. Essencial alta qualidade de vídeo, áudio e conexão.	Essencial alta qualidade de vídeo, áudio e conexão. Não demanda local específico.

Aspectos	Presencial	Híbrido	Virtual
Infraestrutura (A & B, banheiros, segurança, etc.)	Necessidade de providências e cuidados para que os presentes se sintam bem, alimentados e seguros.	Igual ao presencial. Nenhuma necessidade de infraestrutura física no virtual.	Nenhuma necessidade de infraestrutura física.
Networking (entre os participantes)	Permite interação face a face.	Permite interação face a face no presencial, mas existem barreiras a serem vencidas na interação entre os participantes virtuais e os presenciais.	Mais difícil e trabalhoso. Demanda de articulação e de tecnologias. O fato de não ter acontecido o encontro presencial faz com que as pessoas demorem a conectar umas com as outras. Em alguns públicos, acontece o contrário: o virtual as ajuda a se conectarem mais rapidamente.
Engajamento	Permite atividades presenciais, mas também o uso da tecnologia. O engajamento se dá pela própria presencialidade.	Requer mais criatividade e recursos de tecnologia que o presencial, principalmente para engajar os virtuais.	Estratégias diferentes e novos métodos de engajamento são necessários, uma vez que as pessoas, nos canais virtuais, só permanecem em eventos que realmente estão adicionando valor para sua trajetória profissional ou pessoal.

Aspectos	Presencial	Híbrido	Virtual
Investimento em tecnologia	Médio	Alto	Alto
Acessibilidade por dispositivos eletrônicos	Durante o evento, o celular é o mais utilizado para a participação, sendo o event app o permite maior envolvimento.	O híbrido oferece a maior versatilidade entre os modelos, por agrupar o presencial e o virtual em um único evento. Demanda uso de multicanais para a comunicação, Em especial de event app	
Dados e Analytics	Para a captação de dados e Analytics é necessário investimento em pesquisas de campo. É mais caro no médio e no longo prazo.	Melhor estrutura de dados. Fica mais barato no longo prazo.	Fortemente estruturado em dados. Muito barato nos médio e longo prazos.
Potencial de vendas	Para expositores, o encontro presencial promove mais e melhores vendas	Idem ao evento presencial. No virtual	É necessária a aplicação de novas tecnologias e métodos para a aproximação de um cenário aceitável. Em determinados eventos, a experiência virtual pode até suplantar o evento presencial, mas é necessário maior investimento em tecnologia.

Aspectos	Presencial	Híbrido	Virtual
Feiras (potencial para expositores)	Cenário ideal para expositores	Cenário ideal para expositores do evento presencial	O potencial de vendas fica razoavelmente prejudicado em detrimento da falta do encontro presencial. Showcases virtuais ajudam a diminuir esse problema, mas não se comparam com expositores presenciais.
Tempo para desenvolvimento (*)	De 1 a 6 meses	De 1 a 6 meses	De 1 a 2 meses

(*) Duração média de planejamento, pois flutua dependendo da tipologia, quantidade de participantes, abrangência geográfica, entre outros aspectos.

Daqui pra frente a grande maioria dos eventos será híbrida?

Tudo já está bem diferente!

Talvez o mais profundo resultado da pandemia vivenciada em 2020, seja a transformação do ser humano. Ao serem lançadas ao recolhimento compulsório, ao distanciamento social e afastados das suas atividades corriqueiras, inevitavelmente, as pessoas foram forçadas a se voltarem para dentro e a repensar tudo e cada coisa nas suas vidas.

É certo que a persona dos clientes e suas necessidades já estão diferentes, bem como será o relacionamento pessoal e comercial. Está claro que a cultura do digital já está mais forte e será usada para embasar e exponencializar a experiência do presencial. Esta percepção estará forte no momento do planejamento, de pesquisa, de olhar pra dentro e pra fora de você e do mercado e de estruturar os movimentos e ações dos seus próximos eventos.

A partir de 2023, as pesquisas mostram retomada forte na preferência pelo evento presencial. Entretanto, é inegável o crescimento do evento digital e híbrido, pois as diferenças entre os três ambientes orientam que a melhor escolha está na atenção às necessidades específicas de cada cliente.

O gráfico 14 apresenta os fatores que são considerados para a escolha do ambiente, ou seja, estas motivações ou necessidades indicam se a tipologia escolhida acontecerá presencialmente, no virtual ou em ambos. Pela amplitude e cobertura geográfica sem fronteiras que o virtual oferece, é fácil entender a opção pelo virtual dos 77% que querem ampliar a abrangência geográfica e expansão de audiência. Assim como facilitar a participação no evento (74%).

Gráfico 13 - Fatores considerados na escolha do ambiente

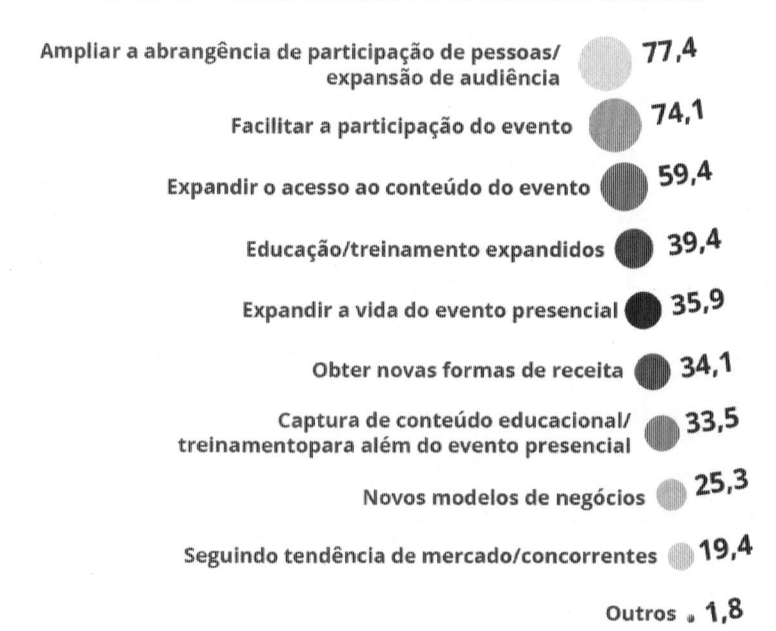

Fator	%
Ampliar a abrangência de participação de pessoas/ expansão de audiência	77,4
Facilitar a participação do evento	74,1
Expandir o acesso ao conteúdo do evento	59,4
Educação/treinamento expandidos	39,4
Expandir a vida do evento presencial	35,9
Obter novas formas de receita	34,1
Captura de conteúdo educacional/ treinamentopara além do evento presencial	33,5
Novos modelos de negócios	25,3
Seguindo tendência de mercado/concorrentes	19,4
Outros	1,8

Fonte - 2a Pesquisa sobre eventos híbridos no Brasil, 2023. Martin, V e Christensen, G

O infográfico 15 - Panorama dos Eventos Digitais mostra as variações encontradas na preferência do público e os ambientes, além de outros detalhes do cenário dos eventos virtuais e digitais.

Infográfico 14 - Panorama dos eventos digitais - 2023

PANORAMA DOS EVENTOS DIGITAIS -2023
2ª Pesquisa sobre Eventos Híbridos: Plataformas e Ferramentas

Realização

Budget

- 54,3% Maior
- 34,3% Igual

Quantidade de eventos

- 54,4% Aumentará
- 31,2% Igual

2023 em relação à 2022

Tamanho do budget
- Quase metade dos orçamentos (49%) para eventos é de até R$100 mil.
- 1/4 deles tem entre R$2M e R$5M+.12%

Perfil dos entrevistados
- 48% Organizadores de eventos
- 31% Empresas
- 12% Associações e entidades
- 10% Agências

Eventos por ambiente

Os eventos presenciais dominarão o mercado, com 64% de preferência, sendo que o híbrido e virtual acontecerão em 35,6% dos calendários anuais.
78% disseram realizar até 30 eventos/ano.

- Híbrido 9,7%
- Virtual 26,1%
- Presencial 64,2%

Ambientes usados (por público alvo)

	Híbrido	presencial	híbrido
Cliente B2C	16,2%	59,0%	24,8%
Cliente B2B	23,8%	55,0%	21,2%
Parceiros e fornecedores	22,6%	50,6%	26,8%
Público interno	24,7%	48,7%	26,6%
Outros	28,1%	56,1%	15,8%

O público predominante formado por consumidores.
os eventos corporativos também são relevantes para o mercado (mais de 50%)

1/3

dos clientes disseram ter suas necessidades atendidas pelas plataformas utilizadas.

Destaca o quanto estas empresas precisam repensar suas ferramentas e estratégia.

A PLATAFORMA UTILIZADA ATENDE ÀS NECESSIDADES

- Total: 11,0%
- Muito: 44,9%
- Moderado: 33,9%
- Um pouco: 5,9%
- Nada: 4,2%

Fonte - 2a Pesquisa sobre eventos híbridos no Brasil, 2023. Martin, V e Christensen, G

O espaço físico do evento híbrido

Embora a flexibilidade seja um dos principais atrativos dos eventos híbridos, a escolha do espaço físico continua sendo crucial para o sucesso da experiência. Mais do que um mero local para acomodar participantes presenciais, o espaço físico deve ser cuidadosamente planejado para se integrar à dinâmica virtual do evento, proporcionando uma experiência coesa e envolvente para todos os públicos.

Para garantir que o evento híbrido transcorra sem percalços e atinja seus objetivos, o espaço físico ideal deve apresentar algumas características fundamentais:

1. LOCALIZAÇÃO ESTRATÉGICA:

- **Acessibilidade:** O local deve ser facilmente acessível por transporte público e privado, com boa sinalização e opções de estacionamento para os participantes presenciais.
- **Proximidade de infraestrutura:** A localização deve estar próxima de hotéis, restaurantes e outros serviços que possam atender às necessidades dos participantes.
- **Conectividade impecável:** Uma conexão à internet estável e de alta velocidade é essencial para garantir a transmissão fluida do conteúdo virtual e a interação sem falhas entre os participantes presenciais e remotos.

2. INFRAESTRUTURA ADEQUADA PARA TODOS:

- **Espaço amplo e versátil:** O local deve ter capacidade suficiente para acomodar o número esperado de participantes presenciais, com layout flexível que permita diferentes configurações, como mesas redondas para workshops, auditório para palestras, áreas de networking e de exposição.
- **Equipamentos audiovisuais de ponta:** Telas de alta definição, projetores com boa luminosidade, sistemas de som de qualidade e

microfones captam com clareza a voz dos palestrantes e participantes presenciais, garantindo uma experiência imersiva para todos.
- **Iluminação adequada:** A iluminação do local deve ser ajustável para diferentes tipos de atividades, desde palestras formais até eventos mais descontraídos.
- **Conforto e acessibilidade:** O espaço físico deve ser confortável para todos os participantes, com áreas de descanso, banheiros acessíveis e rampas de acesso, caso necessário.

3. Integração perfeita entre o físico e o virtual:

- **Espaço para estúdio virtual:** Uma área dedicada à montagem de um estúdio virtual permite que os palestrantes e outros participantes remotos sejam integrados à experiência presencial de forma natural e profissional.
- **Telas para visualização do conteúdo virtual:** Telas estrategicamente posicionadas no local garantem que todos os participantes presenciais acompanhem o conteúdo virtual com clareza e conforto.
- **Sistemas de interação:** Softwares e ferramentas de interação online permitem que os participantes presenciais e remotos façam perguntas, participem de pesquisas e interajam entre si em tempo real, criando um ambiente dinâmico e engajador.

4. Segurança e bem-Estar:

- **Protocolos de segurança:** O local deve seguir todos os protocolos de segurança e higiene vigentes para garantir o bem-estar dos participantes presenciais.
- **Equipe de apoio qualificada:** Uma equipe treinada e experiente deve estar disponível para auxiliar os participantes com qualquer dúvida ou necessidade durante o evento.
- **Planos de contingência:** Planos de contingência bem elaborados garantem que o evento possa prosseguir mesmo em caso de imprevistos, como falhas técnicas ou condições climáticas adversas.

O espaço físico ideal para um evento híbrido é aquele que se adapta às necessidades específicas do evento, considerando o público-alvo, o tipo de conteúdo e os objetivos da organização. Ao planejar o espaço físico, busque sempre integrar as experiências presencial e virtual de forma harmoniosa e envolvente, proporcionando uma experiência memorável para todos os participantes.

O espaço digital do evento híbrido

Existe um forte fator em comum entre eles que é o uso de tecnologias digitais para complementar a experiência dos participantes, estando eles presentes no local do evento ou estando remotos. Entre as tecnologias mais relevantes, seguramente, estão o streaming e a internet. O capítulo 6 mostra em detalhes como escolher as principais ferramentas digitais.

Conexão com o participante remoto (virtual)

Acontece quando um evento presencial realizado oferece conexão para participantes remotos ou virtuais (aqueles que não estão presentes no local) entregando todo ou parte do conteúdo do evento. Neste caso, diferentemente do webinar, os participantes virtuais têm quase todas as oportunidades de participação que o participante presencial usufrui.

Ele pode levantar virtualmente a mão para fazer uma pergunta, pode ter seu microfone e vídeo abertos para os participantes presenciais e para os virtuais ouvirem seus comentários (se essa for a dinâmica proposta para o evento). Pode enviar suas perguntas ao palestrante via chat e pode participar de votações, interatividades e pesquisas durante o evento.

O participante virtual também tem acesso aos conteúdos exclusivos do evento, como estudos e pesquisas, resultados de interações, acesso ao networking (dados para contato dos outros participantes do evento). E até salas virtuais para falar com expositores e/ou patrocinadores do evento. Algumas das plataformas mais usadas para esse formato são o Zoom, Skype, Hangouts, Meet, GoToMeeting, dentre outros.

Existem também plataformas especialistas, criadas para alcançarem grandes audiências em um nível de qualidade e interatividade maiores, como o Crowdcast e o We2video.

Algumas das ferramentas digitais mais utilizadas neste formato:

1. Website do Evento,
2. Cadastro/Registro/Inscrição do Evento,
3. Plataforma para acessar a transmissão do evento,
4. Perguntas e Respostas,
5. Votações ao vivo,
6. Avaliação e feedback,
7. Chat,
8. Gravação e disponibilização do conteúdo do evento e
9. App do evento.

Neste caso, os participantes estão eminentemente presenciais e o palestrante faz a sua participação de forma remota, a partir de outro local. Um palestrante que não pôde viajar para atender ao evento in loco, por exemplo, poderia também participar através de uma conexão e acesso à distância.

Neste caso, alguns cuidados são fundamentais com essa participação remota do palestrante para garantir a qualidade mínima do evento. A transmissão, por exemplo, pode ser feita em estúdio profissional ou a partir de outro local que ofereça as condições mínimas para garantir a qualidade de áudio e imagem.

A equipe técnica deve testar as conexões com antecedência e orientar o palestrante quanto ao uso da ferramenta de transmissão e interação. Caso não esteja em estúdio, o palestrante deve buscar um local adequado para se posicionar, onde o cenário que irá aparecer no vídeo não deponha contra o evento ou contra a sua própria imagem.

Veja cases, ebooks relevantes, opinião do expert e outras informações e dicas, acessando o QR Code no resumo deste capítulo

FORMATOS DE EVENTOS DIGITAIS MAIS UTILIZADOS

Como já explicado, o principal conceito envolvendo os eventos virtuais e híbridos que constituem o evento digital está relacionado ao ambiente digital que é o meio utilizado para a sua viabilização. É também a diferença entre eles, uma vez que parte do evento híbrido é realizado presencialmente. Ou seja, os eventos virtuais, os híbridos e os digitais são considerados aqui como títulos de agrupamentos de eventos que têm este componente básico entre si.

Desta maneira, várias tipologias anteriormente utilizadas apenas nos eventos presenciais são também encontradas entre os eventos realizados de forma virtual e/ou híbrida, como indicado neste capítulo.

A escolha do formato mais adequado está relacionada ao objetivo desejado, como mostra o gráfico 16, que indica a preferência por atividades como demonstração e atividades práticas (75%) e interações com experts (52%) quando a motivação é educacional.

Gráfico 15 - Formatos preferidos para educação e informação técnica

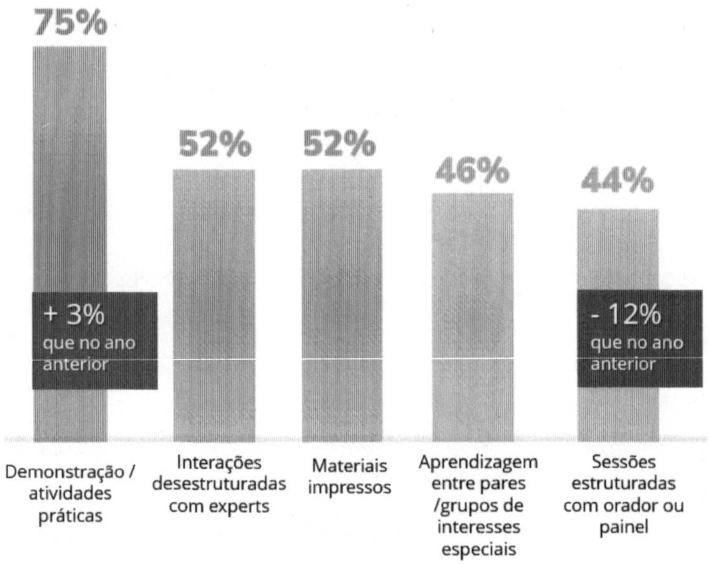

Formato	%
Demonstração / atividades práticas	75% (+3% que no ano anterior)
Interações desestruturadas com experts	52%
Materiais impressos	52%
Aprendizagem entre pares /grupos de interesses especiais	46%
Sessões estruturadas com orador ou painel	44% (-12% que no ano anterior)

Fonte - Fonte - The Freeman Trends Report- 2024 Attendee Intent and Behavior.

Em 2019, 83%[8] do mercado brasileiro de eventos já utilizava o evento híbrido e entre os tipos mais utilizados estavam os que fazem parte dos eventos técnico científicos (79% congressos e 39% de simpósios, seminários e fóruns), como mostra o gráfico a seguir. O mesmo cenário foi retratado em outros países. Quatro anos depois[9], os cursos de capacitação assumiram a liderança (37%), seguidos dos técnico científicos (35% simpósios e seminários e 30,6% de congressos), como mostra o gráfico 17 neste capítulo.

Gráfico 16 - Tipos de eventos híbridos mais utilizados

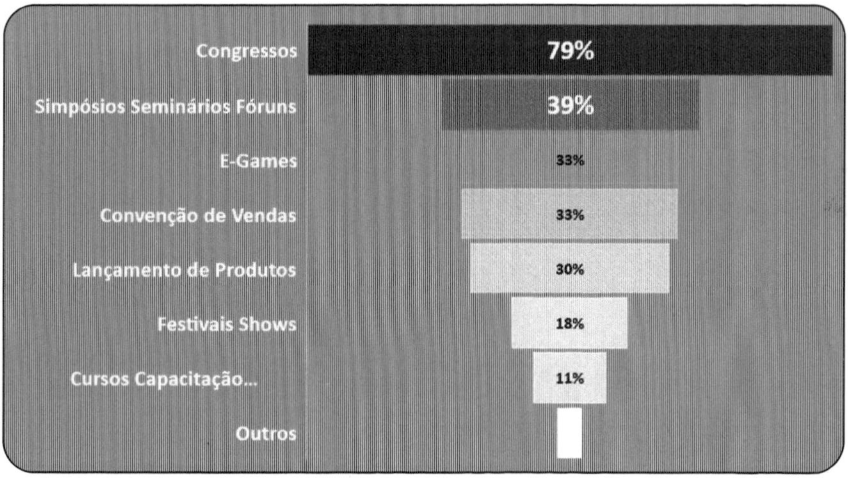

Tipo	%
Congressos	79%
Simpósios Seminários Fóruns	39%
E-Games	33%
Convenção de Vendas	33%
Lançamento de Produtos	30%
Festivais Shows	18%
Cursos Capacitação...	11%
Outros	

Fonte: 1a Pesquisa sobre Eventos Híbridos no Brasil, 2019. Martin, V & Christensen, G

Algumas das tipologias mais utilizadas:

- **BROADCASTING**

Broadcasting seria aquele distribuído por plataforma de massa: TV (aberta ou fechada), internet em plataformas de alto volume (Youtube, Vimeo, Kaltura, NetSteps, etc) o Broadcasting tem mais a ver com a forma de como a distribuição é feita do que do formato.

---

8   1a Pesquisa sobre Eventos Híbridos no Brasil, 2019. Martin, V & Christensen, G
9   2a Pesquisa sobre eventos híbridos no Brasil, 2023. Martin, V e Christensen, G

- **BULLET POINT SESSION**

Sessão virtual de curta duração, derivada do Pecha Kucha, significando "conversa rápida" em japonês e foi criado pela italiana Astrid Klein e o inglês Mark Dytham em 2003. Trata-se de metodologia de apresentação rápida contendo 20 slides com duração de 20 segundos cada. Uma das durações do bullet point session é de 15 minutos, onde cada um dos 5 palestrantes têm 3 minutos para mostrar 3 slides sobre o seu conteúdo.

- **DEMINAR**

É a combinação de webinar com demonstração de vendas para cliente, durando de 30 a 60 minutos. Nele podem ser utilizadas quaisquer ferramentas digitais utilizadas em eventos virtuais, tais como: vídeos live ou pré-gravados, whiteboard (ou quadro branco), Q&A (Perguntas e respostas), etc.

- **DIGITAL MEETING**

A Digital Meeting is a live event or meeting produced using a virtual event platform or other type of collaborative solution accessible over the Internet. A digital meeting could be a large conference for thousands, with webcasts and an exhibit hall, or it could be a small event where a group of individuals are collaborating on a specific project or discussing a topic.

- **ENCONTRO VIRTUAL**

O encontro virtual, também chamado de "call", acontece quando duas ou mais pessoas que estão em locais físicos diferentes, conectam e utilizam ao mesmo tempo a mesma tecnologia para alcançar objetivo em comum. É uma das tipologias de eventos virtuais mais simples de operacionalizar: tem uma única sessão ou sala e, usualmente, de curta duração.

- **FEIRAS, EXPOSIÇÕES E SHOWCASES VIRTUAIS**

Feiras têm caráter essencialmente voltado para a compra e venda de produtos ou serviços, enquanto que exposições e showcases estão relacionados com mostrá-los, sem o objetivo essencial de comercialização.

O momento pós-pandemia do COVID-19 desencadeou elevação de custos e escassez de mão de obra qualificada em eventos. Aliado aos conflitos geracionais (veja A questão geracional nos eventos no capítulo 2), dão relevância à excelência e entrega de valor que expositores e visitantes destes eventos buscam. O Relatório Freeman 2024 mostra mapeamento deste mercado abordando os principais pontos de aprimoramento.

Como feiras e exposições também podem fazer parte de outras tipologias, a pesquisa registrou que o expositor também está presente em conferências, eventos internos e eventos voltados ao consumidor (B2C).

A comparação dos dados entre esta edição e do ano anterior retrata a evolução do mercado global e mostra também diversas oportunidades:

- Aumento de 3% mais respostas da GenZ, 12% mais Millennials e redução de 5% Gen X e 9% de Baby Boomer.
- Redução da média de idade de 51 para 47 anos.
- As mulheres também aumentaram sua participação na amostra em 5%. Já são 46% dos expositores.
- Cenário de otimismo: 39% disseram que seus orçamentos aumentarão (+8% em relação a 2023). 79% dos expositores planejam atender igual ou maior número de eventos em 2024. 16% indicaram intenção de comprar maior metragem de estande e 64% pretendem manter o mesmo total do ano anterior.
- Tem intenção de planejar e realizar seus próprios eventos independente, em especial os grandes e médios expositores.
- Há diferença entre a importância (24%) e eficácia (9%) obtidas pelo expositor quanto a assistência pelo profissional de eventos. Esta lacuna abre oportunidades de novos serviços, indicado na pesquisa para a oferta de pacotes previsíveis e com tudo incluído (64%) e redução da complexidade na logística no local (52%). (ver Gráfico 18)

Gráfico 17 - Assistência mais relevante ao expositor

Pacote do expositor com todos os custos	Redução da complexidade da logística no local	Informação simplificada de todos os contratantes utilizados no evento	Redução da complexidade dos termos contratuais	Registo e/ou entrega e distribuição do crachá do staff
64% (69% Pequeno expositor)	62%	41%	27%	20%

Fonte - Freeman 2024 - Exhibitors Trends Report. Tradução dos autores.

- Relevância crescente da qualidade e quantidade dos leads, conexões e ROI (por 35% dos expositores), impacto da marca (25%), seguido de vendas (24%).
- Apesar da importância indicada no item anterior, há gap entre estas necessidades e o grau de satisfação dos expositores, em especial relacionado ao networking com clientes prospects e aquisição de leads (ver gráfico 19).

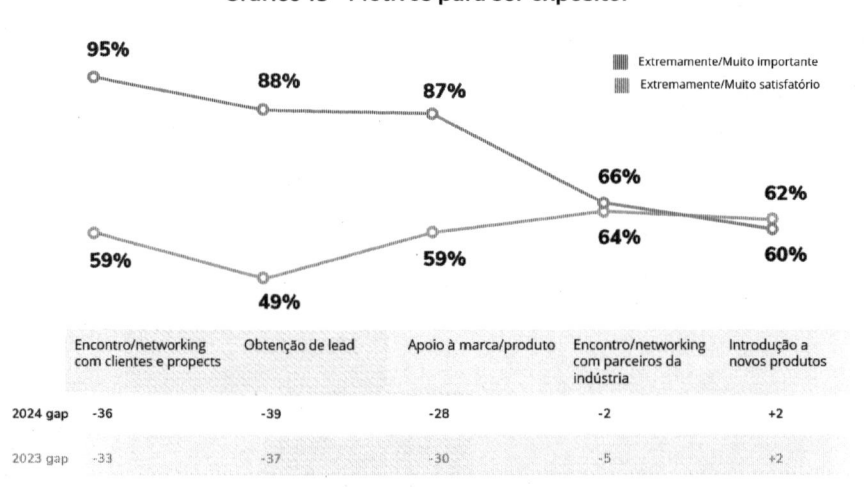

Gráfico 18 - Motivos para ser expositor

	Encontro/networking com clientes e propects	Obtenção de lead	Apoio à marca/produto	Encontro/networking com parceiros da indústria	Introdução a novos produtos
Extremamente/Muito importante	95%	88%	87%	66%	62%
Extremamente/Muito satisfatório	59%	49%	59%	64%	60%
2024 gap	-36	-39	-28	-2	+2
2023 gap	-33	-37	-30	-5	+2

Fonte - Freeman 2024 - Exhibitors Trends Report. Tradução dos autores.

- Entre os elementos[10] considerados pelo expositor como extremamente / muito impactantes em feiras e exposições presenciais, se destacam a qualidade (93%) e o número de visitantes esperados e a melhora na imagem da empresa no setor (80%) seguido do total de custos imprevisíveis (61%).
- A mensuração utilizada para medir o sucesso aborda qualidade dos leads (67%), vendas realizadas (51%) e potenciais (42%), número de leads (50%) e # de conexões (32%) (ver Gráfico 20)

---

10 Freeman 2024 - Exhibitors Trends Report

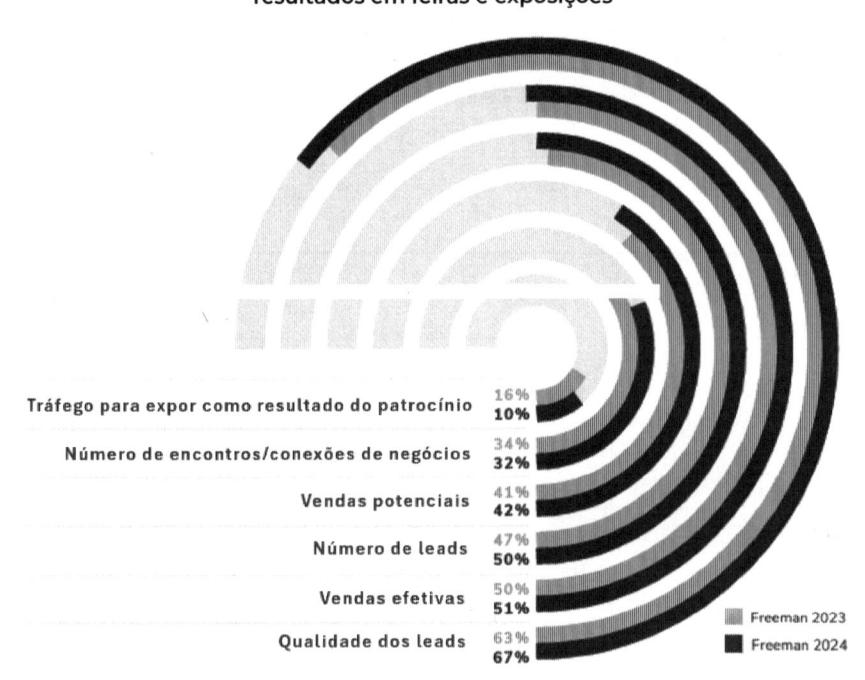

Gráfico 19 - Métodos de mensuração de resultados em feiras e exposições

Métrica	Freeman 2023	Freeman 2024
Tráfego para expor como resultado do patrocínio	16%	10%
Número de encontros/conexões de negócios	34%	32%
Vendas potenciais	41%	42%
Número de leads	47%	50%
Vendas efetivas	50%	51%
Qualidade dos leads	63%	67%

Fonte - Freeman 2024 - Exhibitors Trends Report. Tradução dos autores.

- Os expositores valorizam interações presenciais e a entrega de experiências hands-on (78%) e a conexão com participantes em reuniões agendadas antes do evento (64%) e tecnologia que facilite a conexão com os visitantes (37%).
- O estudo indica que 68% dos expositores acreditam que é importante demonstrar liderança ao mercado, através de conteúdo relevante, inspirador e educacional - não um discurso de vendas.
- As preferências no networking de qualidade estão relacionadas com a qualidade dos encontros presenciais, como mostra a tabela 7.

Tabela 7 - Elementos mais importantes de networking

Aspectos	Expositor	Visitante
Oportunidade de encontros por temas específicos	43%	25%
Eventos depois do expediente (after-hour))	38%	34%
Locais onde o networking informal possa acontecer	34%	35%
Ferramentas digitais que melhorem a conexão com participantes	34%	13%
Oportunidades de encontros de interesse pessoal (meet-up)	29%	35%
Encontros rápidos para identificar participantes que possa ser bons parceiros	27%	8%
Zonas/hub dedicadas para networking	25%	25%
Encontros rápidos para agenda de interesses em comum	16%	44%

Fonte: Fonte - Freeman 2024 - Exhibitors Trends Report. Diagramação dos autores

O Freeman Report 2024[11] Attendees Intent & Behavior indica as interações preferidas entre os visitantes e o expositor nas quais a mensuração e a monetização de conexões de qualidade são o futuro (experiências interativas como hands-on e demo), encontros, sessões educacionais e eventos informais.. Para que isso aconteça, a colaboração do profissional de eventos deve ser total para que os objetivos de expositores e visitantes recebam a atenção merecida, facilitando as melhores conexões entre eles.

Os showcases virtuais são a melhor solução para a falta de estandes e áreas de exposição em eventos virtuais. O showcase sempre tem que vir acompanhado de conteúdo de aprendizado. Não basta somente mostrar um

---

11 https://www.freeman.com/wp-content/uploads/2024/01/Freeman-Trends-Report-Attendee-Motivators-Jan-2024.pdf. Acesso em 21/05/24

produto. Por exemplo, ao falar de uma máquina de sorvetes, não basta falar somente de suas características técnicas. No showcase virtual é necessário oferecer também um conteúdo do tipo "aprenda a fazer o melhor sorvete com máquinas do tipo xyz". Durante o showcase virtual, todas as especificações do produto serão explicadas durante a aula de como fazer o melhor sorvete.

Os showcases virtuais podem ser oferecidos durante outros eventos virtuais ou presenciais, mas não devem concorrer com estes, ou seja, não precisam ocorrer no mesmo horário.

Algumas das ferramentas digitais mais utilizadas neste formato:

- Website do Evento ou da Empresa,
- Cadastro/Registro/Inscrição do evento,
- Plataforma para acessar a captação e transmissão do evento,
- Lousas interativas virtuais,
- Perguntas e Respostas por texto, por voz e/ou por vídeo,
- Avaliação e feedback,
- Chat,
- Gravação e disponibilização do conteúdo do evento,
- App da marca, da empresa,
- Realidade aumentada,
- Realidade virtual,
- Realidade Mista e
- Visualização 360°.

• FESTIVAL

Alguns dos festivais musicais realizados virtualmente têm sido incorporados a plataformas de games online, com milhões de participantes. A estreia aconteceu com show do DJ Marshmello[12] no Fortnite em 2019, seguido pelo rapper Travis Scott. O Twitch e outras plataformas criaram seus festivais como o Minecraft e o Square Garden Festival.

---

12 Do Woodstock ao Fortnite: 10 momentos que explicam evolução dos festivais nos últimos 50 anos - https://projetopulso.com.br/do-woodstock-ao-fortnite-10-momentos-que-explicam-evolucao-dos-festivais-nos-ultimos-50-anos/

- **HAPPY HOUR VIRTUAL**

Momento online onde os participantes online se encontram para comemorar, festejar ou relaxar juntos. Na sua versão mais simples, pode ser uma call com o objetivo de sociabilização ou envolvendo ações presenciais previamente realizadas como produtos ou serviços enviados por mensageiros ou escolhidos e solicitados de forma personalizada através de cartões de benefícios. Pode ser temática. Nos eventos corporativos é uma atividade que pode ser patrocinada ou utilizada como engajamento.

- **LIVE**

A tradução literal desta palavra de origem inglesa é "ao vivo", mas ela também passou a nomear as transmissões de áudio ou vídeo realizadas através das redes sociais. Devido a restrições de duração ou das ferramentas oferecidas, as lives podem ter limite de tempo de transmissão, quantidade de palestrantes, participantes ou de forma de interação entre eles. É utilizada para entrevistas e shows de vários estilos musicais, entre outros.

- **MEETING**

A palavra meeting é de origem do idioma inglês e é traduzida como "Encontro". Entretanto, seu significado mais amplo, categoriza o evento online que tem maior complexidade operacional, audiência menor e oferece mais modalidades de engajamento entre participantes e patrocinadores que o webinar.

Os palestrantes devem ser orientados a modificarem seus conteúdos, principalmente na interação e no design das apresentações (slides), na disponibilização de conteúdos extras (para quem quer se aprofundar) e na forma de expressar suas ideias e opiniões. Quando nos dirigimos a uma plateia virtual é importante entender que podem estar participando pessoas de várias localidades, raças, orientações sexuais, culturas e religiões. Nunca é demais orientar o palestrante a ter cuidado redobrado na interação.

Alguns podem ter duração longa, mas é importante conjugar a programação com palestras em profundidade, em salas virtuais separadas. Também existem os mega eventos, com múltiplas palestras, onde os participantes podem escolher algumas palestras a partir de uma programação mais extensa e muitas vezes, com sessões simultâneas.

Nestes casos, apesar do evento poder durar vários dias, as pessoas se inscrevem em algumas palestras, participando em momentos específicos de sua rotina. Assim, o evento, como um todo, é grande, mas para cada participante ele se torna pequeno ou adequado.

- **MEETUP**

Meet up na língua inglesa significa 'encontrar". Originalmente o meetup é um encontro presencial informal de pessoas voltado para o networking, troca de experiência e conhecimentos e busca de patrocinadores e investidores do setor de tecnologia. Apesar da ausência de palestrante e da conversa descontraída é um evento de público bem focado no tema abordado. No digital, um dos melhores exemplos de sua aplicação pode ser encontrado na ferramentas da Braindate,[13] plataforma digital voltada para o networking que estimula e permite encontros espontâneos de duração e formatos diferentes entre os participantes.

- **MULTI-HUB MEETING**

Entre todos os tipos de híbrido, este é o que tem maior complexidade de concepção e operação. Maarten Vanneste[14], uma das maiores autoridades no mundo em eventos híbridos e virtuais, o conceitua como um segmento dentro do evento híbrido:

> Uma reunião de vários pólos é uma conferência ou evento com vários grupos conectados de dez a cem pessoas cada, cada um em um local diferente. Todos estão participando de um único programa ao mesmo tempo, mas conectados a vídeo e som (alta densidade). Os palestrantes podem apresentar-se de qualquer local, um painel pode ter um painelista em cada local, cada participante vê todos os outros participantes e pode ser visto por todos os participantes. Todo participante ouve todos

---

13 www.braindate.com acessado em 12/08/24
14 VANNESTE, Maarten. Multi Hub Meeting: when groups meets groups. Belgium : 2018, Meeting Support Institute.

que falam e é ouvido por todos os outros participantes ao falar por um microfone ao alcance do braço. Uma reunião multi hub NÃO é um webcast ou uma gravação de sessões para visualização sob demanda.

De forma resumida, Vanneste[15] conceitua este formato como *"uma reunião com vários grupos presenciais conectados em locais diferentes, mas no mesmo programa, ao mesmo tempo"*

Para ele, o termo 'hub' "é a *"conexão de chamada de vídeo"* à qual os participantes (os raios) estão conectados ao vídeo. O hub é a 'mesa técnica' à qual todos os microfones estão conectados, bem como a câmera que pode ampliar todos os participantes."

O multi-hub meeting pode ter vários formatos onde as reuniões acontecem de maneiras diferentes:

- **Múltiplos locais** acontecem na mesma cidade, mas em diferentes locais.
- **Múltiplas cidades** os locais estão sediados em cidades diferentes de um mesmo país.
- **Múltiplos países** as reuniões acontecem em países diferentes.
- **Multi continentes** contém a maior abrangência geográfica, pois os locais estão localizados em continentes diferentes.

Quanto mais abrangente for o evento híbrido, maiores as dificuldades tanto de recursos tecnológicos, quanto de adequações e acertos quanto à costumes, idiomas e fuso horário, entre outros aspectos. Este tipo de evento é muito usado em empresas multinacionais, onde grupos e departamentos separados geograficamente precisam receber o mesmo treinamento ou participar de um anúncio importante.

As empresas mais antenadas em tendências já estão oferecendo treinamentos e congressos virtuais para formar seus profissionais a distância, mas

---

15   idem

também criando alguma interação local. Além de formar vários profissionais separados geograficamente com a mesma mensagem e a mesma abordagem metodológica, os multi-hub meetings são consideravelmente mais baratos do que as modalidades presenciais.

Para a operação adequada do multi-hub meeting é importante ter um coordenador local treinado na dinâmica presencial e virtual proposta para o evento e apto a operar as tecnologias envolvidas neste tipo de encontro. Nesse formato, elaborar sessões que envolvam palestrantes de vários hubs interagindo entre eles e atentar que a atuação de moderador dedicado para a audiência virtual é essencial para o seu sucesso.

Algumas das ferramentas digitais mais utilizadas neste formato:

- Website do Evento,
- Cadastro/Registro/Inscrição do Evento,
- Plataforma para acessar a captação e transmissão do evento,
- Plataformas de salas múltiplas de discussão,
- Lousas interativas virtuais,
- Perguntas e Respostas,
- Votações ao vivo,
- Avaliação e feedback,
- Chat,
- Gravação e disponibilização do conteúdo do evento e
- App do evento.

A geração de vídeo e áudio e o formato de interação entre grupos, hubs e locais podem também gerar diferentes tipos de eventos híbridos. No modelo multi hub meeting cada grupo ou mesa se conecta a um hub (dispositivo central no grupo na figura 10) que se conecta ao hub central. O mesmo processo se repete quando há conexões de outros hubs centrais em locais diferentes (figura 11).

Figura 9 – Exemplo de hub central

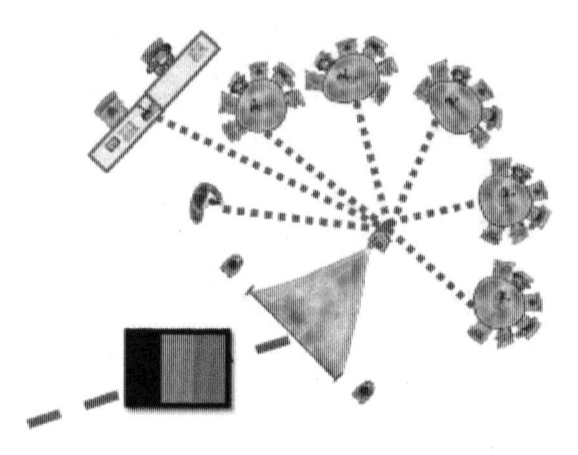

Fonte: VANNESTE, Maarten. Multi Hub Meeting: when groups meets groups. Belgium : 2018, Meeting Support Institute.

Figura 10 – Diagrama de multi hub meeting

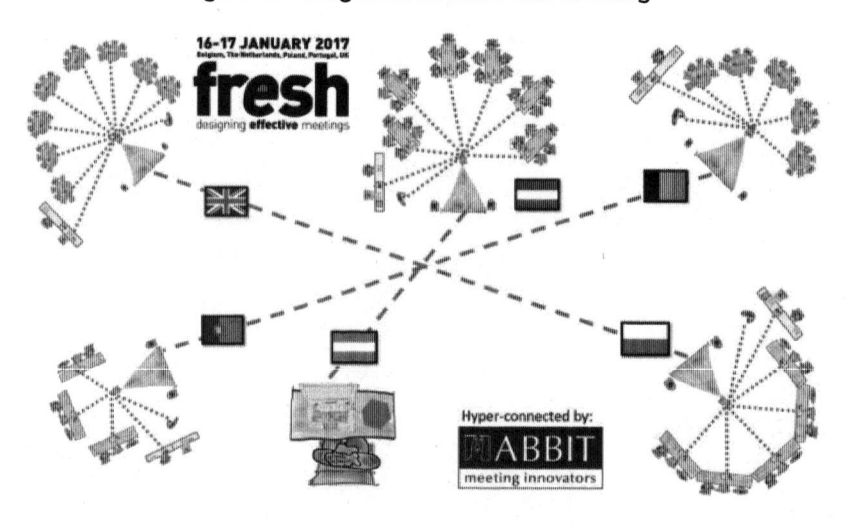

Fonte: VANNESTE, Maarten. Multi Hub Meeting: when groups meets groups. Belgium : 2018, Meeting Support Institute.

A tabela 6 compara os fatores mais engajadores no evento digital de operacionalização mais complexa, o multi-hub meeting.

Tabela 8 - Comparativo de fatores que engajam mais ou menos em multi-hub meeting

Item	Detalhamento	Fatores que engajam menos
Vídeo	Bidirecional.	Unidirecional - sem vídeo
Visualização dos sites	Ver todos os sites ou duas ou mais câmeras.	Ver apenas um site (webcast)
Duração da visualização	Ver todos os sites permanentemente.	Ver outros sites em parte do tempo
Operação da câmera	Operada (s)	Fixa (uso em laptop)
Quantidade de câmeras	duas ou mais câmeras	Uma câmera
Som	Bidirecional	Unidirecional (webcast)
Interação	Poder falar a qualquer momento	Precisar pedir para falar (seminário on-line)
Tamanho dos grupos	Grupos menores	Grupos maiores
Quantidade de hubs	Menos hubs	Mais hubs
	Todos os hubs são iguais	Um hub central e satélites
	Em todos os centros	Em um único hub

Fonte: VANNESTE, Maarten. Multi Hub Meeting: when groups meets groups. Belgium : 2018, Meeting Support Institute.

• PECHAKUCHA

Criado em 2003 por Astrid Klein e Mark Dytham, da Tokio Klein Dytham Architecture (KDa), este modelo de apresentação em PowerPoint tem a duração máxima de seis minutos e quarenta segundos, onde 20 slides são projetados automaticamente a cada vinte segundos. A sua rapidez e dinamismo inspirou outros modelos como o *Bullet Point Session*, criado por Julius Solaris em 2020, no qual 5 palestrantes têm 3 minutos (1 slide com foto e/ou palavra) para conduzir seu tema, totalizando 15 minutos.

• WEBINAR / LIVE STREAMING / WEB CHAT

Os Webinars são seminários ou conferências entregues totalmente via internet (Web). Nele as pessoas se inscrevem através de um formulário online ou de uma ticketeira (empresas de registro e pagamento de eventos) e recebem o link e para assistirem as palestras. Usualmente destinado para grande número de participantes, permite interação e engajamento mínimo.

Mesmo sendo online, existe alguma interação entre os participantes online e os palestrantes. Atualmente, a interação mais comum é a participação via comentários (live chats). Em eventos maiores, o moderador da mesa ou apresentador do evento pode selecionar algumas das perguntas ou comentários do público online para redirecioná-los ao palestrante. Em eventos menores, o próprio palestrante faz a moderação da participação online (ver item Mestre de cerimônias e moderador no capítulo 4)

Apesar de ser o formato mais usado e de operação mais simplificada, é muito comum no webinar os organizadores que estão transformando eventos presenciais em virtuais ignorarem mudanças necessárias na dinâmica e conteúdo, que deve ser encurtado no evento virtual, como detalhado nos capítulos 3 e 4.

Também pode oferecer várias palestras complementares, de assuntos mais específicos, de acordo com o mercado para o qual o evento é direcionado, principalmente para os participantes virtuais que querem se aprofundar em assuntos levantados pelo keynote. Geralmente estas palestras menores, após keynote, são conduzidas por outros palestrantes ou moderadores, especialistas.

Gratuito ou pago, o webinar é utilizado como ótima alternativa para reuniões online de curta duração (máximo de 45 a 60 minutos). Os formatos mais utilizados são os seminários e treinamentos, com vídeos ao vivo, pré-gravados ou on demand.

É utilizado também por empresas para captação de leads qualificados, através da obtenção dos dados pessoais dos profissionais interessados no assunto do webinar. Só após entregar seus dados, o acesso ao conteúdo é liberado. O YouTube Live, Facebook Live, Instagram TV (IGTV) e Twitter Live são alguns exemplos de plataformas de live streaming para webinars. A escolha da plataforma mais adequada ao seu caso será tratada mais à frente, nos próximos capítulos. Para que um webinar seja considerado um evento híbrido, é necessário que o evento esteja acontecendo também com audiência presencial.

Algumas das ferramentas digitais mais utilizadas neste formato:

- Website do Evento,
- Cadastro/Registro/Inscrição do evento,
- Plataforma para acessar a transmissão do evento,
- Votações ao vivo,
- Avaliação e feedback,
- Chat,
- Disponibilização do conteúdo do evento e
- App do evento..

• WORKSHOPS VIRTUAIS

Os workshops virtuais são eventos nos quais os participantes entram para aprender, enquanto executam uma determinada tarefa. Nestes eventos, tal qual os workshops presenciais, é necessário criar dinâmicas de grupo nas quais as pessoas aprendam coletiva ou individualmente teorias, metodologias, tecnologias ou ideias.

No mundo dos eventos virtuais, os workshops ganham destaque por manterem os participantes engajados o tempo todo, uma vez que o evento só existe se os participantes estiverem executando suas atividades, mesmo que remotamente.

A Fiat Automóveis promove workshops virtuais mesmo antes da disponibilização de ferramentas web modernas. Eles usavam câmeras profissionais em um estúdio oficina, dentro da fábrica em Betim, Minas Gerais. O conteúdo captado era transmitido em tempo real para várias concessionárias no Brasil, onde, de suas oficinas, os mecânicos-chefes aprendiam ajustes nas tecnologias dos carros que ainda seriam lançados. Tudo que o instrutor fazia no estúdio da oficina da fábrica deveria ser refeito por cada concessionária participante.

Algumas das ferramentas digitais mais utilizadas neste formato:

- Website do Evento ou da Instituição,
- Cadastro/Registro/Inscrição do Evento,
- Plataforma para acessar a captação e transmissão do evento,
- Lousas interativas virtuais,
- Perguntas e respostas por texto, por voz e/ou por vídeo,
- Avaliação e feedback,
- Chat,
- Gravação e disponibilização do conteúdo do workshop e
- App do evento.

O item 3.6.4 - Engajamento no capítulo 3, mostra link para acesso a ebook com 53 formatos de eventos engajadores que você poderá utilizar em seu próximo evento.

Resumo do capítulo

Para o resumo deste capítulo, acesse o QR Code abaixo. Se usar o super app Oasis, poderá colecionar estas referências para quando precisar, por toda a vida. Também trazemos destaque dos:

- principais aspectos e conceitos apresentados,
- cases,
- opinião do expert
- bibliografia e
- questões para reflexão.

Além disso, neste código você poderá acessar leituras complementares (indicação de referências bibliográficas e eletrônicas para maior detalhamento do tema).

4.

DESENHANDO O EVENTO DO SÉCULO 21 DE FORMA ASSERTIVA, INTELIGENTE E RÁPIDA

O Design do Evento

As transformações indicadas no início do livro embasam e impactam o event design de forma direta e imediata. Por isso, entender melhor as necessidades e preferências dos participantes e marcas e acompanhar de perto as tendências é ter base sólida para escolher as melhores ferramentas para poder oferecer experiências inovadoras e únicas, engajamento, updates em tempo real e recomendações personalizadas.

A revolução da IA está carimbando a expressão AI Driven Event, ou o evento direcionado pela IA (ver IA para eventos no capítulo 2), para caracterizar o evento de sucesso. aquele que antecipa o comportamento e as preferências dos participantes, customiza entrega de conteúdo, recomenda oportunidades personalizadas de networking, cria jornadas e sugere agendas customizadas do evento para cada participante, aprimora o engajamento e satisfação de participantes e marcas.

O QUE É O DESIGN DE EVENTO?

Todos os eventos que são realizados no mundo deveriam ser pensados desde a sua concepção, de forma estruturada e com muito cuidado em relação aos detalhes. Isso se faz através do DESIGN do evento.

Sempre que você se aproximar de um evento, seja como cliente, como organizador, como executor ou como prestador de serviço, seria ótimo se você perguntasse: como foi o design deste evento? E seria sensacional se o seu interlocutor te mostrasse como foi pensado o evento, como a experiência foi desenhada e como está sendo sua execução, com base no design.

Se você é ou pretende ser um profissional de eventos deve entender a importância desta ação e deste documento. Sim, o design de um evento gera um documento.

Em vários eventos que já tivemos a chance de participar ou de estarmos próximos, o organizador do evento mostra uma programação, com as atividades a serem executadas, dia após dia, hora após hora, como se esse fosse o documento do design do evento. Não é.

A programação pode até fazer parte do documento, mas não é o documento completo.

Como seria então este documento completo?

Com objetivos claros e perfil bem definido dos participantes, o projeto deve prover conteúdo muito relevante e promover experiência atrativa e interativa que estimule o compartilhamento do conhecimento e a formação e ativação de comunidade. Afinal, o mercado está vivendo uma nova era de eventos, na qual a conexão de qualidade obtida com a comunidade, oferece grande valor não apenas no antes, durante e pós evento, mas mantendo as pessoas conectadas durante o ano todo.

Assim, independente da metodologia a ser utilizada no design de um evento, a estrutura básica do design de um evento de sucesso tem componentes essenciais que também precisam estar em sintonia um com o outro. Passa pela estratégia bem definida (objetivo e público), engajamento, conteúdo relevante e foco nos resultados (que dados coletar e como reportá-los).

> "O fato é que as pessoas escolherão a proposta de valor que é melhor para o seu tempo. Agora, mais do que nunca, estamos prontos para trazer um novo foco ao valor."
>
> *ikki McKay & Brad Ramaley*

Para McKay & Ramaley[1], a escolha do evento pelo participante recai na medida do seu valor, seja ele no entretenimento, na educação, no emocional ou no econômico. A relevância destes aspectos estará também relacionada com o tipo de evento que está sendo realizado. Se ele for destinado a shows ou para campanha de arrecadação de fundos, o quesito emocional precisa ser muito valorizado.

Cinco etapas para o sucesso[2]

1. Tenha uma estratégia clara
2. Engajamento é necessário
3. Forneça conteúdo no nível de profundidade certo, oportuno e relevante
4. Estabeleça métricas e medições
5. Ofereça recursos adicionais e oportunidades de engajamento constantes

---

1 To Virtual or Not to Virtual Part II: Can We Create Binge-worthy Virtual Events? - https://www.specialevents.com/event-tools/virtual-or-not-virtual-part-ii-can-we-create-binge-worthy-virtual-events acesso em 12/08/24

2 https://velvetchainsaw.com/2020/04/28/virtual-events-strategy-before-execution/ acesso em 12/08/24

As premissas que devem ser observadas no design do seu evento, também estão presentes nas principais tendências apontadas em diversas fontes do setor:

1. **Foco no objetivo principal do evento.** Toda iniciativa que consuma recursos precisa ter um objetivo claro, inclusive de retornos financeiro, social ou ambiental. Com os eventos não é diferente. Deixe claro o objetivo e em todas as ações verifique se apontam para o objetivo ou não.
2. **ESG e bem-estar** - Iniciativas como diversidade, equidade e inclusão fazem parte intrínseca dos pilares da sustentabilidade, ou da ESG (Environmental, social and Governance). O bem-estar de todos os stakeholders são premissas essenciais.
3. **Experiência e propósito –** o poder transformador dos eventos ressalta colocar o participante e sua experiência no centro do design. Pare e olhe com os olhos dos participantes. Como será sua jornada? O que vai e o que não deve acontecer com o participante, desde o dia em que ele descobre que o evento existe, até o dia em que a experiência acabou e ele colocou a cabeça no travesseiro e disse... wow! Faz parte desta experiência a busca por um propósito nobre para o evento, principalmente para algumas gerações como a Z (ver item A questão geracional nos eventos no capítulo 2). Entregar uma grande experiência e ainda fazer todo o processo com um propósito em mente são dois componentes de grandes realizações humanas. E assim devem ser os eventos.

Para saber mais
Acesse ebook sobre contratação e trabalho decente em eventos

4. **Conteúdo e engajamento** - Abordada em profundidade no capítulo 5 é uma das decisões iniciais no design do evento é como os participantes consumirão o conteúdo, como ele será apresentado, como será experimentado, será gravado e como será a interação com os palestrantes, os patrocinadores e entre eles. Por exemplo, em um evento, o nível de interação desejado entre palestrantes e participantes, determinará a quantidade de pessoas em cada sala, presencial ou virtual (breakout rooms, por exemplo).

   Quanto menor for este número, maior a conexão entre eles. E quais são as necessidades de conversa, interação e engajamento entre participantes e/ou palestrantes? E entre patrocinadores e participantes? Haverá necessidade de co-criação de documentos online? Todas estas perguntas, dentre outras, irão guiar as decisões em relação ao conteúdo e engajamento. Isso é fazer o design do evento! Consegue perceber? Não é somente montar a programação!

5. **Personalização** - entregar experiências únicas, no nível do indivíduo, é fundamental hoje em dia. Não basta hoje criar um perfil ou algumas personas e criar experiências para estas personas (veja A questão geracional no capitulo 2). É necessário criar possibilidades tecnológicas que permitam que o próprio participante faça sua curadoria e tenha uma experiência única e rica para ele.

   O universo do digital, em conexão com experiências presenciais (presente também nos eventos híbridos) permite uma infinidade de possíveis caminhos de experiência que podem ser montados sem enlouquecer os organizadores dos eventos. É como entregar para os participantes algumas notas musicais e permitir que eles criem as músicas que quiserem.

   Os dados que são coletados permitem um nível de entendimento dos perfis dos participantes jamais alcançado. Quando eles interagem digitalmente, dentro de seus domínios digitais, principalmente seus celulares e computadores pessoais, certamente só entram e interagem nos itens que realmente gostam.

   Isso traz dados de interesse realmente legítimos sobre o que faz e o que não faz diferença para cada indivíduo. Aí, as oportunidades de criar momentos que encantam os participantes começam a eclodir em vários lugares.

Por exemplo, dentre outras características, a facilidade em definir métricas e captura de dados que o digital oferece permite que o evento virtual possa ser direcionado para grupos pequenos, nos quais o matchmaking e a conexão sejam mais significativos.

Qual o tamanho ideal destes grupos? Os dados irão dizer. Quais resultados práticos destas interações para as pessoas? Essa informação virá a partir exatamente de suas interações.

Não houve interações com resultados tangíveis? Ótimo! Agora o organizador tem dados para chegar a esta conclusão e propor experiências diferentes para aqueles indivíduos.

6. **Co-criação** - Estimule e dê voz aos participantes e a comunidade na participação, como por exemplo, enviando ideias, indicando temas, votando nas sessões preferidas, etc. Principalmente em eventos fortemente orientados pelo propósito, a co-criação se torna vital para o engajamento dos participantes e o alcance do propósito final.

7. **Inscrições ágeis e rápidas** - solicite apenas as informações que serão indispensáveis e facilite a integração do convite e confirmação do evento com o registro do evento com os calendários e agendas digitais.

Não peça dados que façam com que o participante desconfie das suas intenções de uso das informações fornecidas. A partir das leis que protegem os dados pessoais no seu país, seja sempre claro em relação ao porquê está requisitando tais informações e qual será o fim específico para o qual irá obtê-los.

Com as novas tecnologias, muitos dos dados que se coletaria das pessoas se tornam absolutamente desnecessários. Por exemplo, se você oferece um super app cheio de conteúdos do evento, não será necessário coletar nenhum dado de contato dos participantes. Você não vai precisar mais de email e nem de telefone das pessoas. Isso porque irá contatá-las sempre através do próprio super app.

8. **Facilitação do acesso, ao máximo** - durante todo o processo de inscrição e acesso ao evento, cuide para que todas as informações do evento estejam agrupadas em todas as comunicações a ele. Para que a experiência seja completa, o participante remoto precisa se sentir confiante e tranquilo quanto ao acesso e participação no evento, tais como quando e como encontrar o evento, uso da câmera, suporte técnico, possibilidades de networking e interação, detalhes da plataforma utilizada, programação, etc.
9. **Comunicação contínua** - crie cadência de emails criativos e interessantes sobre a participação do público no seu email e em todas as outras metodologias de contato com os participantes.
10. **Assistência ao participante** - assegure que ele consiga receber ajuda rápida e precisa para acessar e navegar durante todo o evento. De preferência, deixe uma pessoa de plantão somente para ajudar os participantes a lidar com todas as formas de interação, físicas e digitais.
11. **Expositores** - o sucesso obtido por cada um deles repercute nos resultados do evento. Cuide para que o design e a estrutura de suporte e apoio ao expositor reflitam esta relevância. Muitas vezes, de acordo com o porte do evento, vale a pena desenhar a experiência do participante (público alvo) e fazer um outro desenho de experiência para os expositores e patrocinadores. Estes são clientes também do evento e merecem ter uma jornada também inesquecível.

Para saber mais
Acesse exemplos de check list

Pensando em todos estes itens mencionados, dentre outros, propomos uma metodologia de design de eventos que instrumentalize os organizadores a entregar esta fase de planejamento de forma profissional e, praticamente, a prova de falhas.

Demos o nome a esta metodologia de FAST© e não foi de forma despropositada. Quem organiza eventos não tem tempo a perder. Infelizmente o design do evento, muitas vezes, ora por parte dos organizadores, ora por parte dos clientes do evento, é considerado uma perda de tempo. Principalmente quando o prazo para execução do evento é muito curto. Essa é uma realidade deste mercado. Assim, para uma metodologia ser realmente útil, ela deve ter a capacidade de ser executada de forma rápida e também deve ser uma ferramenta estruturante para o desenrolar de todo o evento, até o seu fim. Assim, pensamos no FAST© que quer dizer rápido, ágil, smart!

A Metodologia FAST© foi criada para oferecer uma ferramenta ágil, rápida e assertiva para o design de eventos presenciais e digitais pelo profissional de eventos. Ela tem 7 etapas (figura 11):

Figura 11 - Diagrama da Metodologia FAST®

As principais informações necessárias para o FAST® estão agrupadas em arquivo no formato de planilha online, que pode ser acessado gratuitamente no link https://1mc.co/AIJElw ou através deste QR Code.

A IA NO EVENT DESIGN

O sucesso da aplicação da IA em eventos, está simplificada por Grau[3],

> A chave para navegar com sucesso nesta nova era reside na capacidade de integrar harmoniosamente a inteligência artificial com as habilidades únicas dos seres humanos, promovendo inovação e progresso em benefício de todos.

Ou seja, é na combinação das ferramentas de IA e as habilidades humanas que resultarão nos melhores resultados.

As possibilidades de convergência da IA com o trabalho dos profissionais de eventos são cada dia mais numerosas e variadas, como novos patamares de automação e eficiência, aprimoramento do networking, etc. Está transformando a maneira como os eventos são planejados, executados e mensurados. Ao utilizar as aplicações em IA, o organizador de eventos ganha energia e tempo precioso para se inspirar e dedicar nas tarefas criativas e inovadoras. Veja também mais informações e dicas sobre IA no capítulo 2)

Algumas aplicações de uso da IA:

- Identificar os tópicos mais desejados, as mais novas tendências e desafios do mercado, preferências dos consumidores, etc. e, a partir daí, realizar inúmeras tarefas e entregas, como:
- Ajudar no brainstorming de ideias e sugestões para conteúdo, promoção e networking,

---

3   Grau, Renato . (32) 👑 AI Summit 2024: O Futuro da IA | LinkedIn. Acesso em 06/09/24

- Criar sem esforço conteúdo para diversos fins, como descrições, temas, tópicos e descritivos das sessões, scripts de vídeo promocionais, mensagens e postagens customizadas para as mídias sociais, etc.
- Redefinir o conteúdo para adequar às premissas da(s) marca(s),
- Entregar conteúdo de teasers para campanhas adequados para cada tipo de participante,
- Criar biografias dos palestrantes a partir do seu LinkedIn,
- Sugerir formatos diferentes para a programação do evento,
- Correlacionar, cruzar e analisar dados diversos dos palestrantes no evento, tais como tipo de participante/persona x sessão atendida/tema,
- Identificar quais as melhores gamificações, engajamento e networking para cada tipo de persona, entre outros.
- Coletar, analisar e interpretar grandes volumes de dados do evento, como feedback e comportamento do participante.

A qualidade do retorno que receberá das plataformas de IA está diretamente relacionado à qualidade dos dados que se tem e em elaborar a ela a(s) pergunta(s) correta(s) em linguagem natural.

O Spark[4] é uma Plataforma construída para o meeting planner pela PCMA – Professional Convention Management Association e Gevme, uma even tech, que foca na criatividade e produtividade através de ferramentas de IA. Oferece prompts pré-definidos, agrupados em cinco categorias (geração de conteúdo, reposicionamento e conteúdo, brainstorming, jurídico e análise) entre outras ferramentas.

---

4 https://www.pcma.org/spark/

Figura 12 - Etapa Objetivo (Por que)

OBJETIVOS

Assim como no presencial, a criação de eventos híbridos ou virtuais começa pela definição do objetivo e do público alvo do evento. O objetivo define o porquê ou o motivo pelo qual o evento será realizado (figura 12). Ele é o fio condutor que unirá e alinhará todas as demais decisões e contratações necessárias à realização do evento híbrido ou virtual.

Ao decidir se deseja ou não tornar seu evento virtual, considere o que você espera obter com o evento e quão bem as metas desenhadas para o evento podem ser alcançadas e ajudar nas metas do cliente. Algumas perguntas irão ajudar você a definir o norte a seguir com o seu design e a identificar com clareza o(s) objetivo(s):

- Por que você está executando este evento?
- Por que o evento importa?
- O que espera alcançar com a realização?

O objetivo deve passar por metas claramente definidas. Por exemplo, em um evento de equipe de vendas de uma concessionária de carros, veja dois objetivos declarados e avalie qual você acha que seria o mais adequado.

Objetivo Ruim: realizar o evento com todos os palestrantes chegando no horário, com um buffet sem defeitos, com festa de finalização com uma banda bem animada. Terminar o evento sem nenhum problema que possa ser percebido pelos participantes. Ter o cliente 100% satisfeito com o evento ao final a ponto de ele voltar a me contratar para a próxima edição.

Pesquisa Bizzabo[5] apontou que o principal objetivo na realização dos eventos virtuais está no relacionamento, educação e retenção dos participantes (55%), seguido do engajamento (51%), a consciência da marca dos produtos ou da empresa (49%), a construção de comunidades (46%) e a geração de receita das inscrições ou patrocínio (33%). Igualmente importante é saber para quem é o evento, que será abordado no próximo item.

O objetivo do evento será o guia norteador para todo o event design, como a definição de quais informações serão solicitadas no credenciamento ou no acesso à plataforma digital onde o evento será realizado. Para o público online, o perfil solicitado pelo organizador (as informações solicitadas no credenciamento/liberação de acesso), é o equivalente ao crachá do evento presencial, mas com muito mais benefícios para o profissional do evento, pela riqueza de informações e facilidade de obtenção.

PÚBLICO (SEGMENTAÇÃO E PERSONAS)

Definir o perfil do(s) público(s) alvo é uma das tarefas mais importantes do design de um evento, seja ele presencial ou digital. A etapa Público ou Para Quem, indicado no diagrama a seguir (Figura 13), mostra as 4 referências que você deve observar: personas, tamanho ou quantidade de pessoas, qual(is) ambiente(s) elas estão ou estarão e quais as tecnologias e devices que são utilizados.

---

5   Bizzabo Event Outlook Report - https://welcome.bizzabo.com/post-covid-19-event-outlook-report 16/07/20 pag 15 e 16

Figura 13 - Público

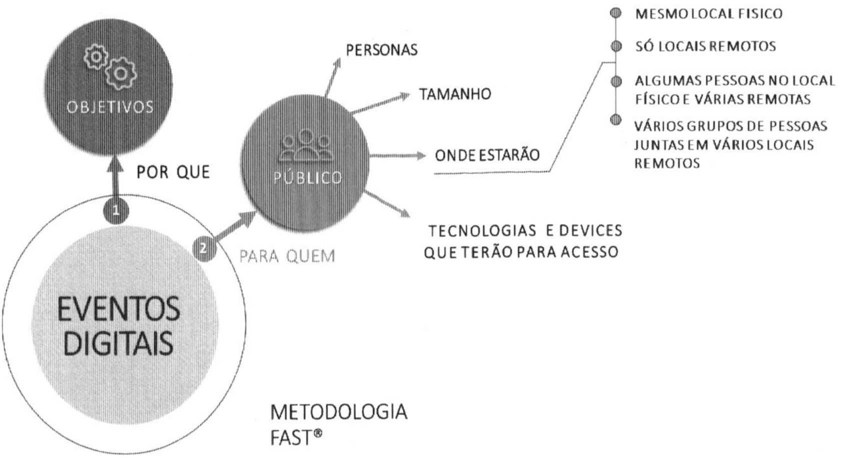

- PERSONAS
- TAMANHO
- ONDE ESTARÃO
  - MESMO LOCAL FÍSICO
  - SÓ LOCAIS REMOTOS
  - ALGUMAS PESSOAS NO LOCAL FÍSICO E VÁRIAS REMOTAS
  - VÁRIOS GRUPOS DE PESSOAS JUNTAS EM VÁRIOS LOCAIS REMOTOS
- TECNOLOGIAS E DEVICES QUE TERÃO PARA ACESSO

OBJETIVOS — POR QUE
PÚBLICO — PARA QUEM
EVENTOS DIGITAIS

METODOLOGIA FAST®

PERSONAS

Existem várias técnicas para definir o público-alvo de um evento. A Metodologia Fast® utiliza a Identificar ao menos as características básicas das 4 principais personas. Cada uma das informações indicadas na planilha do Fast® serão utilizadas no design, como por exemplo, as suas preferências tecnológicas que, entre outros, indicam quais os canais de comunicação mais utilizados. Estes passam a ser referência na elaboração do plano de comunicação e divulgação do evento.

O uso da IA neste momento pode apontar para informações e dar direcionamentos que não teriam sido previstos. A identificação das personas que terão interesse no evento, pode ser feita, por exemplo, através da identificação das descrições dos cargos dos segmentos definidos para o evento, que gera também os conteúdos mais adequados para as campanhas promocionais personalizadas para cada um deles.

É imperativo entender as necessidades dos participantes para elaborar o event design que consiga atender ou superá-las. Os gráficos a seguir apontam para as principais prioridades para a participação em eventos corporativos (#21), dos dos eventos presenciais (#22) e também os motivos da decisão de não participação ((#23). Compreender as motivações do seu público são essenciais para desenvolver um projeto de evento que aumente a adesão a ele por estar em sintonia fina com as necessidades do público-alvo.

Gráfico 20 - Prioridades dos participantes corporativos

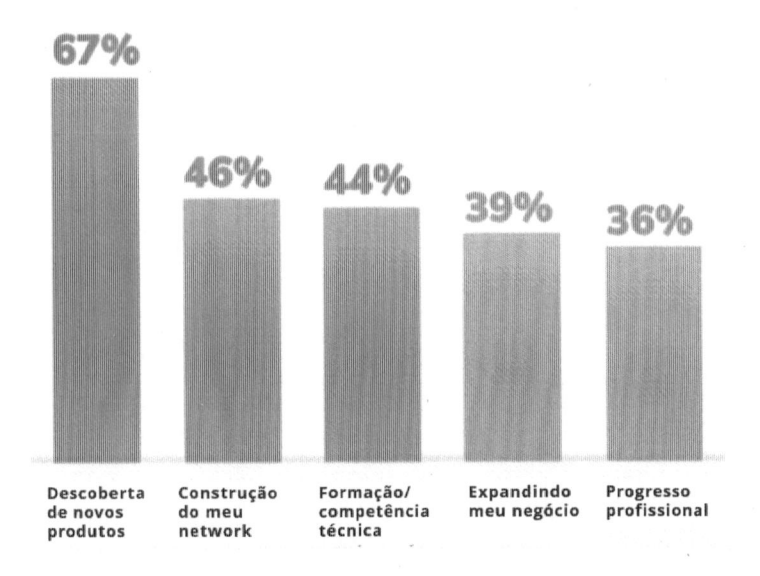

- 67% Descoberta de novos produtos
- 46% Construção do meu network
- 44% Formação/ competência técnica
- 39% Expandindo meu negócio
- 36% Progresso profissional

Fonte - Freeman 2024 Attendees Intent and Behavior. Tradução dos autores

Gráfico 21 - Fatores que influenciam a participação em eventos presenciais

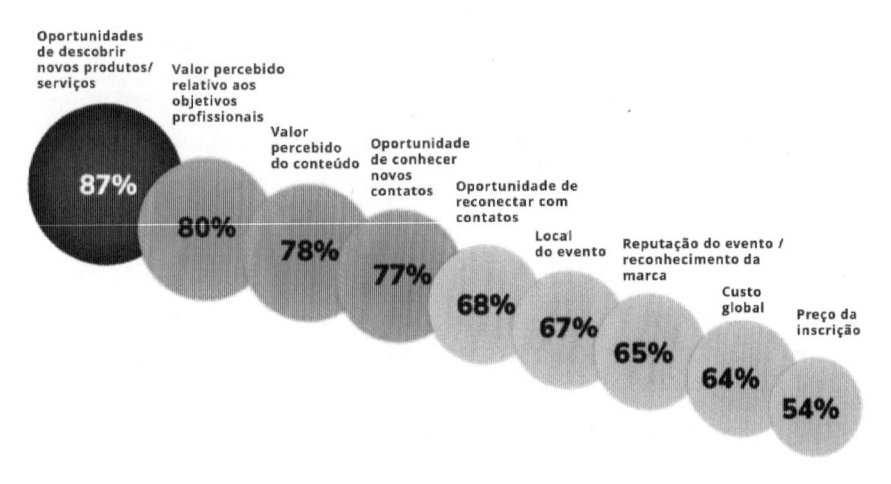

- 87% Oportunidades de descobrir novos produtos/ serviços
- 80% Valor percebido relativo aos objetivos profissionais
- 78% Valor percebido do conteúdo
- 77% Oportunidade de conhecer novos contatos
- 68% Oportunidade de reconectar com contatos
- 67% Local do evento
- 65% Reputação do evento / reconhecimento da marca
- 64% Custo global
- 54% Preço da inscrição

Fonte - Freeman 2024 Attendees Intent and Behavior. Tradução dos autores

Gráfico 22 - Motivos pela não participação em eventos presenciais

Categoria	%	Variação
Escassez de pessoal ou pressões sobre a carga de trabalho	26%	-3% que no ano anterior
Mudanças no orçamento	21%	-7% que no ano anterior
Desinteresse a menos que ofereçam oportunidade educacionais convincentes	15%	
Mais dificuldade em equilibrar eventos com demandas pessoais	12%	-9% que no ano anterior
Desinteresse a menos que ofereçam oportunidade conhecer novos produtos / serviços	12%	
Troca de funcionários	7%	
Desinteresse a menos que ofereçam oportunidade convincente de networking	5%	
Outro	25%	

Fonte - Freeman 2024 Attendees Intent and Behavior. Tradução dos autores

Para tornar ainda mais rica a sua análise, o item "A questão geracional em eventos", no capítulo 2, mostra informações detalhadas sobre as diferenças do comportamento dos participantes entre as diversas gerações no mercado de trabalho.

TAMANHO E LOCAL ONDE ESTARÃO

No presencial, a quantidade de pessoas que estarão presentes para assistir determina a capacidade do local, o A & B - Alimentos & Bebidas e toda a infraestrutura necessária para a sua realização. No virtual e também no híbrido, o total de pessoas que estará logada simultaneamente para assistir online também influencia na escolha da(s) plataforma(s) e dos recursos necessários para a sua execução. A quantidade de pessoas em um e os dois ambientes (virtual ou presencial) e em que momento isso acontecerá (ver item Síncrono e Assíncrono no capítulo 5), refletirá diretamente nas contratações de fornecedores nestes ambientes e influenciará nos custos.

TECNOLOGIAS E DEVICES

O perfil do público também indica quais as tecnologias e devices que devem ser utilizados pela organização do evento ao definir a estratégia de comunicação a ser adotada.

O mundo vive hoje uma situação inusitada: temos a maior quantidade de gerações ainda no mercado de trabalho da história da humanidade (Veja "A questão geracional nos eventos" no capítulo 2). Cada uma delas possui diferentes desejos, necessidades e características diferentes das demais, por exemplo, como lidam com a tecnologia.

Para saber mais
Assista vídeo sobre a mentalidade das gerações a partir dos Millennials

Os eventos híbridos são mais utilizados para os eventos corporativos. Outra abordagem quanto ao público nestes eventos, está se eles são dirigidos para o interno (funcionários) ou externo (canais de distribuição, imprensa e consumidores). Quando perguntados a respeito de qual é o público-alvo mais comum de seus eventos híbridos, as empresas responderam que utilizam que a grande maioria é de pessoas físicas e jurídicas (ver gráfico 23).

Veja cases, ebooks relevantes, opinião do expert e outras informações e dicas, acessando o QR Code no resumo deste capítulo.

Gráfico 23 - Público-alvo para eventos híbridos

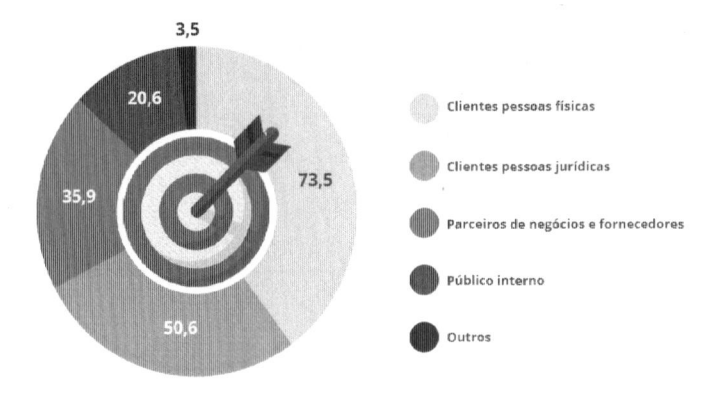

- Clientes pessoas físicas: 3,5
- Clientes pessoas jurídicas: 73,5
- Parceiros de negócios e fornecedores: 50,6
- Público interno: 35,9
- Outros: 20,6

Fonte - 2a Pesquisa sobre eventos híbridos no Brasil, 2023. Martin, V e Christensen, G

A MOEDA NO DIGITAL É O TEMPO DO PARTICIPANTE

Além dos aspectos já citados, o perfil do participante online tem semelhanças, mas também significativas diferenças em relação ao participante presencial. O grande desafio para o remoto está em ficar na frente da tela de um device (computador, celular ou tablet) para assistir a um evento online. Isso significa ter a atenção desviada facilmente, e pelos motivos mais variados possíveis: risadas, carros barulhentos, conversas, latidos, buzinas, música, email, chamada pelo celular, etc. Quanto mais longa duração, mais difícil será a retenção da atenção..

Por isso, manter a atenção e o envolvimento do participante remoto pela duração total do evento, tem ainda maior relevância na estruturação do evento online do que no presencial. Serão mostrados vários formatos e dicas para engajamento neste capítulo e também no Capítulo 6 - Escolhendo as melhores ferramentas para o evento do século XXI, que mostra e indica como escolher as principais plataformas online para o seu evento.

Entre os pilares mais importantes estão o networking/engajamento e o conteúdo excepcional. No primeiro pilar, o objetivo é trazer os participantes a se sentirem parte do evento. Ou seja, o sucesso reside em oferecer opções de interação frequentes e variadas, para animar e estimular os participantes a interagirem, ao invés de apenas assistirem passivamente.

Obter este engajamento é subir uma escada de comunicação, galgando cada degrau conscientemente e com firmeza. Ele inicia com a oferta de conteúdo que as pessoas realmente se interessam em ver, obter e fazer parte. E se consolida através de plano de comunicação personalizado para criar o maior número de live views e de atividades de engajamento antes, durante e pós realização.

EXECUTORES E AMBIENTE

Nesta fase, é definida a infraestrutura, a quantidade de pessoas e onde cada um dos executores estarão durante o evento (figura 14).

Figura 14 - Etapa Executores

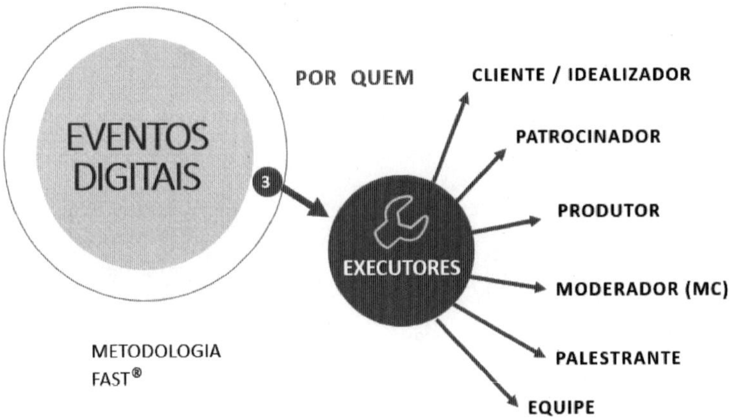

Estas referências estão indicadas na figura 15 e são as diferenças no design de evento digital em relação ao presencial: os ambientes onde ele será realizado, se no presencial, virtual (realizado apenas no ambiente virtual) ou híbrido (realizado tanto presencialmente, quanto no virtual).

Figura 15 - Etapa Ambiente

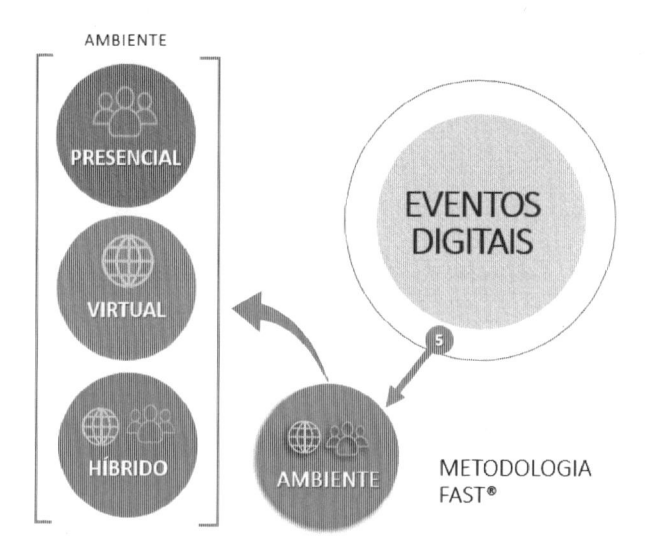

AMBIENTE
- PRESENCIAL
- VIRTUAL
- HÍBRIDO
- AMBIENTE
- EVENTOS DIGITAIS

METODOLOGIA FAST®

Como já indicado no capítulo 1, a escolha do ambiente onde será realizado o evento está condicionado a alguns fatores. O gráfico 14 - Fatores considerados na escolha do ambiente, neste capítulo, aponta os principais fatores ou objetivos apontados pelos clientes. Destaque para ampliar a abrangência da participação/expansão da audiência (77%) e facilitar a participação (74%). A importância do conteúdo se faz presente no 3o lugar de preferência (59%).

O gráfico 11 - Tipologia x ambiente indica também a correlação entre a tipologia escolhida e onde ela é realizada. Festivais/shows, eventos esportivos e feiras/exposições estão entre os eventos mais realizados no presencial que outros ambientes.

O executor é todo aquele que:

- CLIENTE - Contrata o meeting planner ou organizador de eventos.
- PATROCINADOR - Contribui para a viabilidade e a lucratividade do evento
- PRODUTOR - Faz a coordenação, a produção e execução do evento.

- MODERADOR E MESTRE DE CERIMÔNIAS (Emcee) - É responsável pela moderação nas sessões do evento
- EQUIPE - demais fornecedores que estão relacionados à produção do evento.

A figura 16 mostra detalhamento dos dados relevantes de cada um para o projeto.

Figura 16 - Etapa Executores detalhado

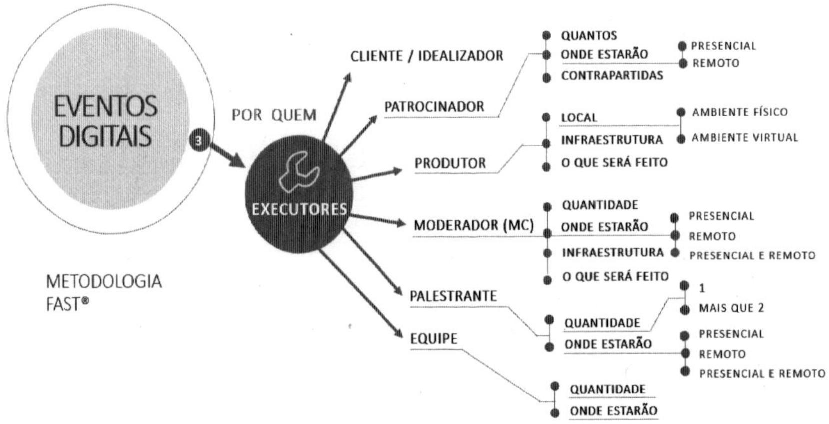

```
EVENTOS DIGITAIS → POR QUEM → EXECUTORES
    METODOLOGIA FAST®

CLIENTE / IDEALIZADOR
    • QUANTOS
    • ONDE ESTARÃO
        • PRESENCIAL
        • REMOTO
    • CONTRAPARTIDAS

PATROCINADOR
    • LOCAL
    • INFRAESTRUTURA
        • AMBIENTE FÍSICO
        • AMBIENTE VIRTUAL
    • O QUE SERÁ FEITO

PRODUTOR

MODERADOR (MC)
    • QUANTIDADE
    • ONDE ESTARÃO
        • PRESENCIAL
        • REMOTO
    • INFRAESTRUTURA
        • PRESENCIAL E REMOTO
    • O QUE SERÁ FEITO
        • 1
        • MAIS QUE 2

PALESTRANTE
    • QUANTIDADE
    • ONDE ESTARÃO
        • PRESENCIAL
        • REMOTO
        • PRESENCIAL E REMOTO

EQUIPE
    • QUANTIDADE
    • ONDE ESTARÃO
```

MESTRE DE CERIMÔNIAS & MODERADOR

Nos eventos presenciais, o mestre de cerimônias ou Emcee já era uma peça relevante para o sucesso do evento. As características dos eventos virtuais e híbridos destacaram ainda mais as vantagens para a sua contratação, para manter a atenção do participante virtual que é muito fugaz.

Entre suas funções está a de garantir uma narrativa coesa, bem como o fluxo, ritmo perfeito e energia do evento. Dar boas-vindas a todos, administrar comentários, auxiliar nas dúvidas para estimular as interações e orientar o palestrante para aprofundar no conteúdo ou nas perguntas.

Para a audiência virtual, é indispensável a contratação de moderador, mestre de cerimônias ou Emcee. Eles são responsáveis pela consistência e energia alta/engajamento o tempo todo e contribui em todas as fases do evento.

Para conduzir a audiência, em especial da virtual, ele precisa ter habilidades e conhecimentos diferentes dos necessários para atender ao evento presencial. Deve ter habilidades que mantenham constante o interesse dos participantes.

Nos eventos virtuais e híbridos, é recomendável que seja contratado um para o presencial e outro específico para o digital. O moderador precisa conhecer em profundidade as plataformas, suas ferramentas e possibilidades, em especial para as ações de networking e engajamento. E deve interagir de forma impecável com o restante da equipe responsável pela transmissão.

Ao contrário do presencial, onde é possível visualizar as reações da audiência, no online o moderador não possui este recurso. No total ou na maior parte do tempo, o moderador online fala para uma câmera, sem feedback físico e imediato de quem está acompanhando online para entender as emoções, o engajamento real e as dificuldades de interação com a plataforma de streaming.

De preferência, ele deve ser profissional especializado, que entenda todo o processo e funcionamento do evento híbrido e que saiba utilizar todos os gatilhos e truques possíveis para estimular a participação da audiência o tempo todo. Deve conseguir guiar a audiência com ações e falas que preencham e maximize o tempo disponível entre as sessões.

Ele deve ter preparação para agir em caso de falhas técnicas ou interações inadequadas do público remoto ou presencial. Olhar para a câmera. Estar presencialmente no evento para eles e por eles, guiando-os de forma pessoal, mesmo quando a câmera não mostra o seu rosto,

Para saber mais
Assista o Webinar sobre o Moderador Remoto com Gerrit Heijkoop

O ideal é que ele receba treinamento em relação a situações adversas e que já tenha um plano de contingência pronto para usar. Ele deve agir tendo a perspectiva do atendente online como referência: falar PARA o participante.

Para a *NSA - National Speakers Association* (Associação Nacional dos Palestrantes) a expressão "mestre de cerimônias" engloba várias profissões que no Brasil são distintas. Ainda segundo essa associação, o Emcee adiciona valor ao evento em suas três fases, tais como:

- **Pré** - Pesquisar sobre o comportamento, termos e histórico da empresa e das edições anteriores, o tema e objetivos para ajudar a construir e nortear sua fala. Rever a programação e sugerir oportunidades para engajamento. Dar sugestões, insights e boas práticas para aprimoramentos baseados na sua experiência. Revisar, sugerir e estabelecer linhas gerais de interação com participantes, palestrantes e patrocinadores, bem como oportunidades promocionais e de divulgação.

- **Durante** - Coordenar interações com os participantes. Preparar e revisar ações de engajamento com palestrantes e moderadores das sessões. Promover interação entre as plateias presencial e virtual. Resumir os principais pontos para construir as mensagens-chave. Conduzir e moderar entrevistas ao vivo ou pré-gravadas.

- **Depois** - Produzir e entregar relatório com sua avaliação e os principais pontos para aperfeiçoamento da edição seguinte e para reforçar a comunicação nesta fase.

A tabela 8 aponta as principais referências para a sua contratação:

Ter este profissional desde o início do evento e aproveitar sua experiência e conhecimento para alinhavar bem todas as pontas enriquecerá muito o seu evento.

Tabela 9 - Roteiro de contratação, habilidades e tipos de Emcee

Item	Detalhamento
Como contratar o mestre de cerimônias	Elabore referencial para contratação com programa, perfil da audiência e informações especiais sobre o evento e participantes que podem impactar nas suas responsabilidades.
	Liste potenciais candidatos.
	Verifique as credenciais incluindo em eventos similares, vídeos que mostram sua atuação. Observe tom de apresentação conversacional e capacidade de envolver o público. Se possível, observe-o em ação ao vivo ou virtualmente.
	Escute a sua intuição e observe como reagem a perguntas que o façam pensar sobre aspectos da sua experiência.
	Faça perguntas qualificadas, por exemplo, como se prepara para pesquisar sobre o tema e para conectar com palestrantes.
	Cheque o seu conhecimento dos recursos tecnológicos disponíveis.
	Peça sugestões e dicas para aprimorar a experiência do participante antes, durante e pós
Habilidades do mestre de cerimônias	Adaptabilidade e flexibilidade
	Engajamento da audiência
	Coordenação e colaboração
	Energia, entusiasmo e senso de humor
	Facilidade de interação com o público presente (presencial ou virtual) e através das mídias sociais.
	Conhecimento de dinâmicas de grupo
	Desenvoltura para comandar o palco e manusear o microfone
	Facilidade e conhecimento prévio para trabalhar com as equipes de audiovisual e plataformas.
	Controle do tempo para manter a pontualidade da agenda.

Item	Detalhamento
Tipos de MCs	dos eventos (premiação, corporativo, tecno-científicos, religiosos, etc.).
	Entretenimento – entretém os presentes em momentos que requerem energia vibrante e divertida
	Humorista – oferece momentos de humor e descontração
	Moderador – coordena e modera sessões, entrevistas e discussões, além de sintetizar o conteúdo para ações de implementação pelos participantes.
	Facilitador – cria estrutura de suporte à experiência do participante, através de processos e técnicas específicas
	Emcee virtual – tem mais responsabilidades e conhecimentos diferenciados do presencial, como moderação pelo chatbot, mídias sociais e plataformas online em eventos 100% virtuais
	Emcee híbridos – consegue gerenciar de forma equitativa e contemporânea o público de eventos presencias e virtuais.

Fonte: NSA. *Why hire na Emcee? Guide. How na Emcee Brings value to your meeting. White paper.* Layout dos autores

PALESTRANTE

É aquele que entrega o conteúdo nas sessões do evento.

Prepare bem seu palestrante. Entenda que quase tudo muda quando um palestrante presencial migra para ser um palestrante de eventos digitais. Entreter e seduzir o participante online requer dele habilidades significativamente diferentes, além de demandar conhecimento da ferramenta de transmissão e engajamento utilizada pelo evento. E a isso, adiciona-se o fato de que ao estar remoto, perde-se a energia e a excitação de conhecer de perto a presença e energia pessoal do palestrante. E o palestrante remoto também não consegue sentir as reações da plateia presencial. A perda é ainda maior quando se vê e escuta uma gravação ao invés de live, como demonstrado no item XX – Público.

Lembre que, para o palestrante convidado, o evento híbrido e virtual pode ser uma experiência nova completa ou apenas da plataforma utilizada, o que poderá deixá-lo inseguro sobre o seu uso. Certifique-se de que ele tenha ajuda necessária para que ele se sinta confortável e seguro no manuseio das ferramentas e sobre o seu evento. Encaminhe briefing detalhado do evento incluindo:

- **Detalhamento do formato e conteúdo ideal** para o evento virtual ou presencial das apresentações criadas por ele. O material para a palestra a ser produzido pelo palestrante remoto deve ser reduzido em cerca de $1/3$ em relação ao que é feito para o presencial.
- **Agenda do evento e de cada sessão de ensaio** - explique a agenda e indique com antecedência qual é o objetivo, o formato e as expectativas e o que será feito em cada uma elas, como por exemplo, teste de áudio e vídeo.
- **Datas e links para as sessões de treino e da transmissão ao vivo** - Ele saberá o link e qual a ferramenta que será usada, podendo se preparar melhor.

Outras ferramentas que serão usadas - permite que ele se familiarize com elas.

Anderson[6] sugere algumas dicas simples mas inteligentes e poderosas para agregar mais valor e visibilidade aos palestrantes, além de melhorar a experiência dos participantes e apresentadores:

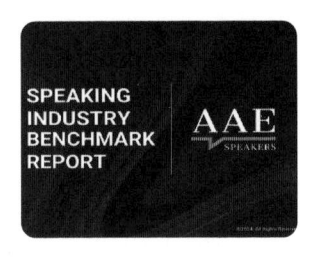

Para saber mais
Acesse o The Speaking Industry Benchmark Report

---

6 ANDERSON, Kare. 6 ways meeting planners can get more value from their speakers - https://www.meetingsnet.com/blog/6-ways-meeting-planners-can-get-more-value-their-speakers

1. Solicite a cada um o **envio de 3 dicas práticas** (texto de 100 palavras máximo para cada) relacionadas à sua apresentação e biografia resumida (2 frases) e link para onde os participantes podem aprender mais com o palestrante.
2. **Crie** o **e-booklet** com todas as dicas e envie para todos os palestrantes
3. **Envie para os participantes** ao final do evento um e-booklet com as dicas de todos os palestrantes.
4. **Antes do evento** começar, **envie para cada palestrante as dicas de todos os demais** e peça para que encontrem ao menos uma dica de seu colega e que se refiram a ela na sua apresentação. Isso reforçará a linha de conteúdo do evento e a interação entre eles.
5. Peça que **crie vídeo de 1 minuto de dicas**, contendo títulos de texto explicativos e com o # do evento para compartilhamento nas redes sociais antes e durante o evento.

Além do treinamento e preparo para adaptar o conteúdo, os slides e a performance, o palestrante remoto, em especial os que não estarão em estúdio de gravação, precisarão de monitoramento e treinamento técnico, feito pelos profissionais do evento, feita um dia antes da sua apresentação para checagem da conexão, do som, áudio e equipamento do palestrante.

Uma ou duas horas antes da apresentação, o palestrante deverá ser contatado pela equipe técnica do evento para uma pré-checagem de equipamentos, transmissão e captação, além de receber as últimas instruções em relação à sua participação no evento.

Devido ao multi-hub meeting ter a operação mais complexa entre os eventos digitais, é recomendável que o participante receba, antes da sua realização, instruções precisas sobre o funcionamento da metodologia e das ferramentas utilizadas, tais como sobre o funcionamento das câmeras em cada hub, sistemas de votação, etc. Isso facilitará e estimulará a sua integração ao evento e aos colegas. Essa é uma prática que deve ser utilizada também para os outros formatos de eventos híbridos e virtuais.

Considere filmar antecipadamente partes das apresentações para garantir o efeito e a duração desejados, bem como adequar o background ou local de filmagem à mensagem e tema do que será gravado. Uma das vantagens do evento digital está em poder escolher palestrantes livremente, sem restrição geográfica, facilitando a opção pela diversidade.

A seguir algumas das habilidades e funções mais valorizadas do palestrante em eventos virtuais/híbridos e que devem constar de manual de boas práticas para o palestrante remoto que devem compor guia para palestrantes e também participantes para o seu comportamento, etiqueta e uso das plataformas online:

KNOW HOW BÁSICO DO PALESTRANTE

- **Conhecer** muito bem **o perfil dos participantes**.
- **Estudar as ferramentas e as plataformas** que serão utilizadas para ter tranquilidade e segurança no seu uso durante a sessão. Se necessário, deve ser oferecido treinamento específico
- **Saber interagir com a audiência online durante todo o tempo.** Deve estimular desde o início do evento virtual a que todos interajam, informando qual a sua cidade, a, empresa ou que enviem mensagens, dúvidas e perguntas.

CONTEÚDO E APRESENTAÇÃO

- **Fala objetiva e pontual**.
- **Seguir os referenciais** indicados pelo contratante **quanto ao conteúdo e abordagem** que deve ser feita. NÃO vender a empresa primeiro, mas entregar o conteúdo que foi acordado antes. A plateia online é inclemente, incisiva e rápida nos comentários e avaliações.
- A apresentação deve ter **layout clean, com pouco texto nos slides** e uso intensivo de fotos, diagramas e, se possível, filmes, que facilitem a visualização e fixação do conteúdo
- Ao ser apresentada a fala do palestrante deve **mostrar raciocínio lógico do tema**, iniciando por uma introdução, em seguida o desenvolvimento do assunto e terminar com 'take away', ou resumo dos principais pontos.

- **Verifique se o aplicativo do evento está funcionando** corretamente para acessar as pesquisas e polls.

POSTURA

- **Manter contato visual com o público,** olhando para a câmera e, quando disponível, para os rostos dos participantes.
- Cuidar para que a **imagem captada do seu rosto esteja visível e bem iluminada** e o som sem ruídos do ambiente.
- Ao **usar linguagem direta, preferindo 'você'** ao invés de 'vocês', a audiência perceberá contato mais pessoal e próximo.
- **Olhar direto para a câmera,** conectando melhor com a audiência.
- **Transmita energia e animação na sua voz e postura** para envolver mais a audiência.
- **Não encoste as mãos no rosto** (coçar)
- **Cuidado** com as **expressões verbais e faciais negativas** ou impróprias.

VESTIMENTAS

- **Roupas** - Evite aquelas com listras, tons de verde e padronagem com muitos detalhes, preferindo as cores neutras sólidas como marrom e azul. Evite todos os tons de verde.
- **Acessórios** - Dispense jóias e bijuterias que tenham barulho ou que possam refletir.

CENÁRIO

- **Fundo da tela** - use fundo sem muitas distrações visuais para o participante, preferindo fundos simples, ou preferencialmente, o backdrop fornecido pela organização do evento.
- **Iluminação** - atente para a posição da sua cadeira e da câmera utilizada em relação à luz ambiente, que deve estar frontal ao palestrante. Se for fraca, deixando a face escura, iluminação artificial e direcionada deve ser instalada.

- **Silêncio** - como o som reproduzido será o do palestrante, certifique de silenciar ruídos do celular, e-mails ou notificações sonoras, além sons ambientes (pessoas, pets, etc) que possam distrair ou atrapalhar a gravação ou transmissão.

EQUIPAMENTOS E CONEXÃO

Se fizer a transmissão fora de estúdio, é necessário ter microfone e câmera de qualidade, bem como banda de upload e download suficiente para garantir acesso de qualidade à internet o tempo todo.

PARTICIPANTES

É essencial que o palestrante mantenha o participante engajado, utilizando para isso todas as opções disponíveis possíveis, tais como, pools, vídeos, fotos, Q&A, games, pesquisas, etc. (cheque sobre engajamento no capítulo 5 - Proposição de valor: a alma do evento).

Veja cases, ebooks relevantes, opinião do expert e outras informações e dicas, acessando o QR Code no resumo deste capítulo.

EQUIPE

Assim como acontece no evento presencial, quanto maior a complexidade do evento, maior será a equipe de pessoas e de fornecedores envolvidos na produção do evento digital. Algumas figuras são comuns como:

- **Host ou líder do evento** - é quem tem o controle absoluto das ferramentas digitais utilizadas no evento, tais como as plataformas de captura de imagens e som e streaming. É responsável pela abertura, configuração e gestão da sala virtual.
- **Co Host** - mediante permissão prévia do host pode assisti-lo em tarefas como controle de microfones, liberação de acesso da sala de

espera, gestão do chat, etc.. As atribuições do moderador podem ser um dos co-host do evento.
- **Interlocutor dos palestrantes e moderadores** - aquele que será responsável pela gestão de palestrantes e moderadores.
- **Produção** - define o produtor, aquele que cuidará do estúdio (palco, áudio, vídeo, iluminação, etc).
- **Técnica/tecnologia** - é o responsável pela escolha e gerenciamento das plataformas e tecnologias escolhidas para realizar o evento
- **Perguntas** - responsável pelo gerenciamento (elaboração, publicação, aferição de resultados e postagem) de pesquisas, perguntas e respostas, quiz etc.
- **Mídias e redes sociais** - é aquele que lida e administra mensagens, perguntas e interações relacionadas aos eventos nestes canais.

PROMOÇÃO E VENDAS

Pesquisa realizada pela Marktlic[7] levantou que os eventos menores gastam entre 3 a 6 semanas para realizar com sucesso a sua promoção, enquanto que para os eventos maiores, é necessário mais de 6 semanas para conseguirem o total desejado de inscrições. Também encontraram outras referências preferenciais dos organizadores de eventos virtuais para conseguir inscrições:

- 81% usam a mídia social para impulsioná-las..
- 76% afirmam que o e-mail é a forma mais eficaz de gerá-las.
- 51% das empresas B2B usam seus parceiros de negócios (canais) para impulsionamento.
- Os profissionais de marketing B2B têm como alvo principalmente os tomadores de decisão.
- Os chatbots são uma forma eficaz de gerar mais registros.

---

7 https://www.markletic.com/blog/virtual-event-statistics/ acesso em 03/09/20

Veja cases, ebooks relevantes, opinião do expert e outras informações e dicas, acessando o QR Code no resumo deste capítulo

PROMOÇÃO E VENDAS (AGÊNCIAS DE DIGITAL)

A realização de um evento de sucesso exige muito mais do que apenas definir uma data, local e programação. Para garantir que seu evento alcance o público-alvo desejado e gere resultados positivos, é fundamental investir em uma estratégia de promoção e venda eficaz. Nesse cenário, as agências digitais especializadas em marketing de eventos se tornam parceiras estratégicas indispensáveis.

Entender as demandas, motivações e preferências de mídias sociais de cada geração garantirá maior retorno às ações de promoção e divulgação do seu projeto, uma vez que a presença digital registra perfis diferentes entre as gerações (ver gráfico 24). Alguns aspectos relevantes que merecem sua atenção, como o fato que para as gerações[8] Z, Millennials e X, as mídias sociais são os principais canais de descoberta de novos produtos para a Geração Z.

Expertise e Ferramentas Inovadoras:

As agências digitais possuem um profundo conhecimento do mercado de eventos e das melhores práticas para atrair e converter leads em participantes. Elas dispõem de um arsenal de ferramentas inovadoras, como plataformas de automação de marketing, softwares de CRM e soluções de análise de dados, que permitem a criação e execução de campanhas de marketing direcionadas e personalizadas.

---

[8] Hubspot Consumer Trends 2024 - https://offers.hubspot.com/consumer-trends acessado em 01/10/24

Gráfico 24 – Onde as pessoas têm contas nas mídias sociais?

	Instagram	Facebook	YouTube	TikTok	X	Pinterest	LinkedIn	Threads
Todos	84%	83%	78%	68%	48%	43%	39%	15%
Ger Z (1997 a 2012)	91%	67%	83%	86%	51%	52%	26%	17%
Ger Y (1981 a 1996)	86%	87%	80%	73%	47%	42%	45%	17%
Ger X (1965 a 1980)	78%	92%	74%	54%	48%	36%	46%	13%
Baby Boomers (1946 a 1964)	64%	91%	64%	38%	42%	38%	38%	10%

Fonte: Sprout 2024, Layout Rafael Riso (https://www.linkedin.com/pulse/como-gera%C3%A7%C3%A3o-z-determina-o-futuro-das-m%C3%ADdias-sociais-rafael-kiso-h668f/ acesso em 14/10/24

Público-Alvo Definido e Mensagens Relevantes:

Com base em uma análise profunda do seu evento, público-alvo e objetivos, as agências digitais definem personas detalhadas, mapeando os perfis, interesses e comportamentos online dos seus potenciais participantes. Essa compreensão profunda do público permite a criação de mensagens personalizadas e relevantes, que ressoam com cada persona e aumentam as chances de conversão.

Campanhas Multiplataforma e Engajamento Omnichannel:

As agências digitais orquestram campanhas multiplataforma, utilizando diversos canais online e offline para alcançar o público-alvo de forma abrangente. Isso inclui a criação de anúncios segmentados em redes sociais, campanhas de email marketing personalizadas, otimização do site do evento para mecanismos de busca (SEO), produção de conteúdo atraente e relevante em diferentes formatos (blog posts, vídeos, infográficos), além de ações estratégicas de relações públicas e influencer marketing.

Landing Pages Otimizadas e Experiência de Compra Fluida:

As agências digitais criam landing pages otimizadas para conversão, com um design atraente e informações claras sobre o evento, facilitando a compra de ingressos ou inscrições. Além disso, elas implementam ferramentas de pagamento seguras e confiáveis, garantindo uma experiência de compra fluida e sem complicações para os participantes.

Monitoramento e Otimização em Tempo Real:

Através de ferramentas de análise avançadas, as agências digitais monitoram o desempenho das campanhas em tempo real, identificando quais canais e estratégias estão gerando mais resultados e quais precisam ser otimizadas. Essa análise constante permite ajustes rápidos e precisos na estratégia, maximizando o ROI da campanha de marketing.

Personalização e Engajamento Contínuo:

As agências digitais vão além da captação de participantes e constroem relacionamentos duradouros com o público. Através de campanhas de email marketing personalizadas, envio de newsletters informativas e interações nas redes sociais, elas mantêm o público engajado antes, durante e após o evento, gerando um sentimento de comunidade e fidelizando os participantes.

Ao investir em uma parceria estratégica com uma agência digital especializada em marketing de eventos, você garante que seu evento terá a visibilidade, o engajamento e a conversão que precisa para alcançar o sucesso. As agências digitais possuem o expertise, as ferramentas e a experiência necessárias para criar e executar campanhas de marketing inovadoras e eficazes, atraindo o público ideal para o seu evento e gerando resultados positivos para sua empresa ou organização.

Veja cases, ebooks relevantes, opinião do expert e outras informações e dicas, acessando o QR Code no resumo deste capítulo.

COMO ESCOLHER UMA AGÊNCIA DE MARKETING DIGITAL PARA AJUDAR NA PROMOÇÃO DO EVENTO? DE ACORDO COM O PERFIL DO EVENTO:

A escolha da **agência de marketing digital ideal** para o seu evento é crucial para o sucesso da sua iniciativa. Com tantas opções disponíveis no mercado, encontrar a parceira certa pode ser um desafio. O guia abaixo leva em consideração o **perfil do seu evento** e oferece dicas valiosas para o seu próximo projeto.

1. Defina o Perfil do Seu Evento:

- **Tipo de evento:** Comece definindo o tipo de evento que você está organizando, seja ele um congresso, workshop, conferência, festival, show, lançamento de produto, etc. Cada tipo de evento possui características e públicos específicos, que devem ser considerados na escolha da agência.
- **Público-alvo:** Identifique o perfil do seu público-alvo, incluindo idade, localização, interesses, comportamento online e hábitos de consumo. Essa compreensão detalhada do público permitirá que você busque uma agência com experiência em atrair e engajar personas semelhantes.
- **Objetivos do evento:** Tenha clareza sobre os seus objetivos com o evento. Você deseja aumentar o brand awareness, gerar leads, impulsionar vendas, fidelizar clientes ou alcançar outro objetivo específico? A agência escolhida deve estar alinhada com seus objetivos e demonstrar capacidade para alcançá-los.
- **Tamanho e orçamento do evento:** O porte do seu evento e o orçamento disponível também influenciam na escolha da agência. Avalie se você precisa de uma agência com grande estrutura e equipe

experiente em eventos de grande porte ou se busca uma solução mais enxuta e acessível para eventos menores.

2. Pesquise e Avalie as Agências:

- **Portfólio e cases de sucesso:** Busque agências com experiência em eventos similares ao seu, analisando seus cases de sucesso e resultados obtidos para clientes anteriores. Verifique se a agência possui expertise no seu nicho de mercado e se demonstra familiaridade com os desafios e oportunidades específicos do seu tipo de evento.
- **Equipe e expertise:** Avalie a qualificação e experiência da equipe da agência, buscando profissionais com conhecimento em marketing digital, estratégias de eventos, produção de conteúdo, gerenciamento de campanhas e outras áreas relevantes para o sucesso do seu evento.
- **Metodologia de trabalho:** Solicite informações sobre a metodologia de trabalho da agência, entendendo como eles definem estratégias, executam campanhas, monitoram resultados e se comunicam com os clientes. É importante que a metodologia da agência esteja alinhada com seus valores e expectativas.
- **Ferramentas e tecnologias:** Verifique se a agência utiliza ferramentas e tecnologias atualizadas e adequadas para o marketing digital de eventos. Isso inclui plataformas de automação de marketing, softwares de CRM, soluções de análise de dados, ferramentas de criação de conteúdo e outras soluções relevantes para o seu projeto.
- **Comunicação e relacionamento:** Avalie a forma como a agência se comunica com seus clientes, buscando transparência, proatividade e um bom relacionamento interpessoal. É importante que você se sinta confortável e confiante na comunicação com a equipe da agência durante todo o processo.

3. Solicite Propostas e Compare:

- **Obtenha propostas detalhadas:** Solicite propostas detalhadas de diferentes agências, incluindo escopo de trabalho, metodologia, estratégias propostas, cronograma, equipe responsável, ferramentas utilizadas, investimento necessário e indicadores de performance (KPIs) para medir o sucesso das campanhas.
- **Compare preços e soluções:** Compare as propostas recebidas, não apenas em termos de preço, mas também no valor que cada agência oferece. Avalie a qualidade das soluções propostas, a experiência da equipe e o potencial retorno sobre investimento (ROI) que cada proposta apresenta.
- **Tire suas dúvidas:** Esclareça todas as suas dúvidas com as agências antes de tomar uma decisão. Questione sobre qualquer ponto que não esteja claro nas propostas e busque entender como a agência lidará com os desafios e imprevistos que podem surgir durante o projeto.

4. Confie na Sua Intuição:

- **Escolha a agência que você confia:** Além dos critérios técnicos e racionais, é importante que você se sinta confiante e confortável com a agência escolhida. Confie na sua intuição e escolha a parceira que você acredita que trará o melhor resultado para o seu evento.

PRODUÇÃO (PRÉ)

A **pré-produção de um evento** é a fase crucial onde a magia acontece. É aqui que as ideias se transformam em experiências memoráveis, os sonhos ganham forma e os detalhes se encaixam para criar um espetáculo inesquecível. Mais do que apenas organizar tarefas, essa etapa envolve paixão, planejamento estratégico e uma visão holística do todo.

Para essa jornada emocionante, o guia abaixo desvenda os principais componentes da pré-produção, desde a concepção inicial até os preparativos finais:

1. A Chama Inicial: Concepção e Definição

- **O Sonho Toma Forma:** Tudo começa com uma ideia, um desejo de criar algo especial. Essa ideia pode ser um congresso inovador, um festival vibrante, uma conferência inspiradora ou qualquer outro tipo de evento que reúna pessoas e gere impacto.
- **Definindo o Propósito:** Qual o objetivo do seu evento? O que você deseja alcançar com ele? É importante ter clareza sobre o propósito do evento para que todas as decisões subsequentes estejam alinhadas com essa visão central.
- **Público-Alvo em Foco:** Quem você deseja atrair para o seu evento? Qual o perfil ideal do seu participante? Compreender as características, interesses e necessidades do seu público-alvo é fundamental para criar uma experiência sob medida.
- **Definição do Escopo:** O que será incluído no seu evento? Quais palestras, workshops, shows ou outras atividades serão oferecidas? É importante definir o escopo do evento de forma realista e alinhada com o seu orçamento e recursos disponíveis.

2. O Mapa do Tesouro: Planejamento Estratégico

- **Cronograma Detalhado:** Crie um cronograma detalhado que defina prazos para cada etapa da organização do evento, desde a definição do local até a divulgação e o dia do evento.
- **Orçamento Realista:** Elabore um orçamento realista que inclua todos os custos do evento, desde aluguel do local até materiais de divulgação e equipe de trabalho.
- **Plano de Marketing Estratégico:** Defina uma estratégia de marketing para divulgar o seu evento e atrair o público-alvo desejado. Isso

pode incluir a criação de um site, redes sociais, campanhas de email marketing, anúncios online e outras ações de marketing.
- **Equipe dos Sonhos:** Reúna uma equipe qualificada e experiente para trabalhar na organização do evento. Isso inclui profissionais de áreas como produção, marketing, logística, segurança e atendimento ao cliente.

3. A Base Sólida: Logística e Operações

- **Localização Ideal:** Escolha um local adequado para o seu evento, levando em consideração o tamanho do público, a infraestrutura necessária e a acessibilidade para os participantes.
- **Acomodação e Transporte:** Se necessário, organize a acomodação e o transporte dos participantes, especialmente para eventos que acontecem em outras cidades.
- **Gestão de Contratos:** Negocie e gerencie contratos com fornecedores, palestrantes, artistas e outros profissionais que serão contratados para o evento.
- **Logística e Infraestrutura:** Organize a logística do evento, incluindo montagem do palco, iluminação, sonorização, decoração, alimentação e outros aspectos técnicos.
- **Segurança e Acessibilidade:** Garanta a segurança dos participantes e equipe, além de garantir a acessibilidade do evento para pessoas com deficiência.

4. A Comunicação Eficaz: Engajamento e Transparência

- **Comunicação com o Público:** Mantenha uma comunicação clara e transparente com o público-alvo, divulgando informações sobre o evento, programação, inscrições e outras informações relevantes.
- **Canal de Comunicação Oficial:** Crie um canal de comunicação oficial para o evento, como um site ou perfil nas redes sociais, onde os participantes possam tirar dúvidas e se manter atualizados.

- **Redes Sociais:** Utilize as redes sociais para divulgar o evento, interagir com o público e criar um buzz em torno do evento.
- **Relacionamento com a Imprensa:** Se necessário, trabalhe com a imprensa para divulgar o evento e gerar cobertura jornalística.

5. A Jornada Final: Preparativos Finais

- **Confirmação de Presença:** Confirme a presença de palestrantes, artistas, fornecedores e outros profissionais envolvidos no evento.
- **Treinamento da Equipe:** Treine a equipe do evento para que todos saibam suas responsabilidades e como trabalhar em conjunto para garantir o sucesso do evento.
- **Material de Apoio:** Prepare todo o material de apoio necessário para o evento, como crachás, folders, banners e outros materiais informativos.
- **Plano de Contingência:** Crie um plano de contingência para lidar com possíveis imprevistos, como problemas técnicos, mudanças climáticas ou emergências.
- **Revisão Final:** Revise todos os detalhes do evento, desde a programação até a logística, para garantir que tudo esteja em ordem.

6. O Dia D: Execução e Monitoramento

- **Coordenação da Equipe:** Coordene a equipe durante o evento, garantindo que tudo ocorra conforme o planejado.
- **Atendimento ao Público:** Ofereça um excelente atendimento ao público, respondendo a dúvidas, solucionando problemas e garantindo uma experiência positiva.
- **Monitoramento e Ajustes:** Monitore o andamento do evento e faça ajustes necessários para garantir o sucesso.
- **Feedback dos Participantes:** Colete feedback dos participantes para avaliar o evento e identificar pontos de melhoria para futuros eventos.

7. Depois do Aplauso: Avaliação e Aprendizado

- **Análise de Resultados**: Analise os resultados do evento, comparando os resultados obtidos com os objetivos estabelecidos.
- **Aprendizados e Melhorias**: Identifique os pontos fortes e fracos do evento e utilize essas informações para melhorar eventos futuros.
- **Agradecimento:** Agradeça aos participantes, patrocinadores, equipe e todos os envolvidos no evento pelo apoio e contribuição.

Veja cases, ebooks relevantes, opinião do expert e outras informações e dicas, acessando o QR Code no resumo deste capítulo.

OPERAÇÃO PRESENCIAL E VIRTUAL DO EVENTO (DURANTE)

O grande dia chegou! As luzes se acendem, a música toma conta do ambiente e a energia vibrante dos participantes preenche o espaço. É hora de dar vida àquilo que foi meticulosamente planejado na pré-produção: a **operação presencial e virtual do evento**. Mais do que apenas executar tarefas, essa etapa é uma orquestra de ações sincronizadas, onde cada componente contribui para a sinfonia geral do evento.

NO PALCO PRINCIPAL, O ESPETÁCULO SE DESENROLA:

- Palestrantes inspiram e motivam a plateia com suas ideias e experiências.
- Artistas encantam com suas performances contagiantes.
- Debates acalorados geram insights valiosos e diferentes perspectivas.
- Workshops práticos oferecem novas habilidades e conhecimentos aos participantes.

Enquanto isso, nos bastidores, uma equipe dedicada garante que tudo funcione perfeitamente:

- A equipe de produção coordena cada detalhe, desde a montagem do palco até a iluminação e sonorização.
- A equipe de logística garante que os participantes tenham acesso a tudo que precisam, desde alimentação até transporte.
- A equipe de segurança monitora o ambiente e garante a segurança de todos.
- A equipe de atendimento ao cliente está pronta para auxiliar os participantes em qualquer dúvida ou problema.

E no mundo virtual, a experiência se expande:

- A transmissão ao vivo permite que pessoas de todo o mundo acompanhem o evento em tempo real.
- As redes sociais se transformam em um canal vibrante de interação, onde os participantes compartilham suas experiências e ideias.
- Plataformas online facilitam a participação em workshops, debates e outras atividades interativas.
- Ferramentas de networking virtual conectam participantes com interesses em comum, criando novas oportunidades de negócios e colaboração.

A operação presencial e virtual do evento é um trabalho árduo, mas extremamente gratificante. É a oportunidade de ver a ideia inicial se transformar em uma experiência real e impactante para os participantes. É a chance de conectar pessoas, gerar conhecimento, promover ideias e criar memórias que durarão para sempre.

PÓS EVENTO

O evento chegou ao fim, as luzes se apagaram e o silêncio toma conta do local. Mas o trabalho do gestor de eventos e sua equipe não termina aí. O **pós-evento** é uma etapa crucial para avaliar o sucesso da iniciativa, agradecer aos participantes e parceiros, e já começar a planejar o próximo evento com ainda mais sucesso.

1. A Hora da Gratidão:

- **Agradeça aos participantes:** Envie mensagens de agradecimento aos participantes, reconhecendo sua presença e engajamento no evento.
- **Reconheça seus parceiros:** Agradeça aos patrocinadores, fornecedores e colaboradores que tornaram o evento possível.
- **Celebre a equipe:** Reúna a equipe para celebrar o sucesso do evento e reconhecer o esforço e dedicação de cada membro.

2. Coletando Feedback:

- **Pesquisas de satisfação:** Aplique pesquisas de satisfação para coletar feedback dos participantes sobre o evento.
- **Entrevistas com parceiros:** Realize entrevistas com patrocinadores, fornecedores e colaboradores para obter feedback sobre sua experiência com o evento.
- **Análise das redes sociais:** Monitore as menções ao evento nas redes sociais para identificar pontos positivos e negativos.

3. Analisando os Resultados:

- **Compare com os objetivos:** Compare os resultados do evento com os objetivos que foram definidos na fase de planejamento.
- **Avalie o ROI:** Calcule o retorno sobre investimento (ROI) do evento para avaliar sua viabilidade financeira.

- **Identifique pontos fortes e fracos:** Analise os dados coletados para identificar os pontos fortes e fracos do evento.

4. Documentando e Aprendendo:

- **Relatório final:** Crie um relatório final documentando todos os aspectos do evento, incluindo resultados, feedback e lições aprendidas.
- **Compartilhe o aprendizado:** Compartilhe o aprendizado com a equipe e com a organização para que possa ser aplicado em futuros eventos.
- **Armazene documentos:** Armazene todos os documentos relacionados ao evento para consulta futura.

5. Fidelizando Participantes:

- **Mantenha contato:** Mantenha contato com os participantes através de um boletim informativo ou e-mail marketing.
- **Ofereça conteúdo exclusivo:** Ofereça aos participantes conteúdo exclusivo relacionado ao tema do evento.
- **Convide para futuros eventos:** Convide os participantes para participar de futuros eventos organizados pela sua empresa ou organização.

6. Planejar o Próximo Evento:

- **Utilize o feedback:** Utilize o feedback do pós-evento para planejar o próximo evento com ainda mais sucesso.
- **Inove e surpreenda:** Busque sempre inovar e surpreender os participantes com novas ideias e experiências.
- **Aprenda com os erros:** Aprenda com os erros do evento passado para evitar que se repitam no futuro.

Veja cases, ebooks relevantes, opinião do expert e outras informações e dicas, acessando o QR Code no resumo deste capítulo.

CONTRATOS

A organização de um evento de sucesso exige planejamento meticuloso, execução impecável e, acima de tudo, a construção de parcerias sólidas com fornecedores e prestadores de serviço. Para garantir a tranquilidade e a entrega impecável do seu projeto, os **contratos de terceiros** assumem um papel crucial. Mais do que simples documentos legais, eles servem como um escudo protetor, definindo direitos, responsabilidades e expectativas de ambas as partes.

Para auxiliar você nessa jornada, o guia abaixo está completo com os **cuidados essenciais que todo organizador de eventos deve ter com a parte de contratos de terceiros**:

1. A Escolha Certa: Selecionando Parceiros de Confiança

- **Pesquisa e Avaliação:** Dedique tempo para pesquisar e avaliar diferentes fornecedores, buscando empresas com experiência, boa reputação e histórico de sucesso em eventos similares ao seu.
- **Solicitar Portfólio e Referências:** Peça para os fornecedores apresentarem seu portfólio de trabalhos anteriores e solicite referências de outros clientes.
- **Comparação de Propostas:** Compare as propostas de diferentes fornecedores, analisando não apenas o preço, mas também a qualidade dos serviços oferecidos, as condições de pagamento e os prazos de entrega.

2. A Base Sólida: Construindo Contratos Detalhados e Abrangentes

- **Conteúdo Essencial:** Todo contrato de prestação de serviço deve conter os seguintes itens:
  - **Identificação das partes:** Nome completo ou razão social do contratante e do contratado, CNPJ ou CPF, endereço e contato de ambos.

- **Objeto do contrato:** Descrição detalhada dos serviços a serem prestados pelo contratado, incluindo local, data, horários, atividades a serem realizadas e materiais a serem utilizados.
- **Prazo de entrega:** Definição clara do prazo para entrega dos serviços contratados, com multas e penalidades em caso de atraso.
- **Forma de pagamento:** Especificação da forma de pagamento, incluindo valor total, prazos e condições de pagamento.
- **Cláusulas de rescisão:** Definição das condições em que o contrato poderá ser rescindido por qualquer uma das partes, com as respectivas sanções e penalidades.
- **Cláusulas de força maior:** Estabelecimento de situações que caracterizam força maior e seus efeitos no contrato, como desastres naturais, guerras ou epidemias.
- **Foro competente:** Definição do foro para resolução de eventuais litígios decorrentes do contrato.
- **Assinaturas:** Assinaturas válidas de ambas as partes, com firma reconhecida em cartório, caso necessário.

- **Cláusulas Adicionais:** Inclua cláusulas específicas para o seu tipo de evento, como:

  - **Direitos autorais:** Definição dos direitos de uso de imagem, som e propriedade intelectual durante o evento.
  - **Segurança:** Estabelecimento das responsabilidades pela segurança do local, dos participantes e dos bens durante o evento.
  - **Seguro:** Definição da obrigatoriedade de contratação de seguro e suas coberturas.
  - **Confidencialidade:** Compromisso de ambas as partes em manter a confidencialidade das informações trocadas durante a negociação e execução do contrato.
  - **Subcontratação:** Definição das condições em que o contratado poderá subcontratar serviços a terceiros.

- **Caso fortuito:** Estabelecimento de situações que caracterizam caso fortuito e seus efeitos no contrato.
- **Revisão por Especialista:** Revise o contrato com um advogado especializado em direito contratual para garantir que ele esteja em conformidade com a legislação vigente e proteja seus interesses.

3. A Comunicação Clara: Diálogo Aberto e Transparente

- **Mantenha contato frequente:** Mantenha contato frequente com o contratado durante todo o processo, desde a fase de negociação até a entrega final dos serviços.
- **Esclareça dúvidas:** Esclareça todas as dúvidas e questionamentos do contratado antes da assinatura do contrato.
- **Comunique alterações:** Comunique ao contratado qualquer alteração no escopo do trabalho, prazos ou condições de pagamento com antecedência e por escrito.
- **Negocie soluções:** Em caso de imprevistos ou problemas durante a execução do contrato, negocie soluções amigáveis e justas para ambas as partes.

4. A Vigilância Constante: Monitoramento e Fiscalização

- **Acompanhe o andamento dos serviços:** Acompanhe de perto o andamento dos serviços prestados pelo contratado, verificando se eles estão de acordo com o que foi contratado.

EMAIL MARKETING

O email ainda é uma estratégia muito eficiente na divulgação e promoção de eventos. Entretanto, com o aumento vertiginoso do conteúdo online a partir de 2020, reforça a necessidade de cuidados especiais para conseguir melhorar as taxas de abertura e conversão dos emails enviados.

Você sabia que só de mencionar o nome de quem recebe o email, você aumenta de 10% a 14% a taxa de abertura? Fernandez[9], da OptinMonster, destaca a relevância de que cada email forneça valor consistentemente para estimular que os leitores tenham interesse em abri-los ao ver o remetente.

Que tal utilizar linguagem casual ou pessoal auxilia na conexão, por exemplo, "Você virá? ou "Não vi seu nome nos inscritos!" Ou destacando tempo ou opções limitadas.("Você está perdendo pontos!"), sendo divertido ou ainda despertando a curiosidade através de uma pergunta e prometendo algo interessante ou simplesmente dizendo algo que soe estranho ou incomum. ("Último dia para ver do que se trata este e-mail misterioso.").

Veja cases, ebooks relevantes, opinião do expert e outras informações e dicas, acessando o QR Code no resumo deste capítulo.

DADOS

Um dos destaques na relevância do evento virtual está na riqueza dos dados que podem ser obtidos. A Aventri[10] indica algumas métricas e KPIs que podem ser utilizadas pelo organizador para seus eventos digitais:

- Inscrições no evento e sessões
- Informações sociodemográficas do participante
- Taxa de abertura de email - indica que para conferências e eventos corporativos ela é de 23%, subindo para 26% para outras tipologias
- Taxa de email click-through (taxa de emails que foram clicados) - indica que a taxa média é de 4,95%

---

9   FERNANDEZ, Mary. 164 best best subject email lines to boost your email opening rates https://optinmonster.com/101-email-subject-lines-your-subscribers-cant-resist/#personal
10 https://www.aventri.com/strategy/virtual-events acesso em 07/08/20

- Engajamento do palestrante pelo mobile event app (número de abertura de profile)
- Engajamento do palestrante e sessão via live polling e event app- indica qual conteúdo teve maior ressonância entre a audiência e
- Engajamento nas redes sociais - reações obtidas, por exemplo likes, shares e retweets e menções (hashtags)
- Quantidade de leads de vendas qualificados
- Total de conexões (troca de contato e informações no networking)
- Pesquisa de satisfação do participante
- Net Promoter Score, etc.

Pesquisa realizada pela Markletic[11] entre quase 3.000 profissionais apontou que:

- O no show médio nos eventos virtuais é de 35%.
- 80% das pessoas participam de eventos virtuais para fins educacionais, seguido do networking.
- 87% dos profissionais de marketing consideram as oportunidades geradas por eventos virtuais como um fator de sucesso seguido da satisfação do participante (85%).
- Para 71% dos organizadores de eventos o fator de sucesso são os negócios fechados.

Consulte o capítulo 7 para ver detalhamento sobre dados, medições e estatísticas.

Veja cases, ebooks relevantes, opinião do expert e outras informações e dicas, acessando o QR Code no resumo deste capítulo.

---

[11] https://www.markletic.com/blog/virtual-event-statistics/https://www.markletic.com/blog/virtual-event-statistics/ acesso em 03/09/20

CIBERSEGURANÇA, LGPD E DIREITOS AUTORAIS

A FORTALEZA DIGITAL: PROTEGENDO SEUS EVENTOS CONTRA ATAQUES CIBERNÉTICOS

O mundo digital oferece ferramentas incríveis para a organização de eventos, desde a divulgação até a gestão de inscrições. No entanto, essa mesma conectividade também abre portas para **ameaças cibernéticas**, que podem colocar em risco dados sensíveis, reputações e a própria realização do evento.

Para garantir a segurança do seu evento no mundo virtual, siga estas medidas essenciais:

- **Crie Termos e Condições Claros:** Elabore termos e condições de uso abrangentes que definam os direitos e responsabilidades dos participantes em relação ao uso de plataformas online, coleta de dados e compartilhamento de informações.
- **Implemente medidas de segurança Robustas:** Utilize senhas fortes e exclusivas para todas as contas online relacionadas ao evento, adote firewalls e softwares antivírus atualizados, e incentive a autenticação de dois fatores para acesso a plataformas e sistemas.
- **Treine sua equipe:** Capacite sua equipe sobre os riscos cibernéticos e as melhores práticas de segurança, incluindo a identificação de phishing, malware e outras ameaças comuns.
- **Proteja dados pessoais:** Siga rigorosamente as diretrizes da **Lei Geral de Proteção de Dados Pessoais (LGPD)** na coleta, armazenamento e uso de dados dos participantes. Obtenha o consentimento explícito para a coleta de dados, limite a quantidade de informações coletadas e utilize medidas de segurança adequadas para proteger esses dados.
- **Mantenha sistemas atualizados:** Aplique atualizações de software e segurança regularmente em todos os dispositivos e plataformas utilizados no evento.
- **Crie um Plano de Resposta a Incidentes:** Defina um plano de ação claro para lidar com incidentes de segurança cibernética, como

vazamentos de dados ou ataques maliciosos. O plano deve incluir procedimentos para notificação das autoridades, contenção do dano e recuperação de sistemas.

REDUNDÂNCIA E CONTINGÊNCIA: GARANTINDO A CONTINUIDADE DO SEU EVENTO

Imprevistos acontecem, e estar preparado para lidar com eles é crucial para o sucesso do seu evento. A **redundância** e a **contingência** são ferramentas essenciais para garantir a continuidade do evento, mesmo em situações adversas.

- **Crie backups regulares:** Faça backups regulares de todos os dados relacionados ao evento, incluindo listas de participantes, informações de contato e conteúdo do site. Armazene os backups em locais seguros e de fácil acesso.
- **Tenha um Plano B:** Defina um plano B para cada aspecto do evento, desde a escolha do local até a programação das atividades. O plano B deve considerar diferentes cenários de imprevistos, como cancelamento de palestrantes, problemas técnicos ou condições climáticas adversas.
- **Comunique-se com clareza:** Em caso de imprevistos, comunique-se de forma clara e transparente com os participantes, fornecendo informações atualizadas sobre a situação e o plano de ação.
- **Utilize ferramentas digitais:** Explore ferramentas digitais como plataformas de comunicação online e redes sociais para manter os participantes informados e engajados durante o evento, mesmo em caso de interrupções ou mudanças na programação.
- **Tenha equipes de suporte preparadas:** Treine equipes de suporte para lidar com diferentes tipos de imprevistos durante o evento, desde problemas técnicos até questões de atendimento ao cliente.

- **Mantenha a calma e o foco:** Em situações adversas, mantenha a calma e o foco no objetivo principal do evento: proporcionar uma experiência positiva para os participantes.

NAVEGANDO NA LEI: DIREITOS AUTORAIS E PROPRIEDADE INTELECTUAL

A organização de eventos envolve diversos aspectos que exigem atenção quanto aos **direitos autorais** e à **propriedade intelectual**. Para evitar problemas legais e proteger a criatividade de todos os envolvidos, siga estas dicas:

- **Obtenha autorizações:** Obtenha as devidas autorizações para o uso de imagens, músicas, textos e outros materiais protegidos por direitos autorais. Certifique-se de que as licenças de uso sejam adequadas para o tipo de evento e o público-alvo.
- **Respeite a criatividade:** Valorize a criatividade dos artistas, palestrantes e outros profissionais que contribuem para o evento. Dê crédito às suas obras e respeite seus direitos autorais.
- **Proteja sua propriedade intelectual:** Registre sua marca, logotipo e outros materiais originais relacionados ao evento para garantir a proteção legal de sua propriedade intelectual.
- **Conscientize sua equipe:** Informe sua equipe sobre a importância dos direitos autorais e da propriedade intelectual, e instrua-os sobre como tratar esses assuntos com cuidado e respeito.
- **Evite violações:** Esteja atento às possíveis violações de direitos autorais, como reprodução não autorizada de músicas, imagens ou conteúdos textuais.
- **Contratos claros:** Inclua cláusulas de propriedade intelectual nos contratos com fornecedores, palestrantes e outros colaboradores, definindo claramente os direitos de uso e propriedade dos materiais criados.

A ERA DIGITAL E A PROTEÇÃO DE DADOS: LGPD, GDPR E PRIVACIDADE

A **Lei Geral de Proteção de Dados Pessoais (LGPD)** e o **Regulamento Geral de Proteção de Dados (GDPR)** trouxeram importantes mudanças para o tratamento de dados pessoais no Brasil e no mundo. Para garantir a conformidade e proteger a privacidade dos participantes do seu evento, siga estas orientações:

- **Transparência e Consentimento:** Seja transparente sobre a coleta e uso dos dados pessoais dos participantes, obtendo consentimento explícito para o tratamento dessas informações.
- **Segurança dos Dados:** Implemente medidas técnicas e administrativas para proteger os dados pessoais coletados, evitando vazamentos e acessos não autorizados.
- **Direitos dos Titulares:** Respeite os direitos dos titulares dos dados, como acesso, correção, portabilidade e eliminação das informações.
- **Encarregado de Dados:** Considere a designação de um encarregado de dados para supervisionar o cumprimento da LGPD.
- **Incidentes de Segurança:** Tenha um plano de resposta a incidentes de segurança de dados, para agir rapidamente em caso de vazamentos ou acessos não autorizados.

Ao seguir essas orientações, você estará preparado para enfrentar os desafios e aproveitar as oportunidades do mundo digital, garantindo a segurança, privacidade e sucesso dos seus eventos.

Resumo do capítulo

Para o resumo deste capítulo, acesse o QR Code abaixo. Se usar o super app Oasis, poderá colecionar estas referências para quando precisar, por toda a vida. Também trazemos destaque dos:

- principais aspectos e conceitos apresentados,
- cases,
- opinião do expert,
- bibliografia e
- questões para reflexão.

Além disso, neste código você poderá acessar leituras complementares (indicação de referências bibliográficas e eletrônicas para maior detalhamento do tema).

5.

PROPOSIÇÃO DE VALOR, A ALMA DO SEU EVENTO

Em um mundo saturado de eventos, a diferenciação se torna a chave para o sucesso. E nesse cenário, a **proposição de valor** assume o papel de bússola, guiando a criação de um evento memorável e atraente para diversos públicos. Mas o que é essa proposta de valor e como defini-la de forma estratégica?

A **proposição de valor** é a resposta fundamental à pergunta: **"Por que alguém deveria se importar com o meu evento?"**. Ela define o **valor tangível e intangível** que o evento oferece aos seus participantes, palestrantes, patrocinadores e expositores, tornando-se o elemento central que atrai, engaja e fideliza cada público.

Para cada público, uma proposta de valor única:

- **Participantes:** O que os participantes ganharão ao participar do evento? Conhecimento? Networking? Experiências únicas? A proposta de valor para os participantes deve destacar os benefícios práticos e emocionais da participação, como a oportunidade de:

    - **Aprender com especialistas renomados:** A presença de palestrantes conceituados e experientes em suas áreas é um atrativo irresistível para quem busca aprimorar seus conhecimentos e habilidades.

- **Conectar-se com outros profissionais:** Eventos oferecem a oportunidade única de networking, permitindo que os participantes ampliem sua rede de contatos, façam parcerias e abram novas portas em suas carreiras.
- **Viver experiências memoráveis:** Eventos memoráveis proporcionam aos participantes momentos únicos que ficam marcados na memória, como workshops interativos, atividades inovadoras e um ambiente vibrante e engajador.

- **Palestrantes:** O que os palestrantes ganharão ao participar do evento? Visibilidade? Reconhecimento? A oportunidade de compartilhar seus conhecimentos com um público qualificado? A proposta de valor para os palestrantes deve destacar os benefícios da participação, como:

  - **Aumentar sua visibilidade e reconhecimento:** Palestrar em um evento relevante expõe o palestrante a um público amplo e qualificado, consolidando sua reputação como especialista em sua área.
  - **Compartilhar seus conhecimentos e experiências:** O evento oferece uma plataforma para que os palestrantes compartilhem suas ideias, insights e expertise com uma audiência receptiva e interessada.
  - **Receber feedback valioso:** A participação no evento permite que os palestrantes recebam feedback direto do público, aprimorando suas apresentações e conectando-se com as necessidades dos participantes.
  - **Receber pagamento em dinheiro:** Às vezes, o que irá mover um determinado palestrante na direção do seu evento será mesmo o pagamento, pois ele já goza de todos os itens anteriores e cabe ao evento atrair este tipo de palestrante e ter condições de remunerá-lo adequadamente.

- **Patrocinadores:** O que os patrocinadores ganharão ao investir no evento? Retorno sobre o investimento? Visibilidade da marca? A oportunidade de se conectar com um público-alvo qualificado? A proposta de valor para os patrocinadores deve destacar os benefícios do investimento, como:

    - **Aumentar a visibilidade da marca:** O evento oferece aos patrocinadores a oportunidade de expor sua marca para um público amplo e segmentado, aumentando o reconhecimento e a lembrança da marca.
    - **Gerar leads e oportunidades de negócios:** O evento conecta os patrocinadores com um público-alvo qualificado, gerando leads e oportunidades de negócios promissoras.
    - **Fortalecer o relacionamento com o público-alvo:** O patrocínio permite que as marcas se conectem com seu público-alvo de forma autêntica e significativa, construindo relacionamentos duradouros e fidelizando clientes.

- **Expositores:** O que os expositores ganharão ao participar do evento? Vendas? Novos contatos? A oportunidade de apresentar seus produtos e serviços para um público qualificado? A proposta de valor para os expositores deve destacar os benefícios da participação, como:

    - **Aumentar as vendas e gerar leads:** O evento oferece aos expositores a oportunidade de apresentar seus produtos e serviços para um público-alvo potencialmente interessado, gerando leads e impulsionando as vendas.
    - **Expandir sua rede de contatos:** A participação no evento permite que os expositores ampliem sua rede de contatos com possíveis clientes, parceiros e fornecedores.
    - **Recolher feedback valioso:** O evento proporciona aos expositores a oportunidade de receber feedback do público sobre seus produtos e serviços, aprimorando sua oferta e atendendo às necessidades do mercado.

Guia Passo a Passo para Criar uma Proposta de Valor Imbatível para Seu Evento:

Etapa 1: Desvendando os Segredos do Seu Público

1. **Mergulhe na mente dos participantes:**

   - **Quem são seus participantes ideais?** Qual a idade, profissão, nível de conhecimento e interesses deles?
   - **Quais são seus maiores desafios e necessidades?** O que os preocupa e os impede de alcançar seus objetivos?
   - **O que os motiva a participar de eventos?** Que tipo de experiências e resultados eles buscam?

2. **Entenda os desejos dos palestrantes:**

   - **Quem são os palestrantes que você deseja atrair?** Qual a área de expertise, reconhecimento e estilo de cada um?
   - **Por que eles se interessariam em participar do seu evento?** Que tipo de benefícios e reconhecimento eles buscam?
   - **O que os motiva a compartilhar seus conhecimentos?** Que tipo de público e plataforma eles desejam alcançar?

3. **Descubra as expectativas dos patrocinadores:**

   - **Quem são os patrocinadores ideais para o seu evento?** Qual o porte, segmento e público-alvo de cada um?
   - **Quais são seus principais objetivos de marketing e investimento?** Aumento da visibilidade, geração de leads ou relacionamento com o público-alvo?
   - **Que tipo de retorno eles esperam do seu evento?** Retorno sobre o investimento (ROI), visibilidade da marca ou leads qualificados?

4. **Desvende as necessidades dos expositores:**

- **Quem são os expositores ideais para o seu evento?** Qual o tipo de produto ou serviço que eles oferecem e qual o seu público-alvo?
- **Quais são seus principais objetivos ao participar do evento?** Vendas, geração de leads, relacionamento com o público ou lançamento de novos produtos?
- **Que tipo de resultados eles esperam alcançar?** Aumento das vendas, expansão da rede de contatos ou feedback do público?

Etapa 2: Explorando o Mapa da Concorrência

1. **Analise seus principais concorrentes:**

- **Quais eventos similares já existem no mercado?** Qual o público-alvo, formato e proposta de valor de cada um?
- **Quais são os pontos fortes e fracos de cada concorrente?** O que os diferencia e o que poderia ser aprimorado?
- **Como seu evento pode se destacar da concorrência?** Que valor único você pode oferecer aos seus públicos?

2. **Identifique as melhores práticas do mercado:**

- **Quais eventos são considerados os mais bem-sucedidos em seu segmento?** O que os torna tão especiais?
- **Quais são as estratégias de marketing e comunicação utilizadas por esses eventos?** Como eles atraem e fidelizam seus públicos?
- **Que elementos inovadores e diferenciais você pode incorporar ao seu evento?** Como se inspirar nas melhores práticas para se destacar?

Etapa 3: Definindo sua Proposta de Valor Única

1. **Reflita sobre o que torna seu evento especial:**
   - **O que torna seu evento único e diferente da concorrência?** Que características, experiências ou benefícios o diferenciam?
   - **Qual o valor tangível e intangível que você oferece aos seus públicos?** Que problemas você resolve, desejos você realiza e sonhos você concretiza?
   - **Por que alguém deveria escolher o seu evento em vez de outro?** Qual a sua proposta de valor única e irresistível?

2. **Comunique sua proposta de valor de forma clara e concisa:**

   - **Crie um slogan ou frase impactante que resuma sua proposta de valor.** Qual a mensagem principal que você deseja transmitir?
   - **Destaque os benefícios exclusivos que seu evento oferece a cada público.** Seja específico e demonstre como o evento atenderá às suas necessidades.
   - **Utilize uma linguagem clara, concisa e persuasiva.** Comunique-se de forma autêntica e conecte-se com o seu público em um nível emocional.

3. **Valide sua proposta de valor com seu público-alvo:**

   - **Realize pesquisas e testes com seus públicos-alvo.** Como eles percebem sua proposta de valor e se realmente gostam dela a ponto de colocarem a mão no bolso e pagar pelo evento. Essa é a pergunta de ouro da Proposição de Valor do seu Evento.

Veja cases, ebooks relevantes, opinião do expert e outras informações e dicas, acessando o QR Code no resumo deste capítulo.

A ENTREGA E O DESIGN DA EXPERIÊNCIA

> "As experiências virtuais precisam ser altamente intencionais e os planejadores precisam pensar no design centrado no ser humano. Tome todas as decisões através dos olhos de seu público."
>
> SURMONT, Beth.

Com a proposição de valor clara, bem como os demais passos indicados, esta etapa (figura 17) no na Metodologia Fast® envolve atividades muito relevantes para o design, como o engajamento.

Figura 17 - Entrega

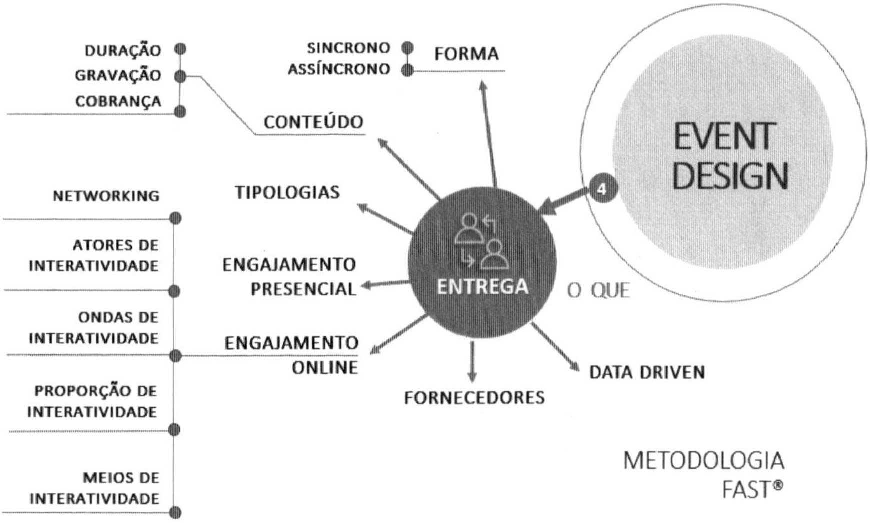

```
DURAÇÃO              SINCRONO
GRAVAÇÃO             ASSÍNCRONO      FORMA
COBRANÇA
                     CONTEÚDO
                                                    EVENT
NETWORKING           TIPOLOGIAS                     DESIGN

ATORES DE
INTERATIVIDADE       ENGAJAMENTO
                     PRESENCIAL    ENTREGA    O QUE
ONDAS DE
INTERATIVIDADE       ENGAJAMENTO
                     ONLINE
                                                DATA DRIVEN
PROPORÇÃO DE                    FORNECEDORES
INTERATIVIDADE

                                          METODOLOGIA
MEIOS DE                                  FAST®
INTERATIVIDADE
```

Para Naomi Crellin, do Storycraft Lab, há maneiras pelas quais os organizadores podem envolver os participantes desde o início e promover a inclusão:

Não se trata do que você está projetando, mas para quem e com quem você está projetando. Envolver o público alvo por meio de grupos focais, perfil do público e perguntas na inscrição, resultam em dados valiosos que fornecem uma linha de visão sobre quem aparecerá. E permitirá que você evolua o evento de acordo.

Como exemplificado em diversos capítulos neste livro, engajamento, networking e conteúdo de qualidade estão entre as demandas mais preciosas para os participantes de eventos. Para os dois primeiros, as diversas formas de entregar engajamento precisam ser utilizadas. E para todos eles é também essencial ter ferramentas ou metodologia de matchmaking que consiga identificar, de forma simples e fácil, as pessoas com características ou objetivos em comum entre elas, bem como temas e sessões da programação que estejam entre o conteúdo desejado.

Há diversas plataformas online que podem ajudar, mas também há metodologias como a desenvolvida por Naomi Crellin, da Storycraft Lab. Baseado nas respostas de questionário online, ela identifica o perfil de cada participante e os categoriza em grupos com as mesmas afinidades. A partir daí, podem ser desenvolvidas várias atividades para facilitar o networking ou a sugestão de sessões e atividades na programação que estejam mais adequadas ao perfil de cada um deles.

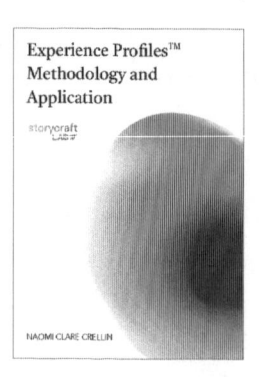

Para saber mais
Acesse o QR Code
para saber mais sobre a Storycraft Lab

FORMA - SÍNCRONO X ASSÍNCRONO

Está relacionada com o momento no qual os eventos híbridos e virtuais podem acontecer de forma síncrona ou assíncrona, ou seja, o momento da criação dos conteúdos pode estar acontecendo no mesmo momento da transmissão (síncronos) ou em momentos distintos (assíncronos). Segundo Souza,[1] Matheus:

> "Enquanto a comunicação síncrona refere-se ao contato imediato entre o emissor (quem envia a mensagem) e o receptor (quem recebe a mensagem), a comunicação assíncrona é atemporal. Ou seja, na comunicação assíncrona o emissor envia a mensagem, mas não necessariamente o receptor irá recebê-la imediatamente. Daí a importância de escrever bem e de forma clara."

Existem vantagens e desvantagens na operação de cada modelo e existem também os modelos de eventos híbridos quanto a sua sincronicidade. Por exemplo, quando um evento com uma programação de palestras é ofertado e o conteúdo das apresentações já foi gravado com alguns dias de antecedência. No entanto, o palestrante ainda assim pode comparecer somente para a sessão de perguntas e respostas. Essa modalidade ajuda e muito os organizadores a manterem o cronograma dentro do tempo planejado.

Os eventos síncronos possuem um engajamento maior, pois a plateia percebe que todas as interações estão acontecendo em tempo real. No entanto, o risco de alguma falha técnica acontecer é muito maior, pois equipamentos, plataformas e conectividade devem estar funcionando harmonicamente naquele momento específico.

Os eventos assíncronos são aqueles onde as palestras e até interações do apresentador, presencial ou virtual) são gravadas previamente e no horário

---

1 SOUZA, Matheus. Comunicação assíncrona no trabalho remoto: escrever bem nunca foi tão importante. - https://www.linkedin.com/pulse/comunica%C3%A7%C3%A3o-ass%C3%ADncrona-trabalho-remoto-escrever-bem-nunca-de-souza acesso em 06/07/21.

do evento, a infraestrutura deve apenas fazer o playback dos conteúdos. Sessões de perguntas e respostas podem acontecer assincronamente também, por e-mail, por exemplo (figura 18)

Figura 18 - Evento síncrono e assíncrono

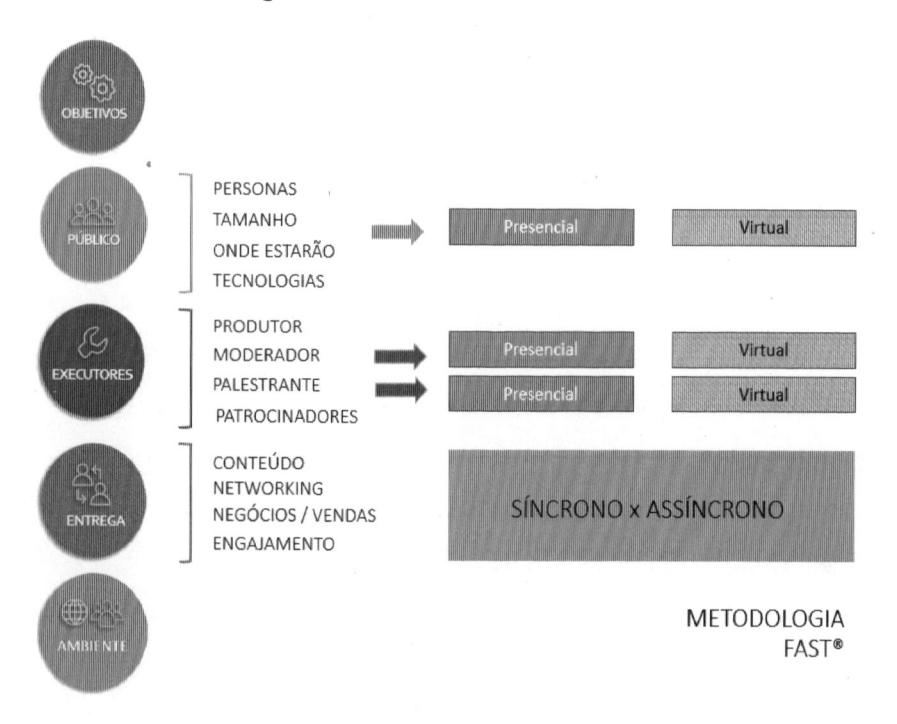

METODOLOGIA FAST®

Envolver os participantes em reuniões virtuais é mais difícil e requer criatividade e tecnologia de eventos, como o uso dos aplicativos de eventos acessíveis pelo celular.

O TechCrunch Disrupt[2] é um evento voltado para a apresentação de novidades corporativas relacionadas aos setores de empreendedorismo, tecnologia e jogos eletrônicos. Foi realizado em outubro/2022 durante 3 dias presencialmente, mas a versão online aconteceu apenas um dia depois.

Veja cases, ebooks relevantes e outras informações e dicas, acessando o QR Code no resumo deste capítulo.

CONTEÚDO

É como você apresenta o conteúdo que faz a diferença. Conteúdo que conecta os participantes ou faz com que se sintam parte do evento é o futuro dos eventos."

Julius Solaris[3]

Como já citado anteriormente, o que é entregue no evento presencial não pode ser o mesmo que o evento virtual. O conteúdo é o primeiro pilar de sustentação de um evento realizado em qualquer ambiente. E ganha destaque especial quando o evento é híbrido ou virtual. O questionamento do profissional neste item está direcionado em saber que tipo de conteúdo será oferecido, além da clareza em responder também porque as pessoas se interessariam por ele a ponto de optarem por estar no evento.

Uma das diferenças mais cruciais na escolha do conteúdo de um evento virtual, quando comparado com os eventos presenciais, é que ele deve oferecer experiência digital através de conteúdo rico e de alta qualidade e com

---

2 https://techcrunch.com/2022/10/21/view-select-techcrunch-disrupt-content-online-today/ acesso em 21/10/22

3 https://www.linkedin.com/posts/juliussolaris_keynotebreakout-is-dead-the-future-is-activity-7234223933653204993-pTD_?utm_source=share&utm_medium=member_desktop acesso em 28/08/24

flexibilidade no consumo pelo público, que escolhe quando e como irá consumi-lo (figura 19).

Figura 19 - Conteúdo e Tipologias

```
                    DURAÇÃO
                    GRAVAÇÃO
GRATUITO / PAGO     COBRANÇA        CONTEÚDO

                            O QUE

        TIPOLOGIAS
                            ┌──────┐
                            │ENTREGA│
        METODOLOGIA         └──────┘
           FAST®
```

As gerações que estão no mercado de trabalho e também as que estarão entrando em breve, como a Alpha, pedem experiência, engajamento e participação ativa no evento. O conteúdo é uma delas. Ao envolvê-lo na cocriação, nas mais variadas possibilidades e momentos do seu evento, ele se sentirá parte importante dele.

A geração Z personifica o conceito de "cultura da autoeducação", na qual a aprendizagem acontece de forma autodidata e com conteúdo de aplicação imediata: as pessoas aprendem o que precisam, quando precisam, focando em como aplicar esses conhecimentos diretamente no dia a dia, sem a necessidade de memorizar teorias ou conceitos que talvez nunca utilizem[4]. Esta forma diferenciada de consumir conteúdo impacta de forma direta o event design para este público e deve ser observada na escolha do conteúdo e de como ele é entregue.

Outro aspecto relevante é definir se o conteúdo será pré-gravado ou ao vivo. Considere pré-gravar as apresentações, em especial se verificar que o palestrante fica inseguro ou desconfortável na frente das câmeras. Isso garantirá maior qualidade do conteúdo e que o cronograma de duração seja respeitado e o palestrante estará livre para interagir com a audiência ao

---

4   GRAU, Renato. A revolução do aprendizado: tecnologia, engajamento e novos caminhos.

vivo, respondendo perguntas no chat ou apresentando outros dados sobre o conteúdo.

O conteúdo gravado do chat oferece rico material tanto para organizadores quanto para participantes. Se avisar logo aos participantes que o material será gravado e disponibilizado, ajudará muito a descongestionar o chat destas inevitáveis perguntas.

Os conteúdos pré-gravados podem ser feitos em estúdio ou em locações (até na casa ou empresa do palestrante). A vantagem da gravação em estúdio está na alta qualidade da gravação e da edição do vídeo antes da transmissão. Já estão disponíveis no mercado nacional e internacional várias ferramentas para engajamento e networking. São várias opções disponíveis ao profissional de eventos para escolher a que oferece melhor custo x benefício. Leia algumas delas no capítulo 5 sobre plataformas digitais.

Oferecer o conteúdo on demand após o término do evento é uma forma de estender o evento no tempo além da sua realização, fidelizar os participantes, aumentar a visualização do conteúdo e aumentar receitas.

Mais do que nunca, o conteúdo é a espinha dorsal do evento (veja gráfico 25) É o que atrai e retém o participante é aquele que tem muita qualidade e relevância, além de ser apresentado de forma engajadora e envolvente, seja no ambiente presencial, quanto no virtual.

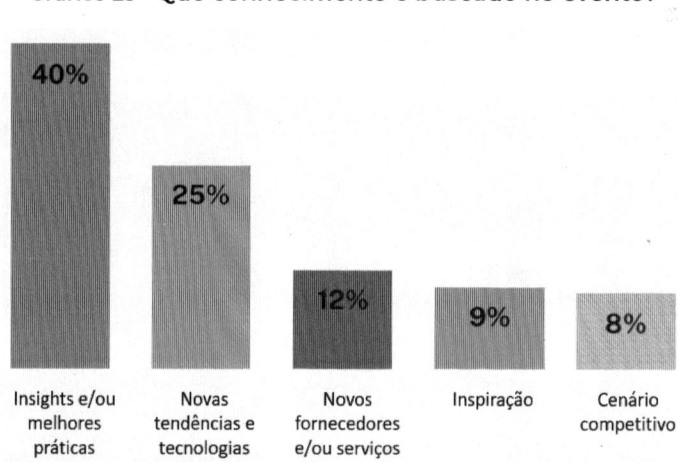

Gráfico 25 - Que conhecimento é buscado no evento?

- Insights e/ou melhores práticas: 40%
- Novas tendências e tecnologias: 25%
- Novos fornecedores e/ou serviços: 12%
- Inspiração: 9%
- Cenário competitivo: 8%

Fonte: The virtual attendee learning report: how virtual attendees engage with content n a hybrid world - https://welcome.bizzabo.com/reports/virtual-attendee-learning-report

Para atender ao público diversificado do evento híbrido, Cleary e Colston[5] recomendam:

- **Palestrantes e clientes experts** – escolha especialistas reconhecidos e renomados de assuntos relevantes e credíveis e ofereça cases de clientes explorando tópicos mais avançados e as dores do seu setor.
- **Alinhamento com as necessidades dos participantes** – saber o que querem escutar durante o evento para então determinar tópicos, palestrantes relevantes, KPIs relevantes, momento, formato e estrutura do conteúdo a ser entregue.
- **Networking** – Estruture o antes, durante e o pós evento para estimular comunicação e troca de conteúdo entre pares.
- **Assegure que funcione para as duas audiências** – além de alta qualidade e criativo, o conteúdo deve agregar valor ao aprendizado e ser veículo para conexão com os demais participantes.
- **Ofereça conteúdo mais curto** - no virtual a atenção é muito mais dispersa que no presencial. Adeque a duração das sessões e do evento, reduzindo-a. Os recursos de tecnologia devem suprir conteúdos adicionais complementares. O conteúdo também deve ser conciso, ofertado em blocos curtos e facilmente palatáveis, uma vez que a concentração do participante durante uma transmissão online é muito mais fraca e qualquer distração pode tirá-lo do foco do evento. Por isso, o conteúdo do evento digital precisa ser muito relevante, entregue de diferentes maneiras, em sessões com formatos variados e em blocos com menor duração do que no presencial e oferecendo momentos interativos entre as sessões.

---

5   DeVRIES, Henry, Find New Clients at surging in-person and hybrid events. https://www.forbes.com/sites/henrydevries/2022/09/27/find-new-clients-at-surging-in-person-and-hybrid-events/?sh=307c9ac847c9 / COLSTON, Paul. Why content is king When it comes do hybrid events - https://www.c-mw.net/why-content-is-king-when-it-comes-to-hybrid-events/. ambos acesso em 15/07/21

O conteúdo do evento digital precisa ser muito relevante, entregue de diferentes maneiras, em sessões com formatos variados, em blocos com menor duração do que no presencial e oferecendo momentos interativos entre as sessões.

Obtenha feedback em tempo real que forneça insights sobre o nível de engajamento e da retenção e aprendizado e estimule a conversa bidirecional. Embora a duração das sessões precise ser bem menor que no presencial, a duração total do evento digital pode ser de vários dias, de uma ou várias semanas, com duas ou mais horas a cada vez. Leia mais sobre evento assíncrono e síncrono no item Forma, no capítulo 5.

Considerando que a maioria quase absoluta dos participantes remotos assistem sozinhos ao evento, quanto mais opções de contatos áudio e visuais e de interação de mão dupla (evento x participante x evento ou participante com participante) forem oferecidas, maior será o envolvimento dos participantes com o evento.

Por isso, os fatores ideais que podem gerar o melhor equilíbrio entre duração e engajamento no híbrido e virtual residem em oferecer conexão de áudio e vídeo de alta qualidade, aliada à interações frequentes e durante toda a programação.

Nestes eventos com grande audiência e orçamento, a melhor solução está na criação e geração de conteúdo rico, elaborado e preparado especialmente para o híbrido. A solução com melhor custo x benefício é a de criar estudo no local do evento para realizar show temático duas vezes ao dia, 1:30h cada, dentro do evento presencial apenas para os participantes remotos, mostrar um tema específico (introduzir o tema e discorrer sobre ele), entrevistar o palestrante presencial e mostrar partes do evento fora do ambiente das palestras, que ele não consegue acessar.

A escolha e uso do conteúdo também está condicionada à geração e utilização do conteúdo live, on demand ou ambos. A entrega e distribuição do conteúdo digital pode ser feito em três formatos:

- Conteúdo ao vídeo (*Live streamed content*)
- Conteúdo pré-gravado (pre-recorded content) -
- Conteúdo on-demand (on-demand content) - A gravação de um evento também pode ser utilizada em outros eventos e/ou ações posteriores como oferta ou on demand. Veja conteúdo complementar no **capítulo 8** que mostra formas de monetização.

As receitas que podem ser obtidas com o conteúdo oferecido pós-evento podem ser maximizadas se observadas dicas simples como as indicadas por Dahlia El Gazzar[6]:

- **Conteúdo em micro doses** - divulgue os destaques do evento, dividido em partes e tópicos específicos.
- **O tesouro escondido no chat** - as contribuições dos participantes nas discussões dos chats possuem conteúdo e insights preciosos.
- **Relatório sobre o mercado** - os dados obtidos serão trabalhados por analista e oferecido relatório pago aos profissionais da área.

A cauda longa do conteúdo compartilhado no digital também traz benefícios para os palestrantes, tanto no melhor retorno financeiro, quanto na promoção pessoal, institucional e de produtos ou serviços. Desta forma, também ganha importância no design do evento digital sobre a forma da distribuição do conteúdo.

Também é essencial cuidar dos direitos autorais para conteúdos online.

- **PROGRAMAÇÃO, FORMATO E DATA**

Definir o melhor formato do evento, suas dinâmicas, seus atrativos e a programação como um todo, talvez seja o coração de todo o processo. Essa tarefa deve ser feita com todo cuidado e da forma mais profissional possível. O objetivo final é fazer os participantes se sentirem conectados ao evento e assim ser considerado como um acontecimento muito relevante para sua vida profissional e pessoal.

---

6 https://snoball.events/sevinar/3-strategies-to-monetize-content-post-event/ acesso em 07/08/22

Como essa tarefa é uma das mais cruciais para o sucesso ou fracasso do evento, é altamente recomendável que se use técnicas de online meeting design como a Metodologia FAST®, criada pelos autores deste livro, a técnica de event design, o *event experience mapping* (mapeamento da experiência do evento) ou o *Event Canvas*.

Estes métodos oferecem o desenvolvimento de eventos que mantêm a audiência engajada e evitam a dispersão. Quantos eventos você já participou e identificou falhas em sua execução, algumas delas bem básicas (que não deveriam estar acontecendo) e outras mais críticas, aquelas colocam em xeque até a competência dos organizadores? Certamente muitos! Geralmente acontecem por falta de processos de event design no momento da concepção do evento, que impactam diretamente na qualidade da sua produção, execução e/ou operação.

Com os objetivos e as personas como referências norteadoras, outros aspectos podem ajudar você no design:

1. **Escolha da sessão ou atividade**
   Um dos fatores que destaca seu evento de outros, reside em ser criativo e usar programação e formatos diversos, oferecendo conteúdo diferenciado (de alta qualidade) e envolto em várias camadas de engajamento e networking.

2. **Conteúdo**
   O tipo de conteúdo que será entregue é um forte componente para a escolha do formato, a programação e os palestrantes, bem como se ele será ao vivo, pré-gravado, virtual ou híbrido e assim sendo, ofertado por streaming ou on demand. Este pode ser uma boa solução para palestrantes localizados em continentes opostos a onde moram a maioria dos participantes e a direção do evento. Tanto para ter um plano B no caso de dificuldades no streaming. Considere ainda oferecê-lo por áudio ao invés de apenas por vídeo. Veja mais informações sobre isso no item Conteúdo e Temas neste capítulo.

3. **Duração**
   Também é um componente essencial para os eventos virtuais que a duração de cada sessão seja bem menor que no presencial, além

delas serem intercaladas com atividades de engajamento. A criação da experiência do evento híbrido é muito mais trabalhosa que o design de eventos presenciais, mas é a chave para conseguir que haja adesão e envolvimento. Ou seja, usar ao máximo os recursos de tecnologia para que os participantes possam ver e escutar uns aos outros no hub presencial que estão e também intercalando ações e atividades com os participantes dos outros hubs.

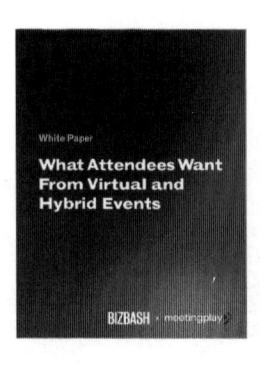

Para saber mais
O que os participantes querem de eventos virtuais e híbridos?

Quando incluída a opção de on demand (VOD), 46% preferem a disponibilização do conteúdo ideal é de 3 meses e evento de 1 a 2 dias (gráfico 26).

Gráfico 26 - Duração do evento e das sessões - proposta de valor

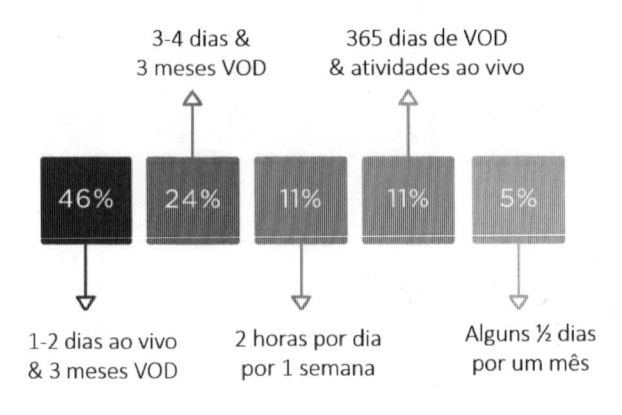

46%	24%	11%	11%	5%
1-2 dias ao vivo & 3 meses VOD	3-4 dias & 3 meses VOD	2 horas por dia por 1 semana	365 dias de VOD & atividades ao vivo	Alguns ½ dias por um mês

Fonte: Healthcare professionals on virtua events[7]

---

7   2021-Kenes-Helthcare ON Virtual Events Survey-Results - https://kenes-group.com/healthcare-professionals-on-vi

4. **Engajamento e networking**

    Crie várias situações e oportunidades que estimulem o debate de ideias e facilitem a discussão. Ao pedir opinião ou ação do participante, ele se sente parte do evento e não mais excluído. Esta tarefa no ambiente digital é muito mais trabalhosa que o design de evento presencial, mas é a chave para conseguir que haja adesão e envolvimento. Quando no formato do multi-hub meeting (ver sobre esta tipologia no **capítulo 3**, elaborar sessões que envolvam palestrantes de vários hubs interagindo entre eles. Neste caso, a atuação do moderador dedicado online é essencial e crucial para o seu sucesso.

    Elaborar e disponibilizar guia escrito ou em vídeo para os participantes explicando sobre o evento, a programação, como acessar o evento e as sessões e quais serão as ferramentas disponíveis. Uma iniciativa que os fará mais confortáveis e descontraídos, é abrir a plataforma um pouco antes do horário e começar a interagir com os participantes na medida que entram na sala virtual.

    Por todos os aspectos já levantados sobre a importância do engajamento e do networking, aliado ao conteúdo relevante, o uso de dinâmicas na elaboração da programação do evento digital pode ter grande significado no sucesso do evento digital, seja criando oportunidades para discussão ou debate de ideias, seja estimulando o networking. Veja o livro de Vanneste indicado no ao final deste capítulo e o item Engajamento neste capítulo para mais conteúdo.

5. **Fuso horário**

    Este é um poderoso complicador na elaboração da programação de um evento digital. Quando organizados apenas para dentro do território nacional ou de um mesmo fuso horário, este quesito tem pouco peso. Entretanto, quanto mais ampla for a abordagem geográfica que o evento digital terá, maior cuidado e atenção ele demanda. Em outras palavras: quanto maior a abrangência geográfica a ser coberta, maior também será o fuso horário dos participantes. Vanneste[8] sugere aplicar a Regra das 12 horas:

> A duração do programa em conjunto + a diferença de fuso horário, não deve ser superior a 12 horas. Portanto, se você fizer um programa conjunto de 4 horas, a diferença do fuso horário não pode ser superior a oito horas (4 + 8 = 12). Se você deseja fazer um programa de oito horas, o fuso horário pode ser de, no máximo, duas horas.

Consequentemente, este evento demandará cuidado ainda maior na definição da programação, duração e ordenação de prioridade das palestras, assim como outros cuidados para permitir a maior participação possível da audiência que pode estar localizada em vários continentes diferentes.

6. Inclusão

Pela sua grande complexidade e envolvimento em todas as etapas do event design, produção e entrega de um evento, a sustentabilidade e o ESG não serão detalhados neste livro. Como as ferramentas de IA podem facilitar muito a inclusão dos participantes, chamamos a sua atenção para que entre as tendências de eventos inclusivos destacam-se:

- **Multilinguas** - eventos com materiais em diferentes idiomas
- **Espaços dedicados** - locais dedicados ao bem-estar e respeito à diversidade e necessidades específicas como mães em lactação, quiet rooms, etc.
- **Serviços inclusivos e acessíveis** - asseguram deslocamento para os que têm limitação de mobilidade, oferece linguagem de sinal, respeita restrições alimentares por religião ou alergias, etc.

---

8   VANNESTE, Maarten. Multi Hub Meeting: when groups meets groups. Belgium : 2018, Meeting Support Institute

- **Pertencimento** - criando ambientes onde o participante se sente valorizado, aceito e conectado com os demais,

Já é um terreno sem volta a fusão da IA (veja o **capítulo 2** - Robôs e IA para eventos) com a acessibilidade e a promoção da inclusão na superação de barreiras sensoriais, cognitivas e físicas através de:

- Assistentes virtuais,
- Tecnologia de reconhecimento de voz,
- Tradutores automáticos,
- Ferramentas de conversão de texto em fala ou linguagem de sinais,
- Transcrição e legendagem, etc.

Veja cases, ebooks relevantes, opinião do expert e outras informações e dicas, acessando o QR Code no resumo deste capítulo.

TIPOLOGIAS

As tipologias mais utilizadas no digital estão detalhadas no capítulo 3 - Como o formato dos eventos evoluiu e evoluirá. Consulte o livro Manual Prático de Eventos para ter dezenas de tipologias.

ENGAJAMENTO

O primeiro passo é buscar compreender profundamente sobre quais são os objetivos corporativos, os aspectos mais importantes do seu evento e o perfil das personas do seu evento, como indicado na figura 20. Só então se inicia o event design e a criação da experiência presencial, virtual ou híbrida. Defina que tipo de experiência e envolvimento deseja oferecer para somente depois procurar nas atividades e ferramentas.

Figura 20 - Visão geral do engajamento

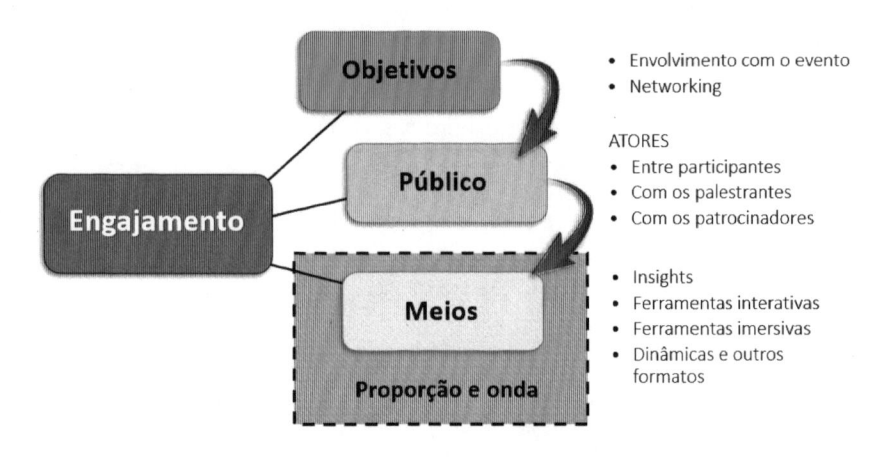

```
                    ┌─────────────┐
                    │  Objetivos  │
                    └─────────────┘
                          │
┌──────────────┐    ┌─────────────┐       • Envolvimento com o evento
│              │────│   Público   │       • Networking
│ Engajamento  │    └─────────────┘
│              │                           ATORES
└──────────────┘    ┌─────────────┐       • Entre participantes
                    │    Meios    │       • Com os palestrantes
                    └─────────────┘       • Com os patrocinadores
                  Proporção e onda
                                          • Insights
                                          • Ferramentas interativas
                                          • Ferramentas imersivas
                                          • Dinâmicas e outros
                                            formatos
```

O engajamento é fundamental em qualquer ambiente onde o evento for realizado. Mas há diferenças significativas como ela é planejada e executada em cada um deles.

Podemos considerar que engajamento é o mesmo que energia, interatividade e retenção dos participantes. Desta forma, o engajamento em eventos é o resultado do esforço realizado para que os participantes sejam cativados e motivados a se envolver cada vez mais com o evento. Um participante engajado é aquele que está ativo, feliz e satisfeito com a experiência obtida e que promove de forma espontânea o evento.

O objetivo do engajamento é fazer os participantes se sentirem parte ativa e relevante do evento.

Ou seja, para alcançar este estado de envolvimento dos participantes podem ser utilizadas inúmeras e diferentes ferramentas, metodologias e ações nas etapas de pré, durante e pós evento. O networking é uma das mais valorizadas por marcas e participantes nos eventos corporativos, como mostra a figura 21. Ela contém o diagrama do mapeamento detalhado do engajamento no evento digital. Cada aspecto indicado será descrito detalhadamente a seguir neste capítulo. Ela faz parte da Metodologia FAST®, criada pelos autores para oferecer aos profissionais de eventos, uma ferramenta de *online design meeting* que fosse fácil e rápida de ser utilizada.

Também podem ser identificados os vários componentes que fazem parte da estratégia de engajamento a ser utilizada nos eventos virtuais e híbridos, como os atores, as ondas, a proporção e os meios de interatividade, descritos em detalhes neste capítulo.

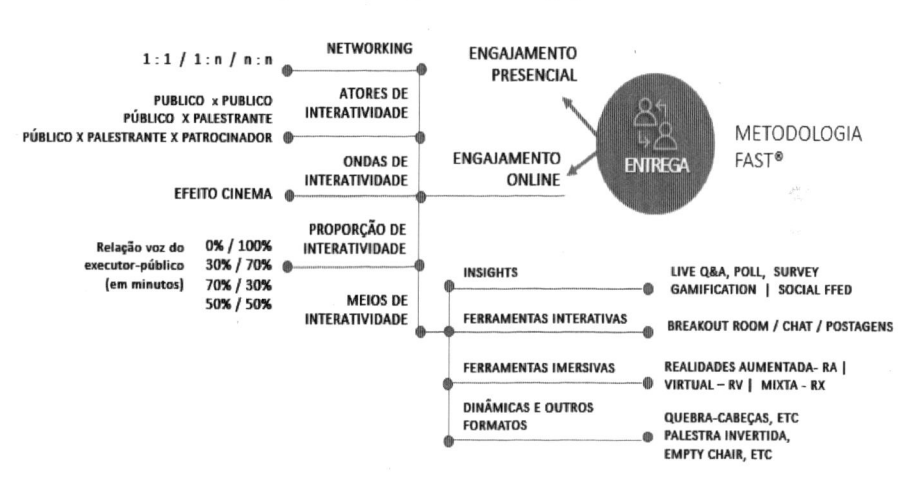

Figura 21 - Diagrama do engajamento

Relação	Valores	Componente	Categoria	Ferramentas/Exemplos
1:1 / 1:n / n:n		NETWORKING	ENGAJAMENTO PRESENCIAL	
PUBLICO x PUBLICO / PÚBLICO x PALESTRANTE / PÚBLICO x PALESTRANTE x PATROCINADOR		ATORES DE INTERATIVIDADE		METODOLOGIA FAST®
EFEITO CINEMA		ONDAS DE INTERATIVIDADE	ENGAJAMENTO ONLINE	ENTREGA
Relação voz do executor-público (em minutos)	0% / 100% / 30% / 70% / 70% / 30% / 50% / 50%	PROPORÇÃO DE INTERATIVIDADE		
		MEIOS DE INTERATIVIDADE	INSIGHTS	LIVE Q&A, POLL, SURVEY / GAMIFICATION / SOCIAL FEED
			FERRAMENTAS INTERATIVAS	BREAKOUT ROOM / CHAT / POSTAGENS
			FERRAMENTAS IMERSIVAS	REALIDADES AUMENTADA- RA / VIRTUAL – RV / MIXTA - RX
			DINÂMICAS E OUTROS FORMATOS	QUEBRA-CABEÇAS, ETC / PALESTRA INVERTIDA, EMPTY CHAIR, ETC

As atividades e forma de engajamento podem ser conceituadas como o incentivo à ação utilizando toda e qualquer ferramenta que estimule participação ativa dos participantes, criando espaços colaborativos para troca de contatos, ideias, notícias ou negócios, estimulando discussões ou testando conhecimentos, entre outras opções.

Como os seres humanos têm natureza competitiva o uso de instrumentos de competição cujos resultados reverterão em prêmios de diferentes valores (brindes, certificados, selos, etc.) para estimular a interação, a criatividade, o teste de conhecimentos, o envolvimento dos participantes e vários outros objetivos pré-definidos para o seu evento. Vale para qualquer fase do evento.

Para promover o engajamento, o organizador do evento deve criar:

- Um evento espetacular, com conteúdo excepcional,
- Oportunidades claras e fáceis para os participantes se envolverem em todas as fases do evento e
- Formas de tornar o evento divertido.

**Engajamento
é o grau em que os participantes
estão totalmente envolvidos e cativados pelo evento.**

Para Heijkoop[9], nos eventos híbridos o engajamento:

- É a escada ascendente de plano de comunicação personalizado para o participante remoto e presencial.
- O primeiro degrau está em ofertar conteúdo que as pessoas realmente se interessam em ver, ter e fazer parte.
- Na fase de promoção e divulgação do plano de comunicação personalizado para o online, o foco está em gerar a maior quantidade possível de live views.
- No evento híbrido e online, as 48 horas que antecedem à sua realização são essenciais para estimular o participante a dar o impulso definitivo para a decisão definitiva de confirmar e participar.
- Quando o evento online estiver no ar programe ao longo da duração, tempo suficiente para que as pessoas consigam interagir entre elas e com o evento, formulando perguntas, escutando outras perguntas e se inspirando nelas para fazer as suas.

---

9   How to organize engaging virtual event - https://www.youtube.com/watch?v=1cqj0ruaaXY

Na pesquisa realizada pela Markletic[10] entre os profissionais do mercado sobre os eventos virtuais, o engajamento do público é o maior desafio seguido da interação. Outros pontos identificados:

- 49% dizem que o envolvimento do público é o maior fator que contribui para o sucesso de um evento.
- Apenas 30% dos organizadores de eventos enviam brindes aos participantes.
- 81,8% usam a pesquisa de eventos para melhorar a interação.
- 71% dos profissionais de marketing usam pesquisas para garantir que seu público não perca a atenção.
- 61% dos profissionais de marketing usam vídeos como um elemento interativo para manter as pessoas engajadas.

Pesquisa Bizzabo[11] apontou que o principal objetivo na realização dos eventos virtuais está no relacionamento, educação e retenção dos participantes (55%), seguido do engajamento (51%), a consciência da marca dos produtos ou da empresa (49%), a construção de comunidades (46%) e a geração de receita das inscrições ou patrocínio (33%).

Quando definidos os KPIs que mensuram o sucesso, o engajamento domina absoluto, com 80% da preferência (gráfico 27)

O capítulo 6 - Escolhendo as melhores ferramentas para o evento do século 21, sobre plataformas digitais, mostra quais são as opções mais utilizadas para o engajamento nos eventos virtuais.

Veja cases, ebooks relevantes, opinião do expert e outras informações e dicas, acessando o QR Code no resumo deste capítulo.

---

10 https://www.markletic.com/blog/virtual-event-statistics/ acesso em 03/09/20
11 Bizzabo Event Outlook Report - https://welcome.bizzabo.com/post-covid-19-event-outlook-report 16/07/20 pag 15 e 16

Gráfico 27 - KPIs usados na mensuração do evento virtual

KPIs usados na mensuração do sucesso do evento virtual

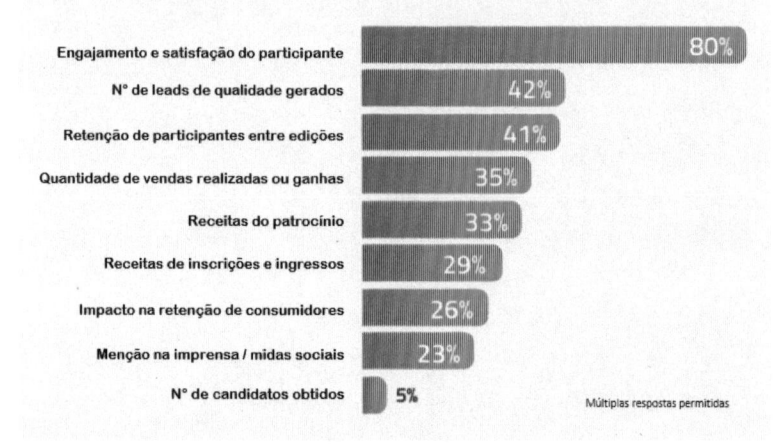

- Engajamento e satisfação do participante: 80%
- N° de leads de qualidade gerados: 42%
- Retenção de participantes entre edições: 41%
- Quantidade de vendas realizadas ou ganhas: 35%
- Receitas do patrocínio: 33%
- Receitas de inscrições e ingressos: 29%
- Impacto na retenção de consumidores: 26%
- Menção na imprensa / mídias sociais: 23%
- N° de candidatos obtidos: 5%

Múltiplas respostas permitidas

Fonte: Bizzabo Event Outlook Report - https://welcome.bizzabo.com/post-covid-19-event-outlook-report 16/07/20 pag 15 e 16

O gráfico 28 mostra os maiores desafios.

Gráfico 28 - Maiores desafios no planejamento de eventos virtuais

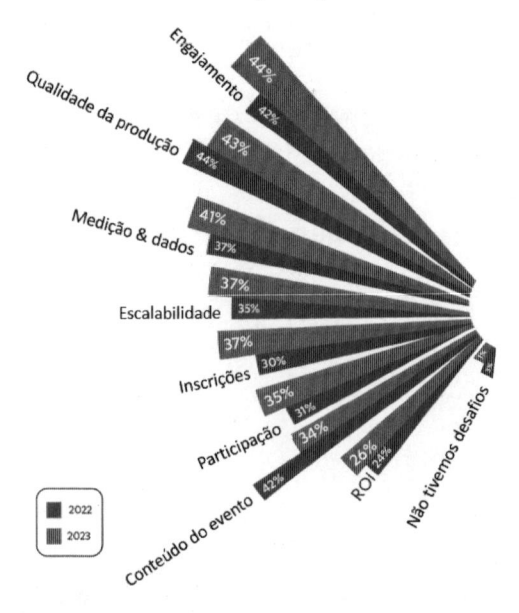

- Engajamento: 44% / 42%
- Qualidade da produção: 43% / 44%
- Medição & dados: 41% / 37%
- Escalabilidade: 37% / 35%
- Inscrições: 37% / 30%
- Participação: 35% / 31%
- Conteúdo do evento: 34% / 42%
- ROI: 26% / 25%
- Não tivemos desafios: 8%

2022
2023

Fonte: The state of events 2024 survey report, Kultura

No digital, menos é mais.
Sarah Michel

O digital demanda experiências construídas considerando as necessidades específicas do participante virtual, que são diferentes daquele que vai ao evento presencial. Destaque importante recai na atenção do primeiro, que é muito fugaz, por ser disputada acirradamente por todas as distrações digitais disponíveis ao alcance de um clique.

Aliado a este aspecto e pelo tempo ser o principal commodity do evento digital, as decisões precisam ser pontuais e certeiras e devem considerar também a diversidade de opções sequenciais de curta duração. A cobertura de ações e atividades de engajamento no digital ficarão mais ricas e eficazes quando pensadas e produzidas ao longo das três fases do evento (pré, durante e pós-evento) e intercaladas com o ao vivo e on demand/gravadas.

Toda e qualquer decisão inteligente de engajamento no evento digital passa, obrigatoriamente, pelo profundo conhecimento das personas e do seu público prospect (ou potencial) e o ativo.

NETWORKING

A palavra network é originária da língua inglesa e a contração das palavras 'net' que significa rede e 'work' que é traduzido como trabalho. A adição da terminação 'ing' dá movimento a este contexto, indicando o ato de criar e cultivar rede de relacionamentos ou de contatos reunidos para troca de informações e conhecimentos profissionais.

Encontrar novos contatos, construir ou estreitar relacionamento, ganhar conhecimento e compartilhar informações com pessoas que têm os mesmos interesses, constituem a essência do networking corporativo.

Pesquisa Bizzabo também apontou que, apesar de estarem entre os mais desejados pelos participantes, o engajamento e o networking são os aspectos mais desafiadores de adaptar do presencial para o virtual pelos entrevistados (32% para cada item).

Este resultado também pode ser encontrado em outras pesquisas, como a do EventMB[12], que apontou o engajamento e o networking entre os maiores desafios na realização de eventos virtuais.

- **A ESTRATÉGIA DO ENGAJAMENTO**

Definitivamente, o engajamento no evento virtual não consegue ser obtido pela cópia direta do evento presencial no ambiente digital. Precisa ter design elaborado especificamente para o digital, observando todas as suas características. E no planejamento do público e de sua experiência, desenvolva um plano específico para o engajamento. No evento digital, o pivô central do engajamento está ancorado em oferecer maneiras do participante remoto se sentir parte do evento, simulando e estimulando-o para que ele não se sinta um participante de 2a categoria por estar à distância.

Qual é o espírito e ritmo desejado para o evento? Que público será o foco desta estratégia de engajamento? São perguntas essenciais que servirão de guia para as definições dos objetivos e do que deverá ser feito em todas as fases do evento realizado em qualquer ambiente.

Como já relatado, o engajamento dos participantes está entre os principais objetivos de todo profissional de eventos, mas também é uma das maiores dificuldades encontradas, em especial dos participantes virtuais e híbridos.

Dois estudos da Microsoft trazem significativos insights para orientar os profissionais de eventos sobre a entrega de conteúdo e os cuidados com o engajamento sobre a atenção humana.

O primeiro deles apontou que, entre 2000 e 2015, o tempo médio de atenção caiu de 12 segundos para 8 segundos. Esta queda pode ser o resultado da adaptação das atividades do cérebro e efeito colateral para o intenso uso do celular e da internet. Estamos na "*Age of the goldfish*"[13], ou na Era do Peixinho Dourado, pois a nossa atenção é menor que a deste peixe, que é de cerca de 9 segundos.

---

12 State of the Event Industry Survey Q2 2021

13 Learning in the age of the goldfish. https://insights.ehotelier.com/announcements/2020/11/30/learning-in-the-age-of-the-goldfish/ Acesso em 12/08/24

Os dados podem muito bem ser o novo petróleo, mas na economia digital, a atenção é o recurso mais escasso[14].

Esta era é marcada pelo ser hiper conectado e multitarefa, que abre e usa inúmeras abas no browser e assiste TV e acessa simultaneamente outro device, como celular e tablet. Entre outras consequências estão a mudança da duração (drops curtos de conhecimento) e no formato do aprendizado, o intenso uso e dependência dos celulares, o acesso à informação através de diferentes acessos e a qualquer horário.

Entre as soluções para conseguir engajar este público arisco estão os vídeos curtos, que passaram a ser mais desejados que os textos (preferência de 59%[15] dos executivos) e a gamificação que usa sistema de níveis e pontuação para incentivo.

Outro estudo liberado em abril/2021 pelo Laboratório de Fatores Humanos da Microsoft[16] explica parte do fenômeno conhecido como "*Zoom fadigue*" ou "Fadiga do Zoom" e oferece algumas dicas para ajudar nesta tarefa.

A figura 22 mostra o cérebro humano quando precisa entrar e sair de reuniões virtuais consecutivas e com intervalo entre elas. Comprovou que quando há período entre elas, os padrões de ondas cerebrais apresentam níveis positivos de assimetria alfa frontal, que corresponde a maior foco e engajamento. Ou seja, há redução das atividades das ondas beta, associadas ao stress.

Os principais resultados foram:

1. O acúmulo de stress é reduzido quando há intervalos entre as reuniões
2. Reuniões sequenciais diminuem a concentração e engajamento
3. A transição entre as reuniões sem intervalo é fonte de stress

---

14 The Economy attention report. https://www.dentsu.com/attention-economy
15 http://blog.hubspot.com/marketing/video-marketing-statistics?#sm.0000ox2lx5lihdjkt1d10i6on1u8m acesso em 12/08/24
16 https://news.microsoft.com/pt-br/relatorio-de-atuacao-investigacao-do-cerebro/ acesso em 20/04/2021

Figura 22 - Funcionamento do cérebro

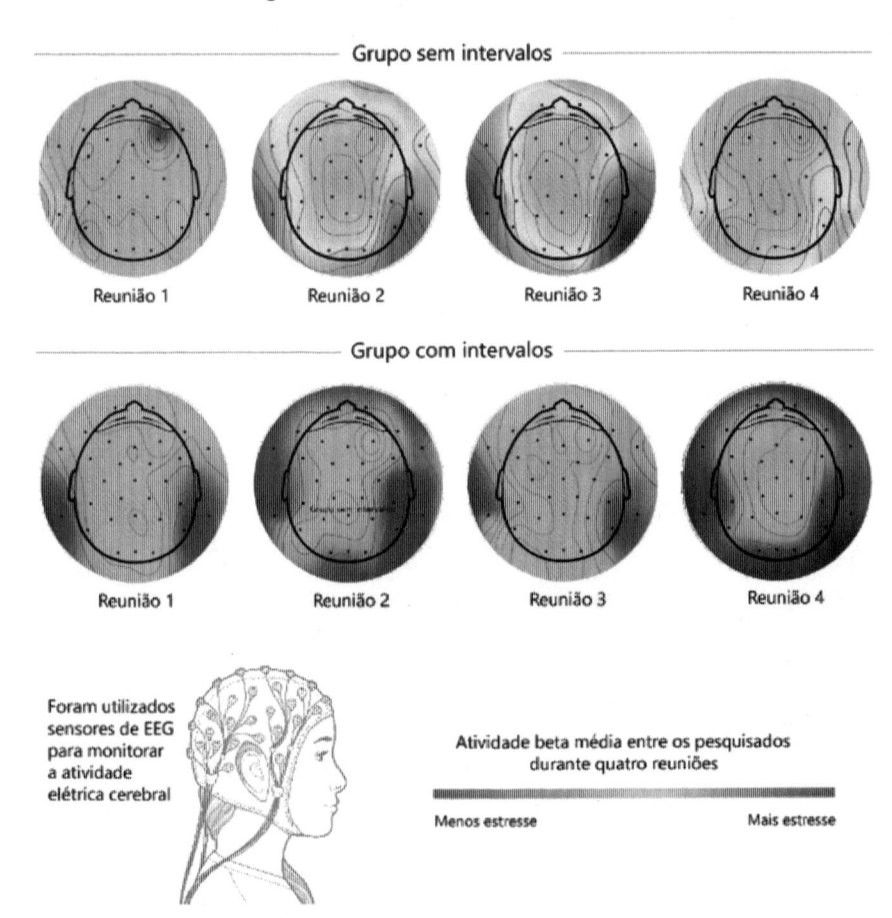

— Grupo sem intervalos —

Reunião 1 Reunião 2 Reunião 3 Reunião 4

— Grupo com intervalos —

Reunião 1 Reunião 2 Reunião 3 Reunião 4

Foram utilizados sensores de EEG para monitorar a atividade elétrica cerebral

Atividade beta média entre os pesquisados durante quatro reuniões

Menos estresse   Mais estresse

Ilustração de Kate Francis

Fonte - Pesquisas comprovam que o cérebro precisa de intervalos - https://news.microsoft.com/pt-br/relatorio-de-atuacao-investigacao-do-cerebro/ acesso em 20/04/2021

Se adaptadas para o mercado de eventos, as estratégias indicadas pelos estudos para atenuar este quadro de desatenção, em especial no virtual, são:

1. **Coloque intervalos na programação** – Facilite ao participante ter breaks entre as sessões
2. **Qualidade sobre quantidade** – somente conteúdo e entretenimento de alta qualidade conseguem reter a atenção.
3. **Formatos diferenciados e duração reduzida** – Use formatos com duração curta, como 15 minutos, que reduzem muito o spam da atenção dos participantes. Outra opção são os Bullet Point Sessions, onde cada sessão tem 3 a 5 minutos na qual o palestrante tem um minuto para discorrer sobre o conteúdo de cada slide.
4. **Quantidade de palestrantes por sessão** – no virtual, a principal commodity é o tempo que, por sua vez, está atrelado ao fato de que apenas uma pessoa por vez pode se manifestar. Considerando que todos os palestrantes devem ter tempo para expor suas ideias, use a combinação de tempo x quantidade de pessoas para calcular a melhor equação para cada sessão.
5. **Ofereça atividades que acalmem a mente** – O intervalo com qualquer opção que possa ser divertida ou relaxante, como música, meditação e atividades de alongamento.
6. **Assuntos e temas mais dinâmicos** – Escolha o conteúdo e as dinâmicas do seu evento para envolver o participante.
7. **Pontualidade, objetividade e ritmo** – Seja pontual no começo e término e deixe clara as regras e detalhes da programação. Nos 5 minutos finais, ofereça *take away*, ou uma síntese dos pontos mais relevantes abordados.
8. **Importância do moderador** – Veja no item Mestre de Cerimônia & Moderador no **capítulo 4** sobre como este profissional é essencial para o evento virtual.

Alguns componentes técnicos devem ser considerados para a realização de eventos nos ambientes presencial, virtual e híbrido:

- **Audiência** - a quantidade total de participantes (presenciais e online), os números de grupos e de pessoas nos hubs, alteram significativamente o resultado e o esforço a ser desenvolvido para conseguir o engajamento. De forma geral, quanto menor o número, mais fácil será este processo. No multi-hub meeting, valorize para que cada hub também tenha conteúdo local.

- **Vídeo** - oferecer alto nível de conexão com o ambiente físico do evento, através de várias câmeras, colocadas em posições diferentes mostrando panorama geral e específicos do evento e com ótima qualidade de transmissão.
- **Som** - atentar para a qualidade do equipamento utilizado para captar o som ambiente, dos palestrantes e da audiência presente.
- **Câmeras individuais** - entre os participantes online, pedir que acionem e mantenham ligadas para que os participantes possam ver os rostos um do outro
- **Palestrante** - Peça alguns itens de conteúdo para engajar e ter feedback dos participantes com pools e perguntas no chat, ou permitindo que liguem seus microfones para perguntas. Solicite o uso de fotos, música e vídeos curtos nas suas apresentações para ajudar no processo de aprendizado.
- **Duração** - A variação ideal é de oferecer conteúdo em conteúdos curtos que pode ser de 3, 5, 10 e 15 minutos, com interação nos intervalos. Pode chegar a 30 ou 45 minutos, desde que consiga a interação constante do público.
- **Formatos** - Varie os tipos de sessões oferecidas e a quantidade de palestrantes em cada uma delas.

A tabela 9 compara os fatores mais engajadores no evento digital de operacionalização mais complexa, o multi-hub meeting no **capítulo 3**.

O sucesso do engajamento no design do evento reside em oferecer opções de interação frequentes e variadas, para animar e estimular os participantes a interagirem, mesmo remotamente, ao invés de apenas assistirem passivamente. Obter este engajamento é subir uma escada de comunicação, galgando cada degrau conscientemente e com foco e precisão.

Tabela 10 - Comparativo de fatores que engajam mais ou menos em multi-hub meeting

Aspectos	Fatores que engajam	Fatores que engajam menos
Vídeo	Bidirecional.	Unidirecional - sem vídeo
Visualização dos sites	Ver todos os sites ou duas ou mais câmeras.	Ver apenas um site (webcast)
Duração da visualização	Ver todos os sites permanentemente.	Ver outros sites em parte do tempo
Operação da câmera	Operada (s)	Fixa (uso em laptop)
Quantidade de câmeras	duas ou mais câmeras	Uma câmera
Som	Bidirecional	Unidirecional (webcast)
Interação	Poder falar a qualquer momento	Precisar pedir para falar (seminário on-line)
Tamanho dos grupos	Grupos menores	Grupos maiores
Quantidade de hubs	Menos hubs	Mais hubs
Formato dos hubs	Todos os hubs são iguais	Um hub central e satélites
Base do palestrante	Em todos os centros	Em um único hub

Fonte: Fonte: VANNESTE, Maarten. Multi-hub Meeting: when groups meets groups. Belgium : 2018, Meeting Support Institute. Adaptação - autores.

Ela inicia com a oferta de conteúdo que as pessoas realmente se interessam em ver, obter e usar em suas vidas profissionais ou pessoais. A partir daí comece o planejamento do engajamento e o desenho da experiência que será entregue, a partir das sensações que você quer instigar nos participantes antes, durante e pós evento, como demonstrado no diagrama da figura 23. Ela indica ações que antecedem em muito o início do evento e segue depois do seu encerramento.

Figura 23 - Pontos de engajamento do mapa da jornada do evento

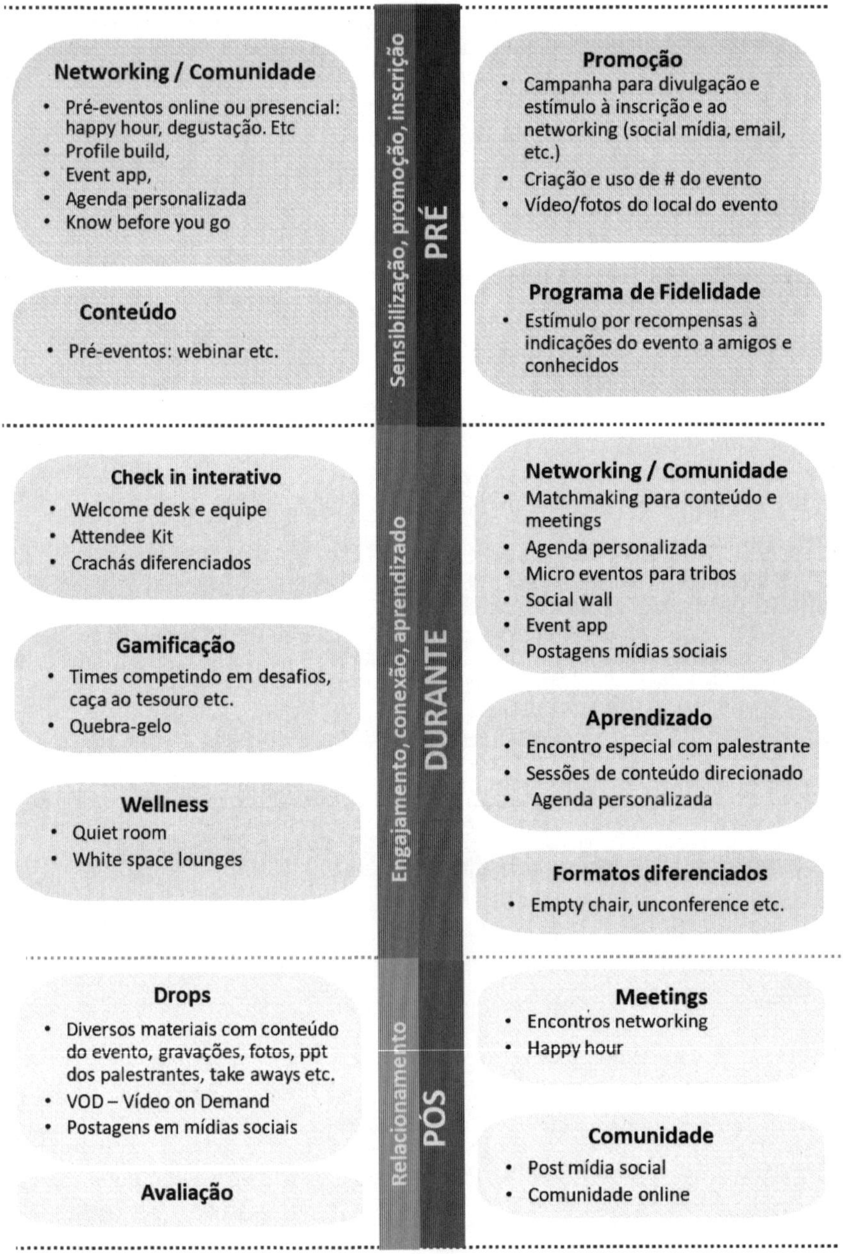

PRÉ — Sensibilização, promoção, inscrição

Networking / Comunidade
- Pré-eventos online ou presencial: happy hour, degustação. Etc
- Profile build,
- Event app,
- Agenda personalizada
- Know before you go

Promoção
- Campanha para divulgação e estímulo à inscrição e ao networking (social mídia, email, etc.)
- Criação e uso de # do evento
- Vídeo/fotos do local do evento

Conteúdo
- Pré-eventos: webinar etc.

Programa de Fidelidade
- Estímulo por recompensas à indicações do evento a amigos e conhecidos

DURANTE — Engajamento, conexão, aprendizado

Check in interativo
- Welcome desk e equipe
- Attendee Kit
- Crachás diferenciados

Networking / Comunidade
- Matchmaking para conteúdo e meetings
- Agenda personalizada
- Micro eventos para tribos
- Social wall
- Event app
- Postagens mídias sociais

Gamificação
- Times competindo em desafios, caça ao tesouro etc.
- Quebra-gelo

Aprendizado
- Encontro especial com palestrante
- Sessões de conteúdo direcionado
- Agenda personalizada

Wellness
- Quiet room
- White space lounges

Formatos diferenciados
- Empty chair, unconference etc.

PÓS — Relacionamento

Drops
- Diversos materiais com conteúdo do evento, gravações, fotos, ppt dos palestrantes, take aways etc.
- VOD – Vídeo on Demand
- Postagens em mídias sociais

Meetings
- Encontros networking
- Happy hour

Avaliação

Comunidade
- Post mídia social
- Comunidade online

Fonte: CRELLIN, Naomi, Mapping the audience Journey in a Virtual and Hybrid World, Untethered Webinar Series. 17/06/20, MPI WEC Hacking Hybrid Events Workshop (https://mcusercontent.com/d2d3bb725af7db4f11807c65f/files/1848be06-9f1e-c80e-9941-374c9268678c/WEC_Newsletter.pdf. Adaptação e complemento dos autores

- **ATORES DE ENGAJAMENTO**

    São os públicos (participantes, palestrantes e patrocinadores) que precisarão ser ativados para alcançar os objetivos do evento. As combinações e cruzamentos mais comuns são:

    - Entre participantes,
    - Participantes x palestrante e
    - Participantes x patrocinadores.

- **PROPORÇÃO DO ENGAJAMENTO**

    Para Vanneste, nos eventos online "*A interação deve ser paga e o preço é pago em tempo*". Ou seja, a utilização da commodity mais relevante no evento digital, o tempo, se traduz na alocação dos minutos disponíveis, distribuindo-os na proporção que melhor traduzirá os objetivos do evento, tanto para definir quão envolvente será o evento, quanto como qual será a sua alocação para cada público. Assim sendo, a medida para a interação entre os públicos é definida proporcionalmente de um para o outro em minutos. Para facilitar, quando do design, define-se o engajamento desejado em percentuais para depois defini-lo em outra medida, como em horas e minutos.

    A estrutura a ser definida segue o seguinte fluxo:

    - **Evento** – definir o percentual de engajamento desejado para o evento como um todo e nas 3 fases (antes, durante e pós).
    - **Blocos de atividade** - se o evento tiver mais de um dia ou vários blocos, cada um deles pode ter diferentes percentuais de engajamento.
    - **Cada sessão** - A escolha da tipologia fornece indícios do engajamento (como mesa redonda). Entretanto, quanto maior o percentual alocado para o participante, em relação ao(s) palestrante(s), mais diversificadas e intensas serão as atividades de interatividade a serem oferecidas.

Estas paridades servem para nortear de forma prática o design do evento, mostrando claramente ao organizador o caminho a ser percorrido para o engajamento. No virtual ou híbrido, a métrica adotada é a definição da proporção do percentual de interatividade entre os públicos para então chegar aos minutos que serão alocados para cada um. Por exemplo, a proporção desejada de interação entre público x palestrante será de 30% / 70%, ou seja, em evento com 60 minutos de duração, 18 minutos serão dedicados aos participantes e 42 minutos serão alocados ao palestrante.

- **AS ONDAS DO ENGAJAMENTO**

A partir destas referências, define-se o ciclo ou onda do engajamento para cada uma das três partes do evento indicadas no item anterior. Entende-se por onda do engajamento o fluxo de engajamento desejado, caracterizado pela imagem de uma onda, onde o topo simboliza o participante muito engajado e o vale (distância entre dois topos) representa o momento em que este interesse está em seu momento mais fraco. Este modelo também é conhecido como o formato utilizado na roteirização e produção de filmes (figura 24).

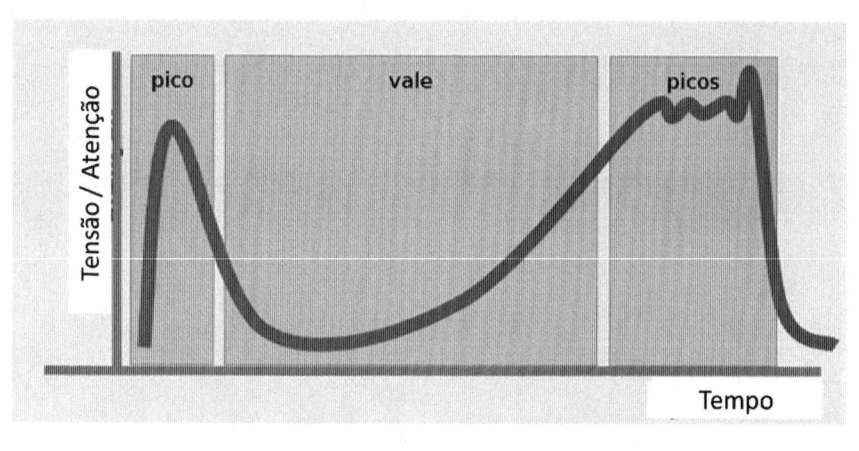

Figura 24 - Palestras, o modelo do cinema

Transformando Palestras em Blockbusters: O Poder da Estrutura Narrativa com o Modelo do Cinema

Cativar a atenção do público e transmitir conhecimento de forma memorável são os objetivos de todo palestrante. E para alcançar esse sucesso, que tal se inspirar na fórmula mágica dos filmes de cinema? O modelo de enredo cinematográfico oferece uma estrutura poderosa para construir palestras envolventes e impactantes.

AS ONDAS DE ENGAJAMENTO

O conceito de ondas no engajamento de eventos está intrinsecamente relacionado com o modelo de cinema mostrado acima. Quanto mais envolvente for o evento, menor deverá ser o intervalo entre as ondas de engajamento ou interatividade. Ou seja, menor será o tempo de passividade do participante. Isso significa, por exemplo, que a duração das palestras será curta e com o uso de várias atividades detalhadas no item a seguir, os meios de engajamento (breakout, chat, chat, posts, etc.) aplicados antes, durante e após sua realização.

Ato I: Apresentando o Conflito Central - O pico inicial

- **Captura instantânea:** Comece com um gancho irresistível nos primeiros minutos. Utilize uma história pessoal, uma estatística surpreendente ou uma pergunta intrigante para fisgar a atenção da audiência e despertar a curiosidade.
- **Estabelecendo o cenário:** Apresente o tema central da sua palestra de forma clara e concisa. Defina o problema que você abordará, sua relevância e o que o torna tão importante para o público.
- **Criando rapport:** Conecte-se com a audiência utilizando técnicas de Rapport[17]. Conte anedotas, faça perguntas envolventes e demonstre entusiasmo pelo tema. Mostre ao público que você está ali para guiá-los em uma jornada de aprendizado.

---

17 **"Rapport"** é uma palavra de origem francesa (*rapporter*), que significa "trazer de volta" ou "criar uma relação". Em psicologia, representa um estilo de relacionamento próximo e harmonioso no qual indivíduos ou grupos estão em sintonia uns com os outros, entendem os sentimentos e ideias uns dos outros, e comunicam-se de maneira cordial. Wikipedia

Ato II: Mergulhando na Aventura do Conhecimento – o vale

- **Explorando o dilema:** Aprofunde-se no problema central que você apresentou no Ato I. Utilize exemplos concretos, dados relevantes e histórias reais para ilustrar os desafios e as consequências da situação.
- **Apresentando as soluções:** Comece a desvendar as soluções para o problema central. Apresente diferentes perspectivas, ferramentas e estratégias que podem auxiliar o público a superar os desafios.
- **Construindo pontes de conhecimento**: Guie o público passo a passo através do processo de aprendizado. Utilize recursos visuais, metáforas e exemplos práticos para facilitar a compreensão e tornar o conteúdo mais acessível.
- **Criando momentos de reflexão:** Incentive a reflexão crítica ao longo da palestra. Faça perguntas desafiadoras, promova debates em pequenos grupos e utilize exercícios práticos para que o público possa aplicar os conceitos aprendidos.

Ato III: Revelando o Clímax e a Resolução – os picos finais

- Aumentando a tensão: Prepare o público para o clímax da sua palestra. Apresente os pontos-chave da sua mensagem de forma mais concisa e impactante, construindo uma atmosfera de expectativa.
- **Revelando a grande sacada:** Apresente a solução principal para o problema central. Utilize uma história inspiradora, um estudo de caso de sucesso ou uma demonstração prática para ilustrar o poder da sua solução.
- **Resumão e chamada para ação:** Incentive o público a agir com base no que aprenderam. Ofereça dicas práticas, sugestões de recursos e ferramentas para que o público possa aplicar o conhecimento adquirido em suas vidas e trabalhos.
- **Final memorável:** Conclua sua palestra com um fechamento forte e inspirador. Muito cuidado com os chavões e com as frases que colocam sua tese num lugar comum. Reforce os pontos principais da

sua mensagem, agradeça a atenção do público e deixe-os com uma sensação de motivação e entusiasmo para colocar o que aprenderam em prática.

A estrutura do enredo cinematográfico é apenas um guia, não uma regra rígida. Adapte-a à sua personalidade, ao seu estilo de apresentação e ao conteúdo da sua palestra.

- **Pratique sua palestra com antecedência.** Timing, ritmo e entonação da voz são essenciais para manter a atenção do público.
- **Utilize recursos visuais de alta qualidade.** Slides, imagens e vídeos podem tornar sua palestra mais dinâmica e engajadora.
- **Interaja com o público.** Faça perguntas, responda comentários e incentive a participação durante toda a palestra.
- **Mostre paixão pelo seu tema.** Seu entusiasmo é contagiante e motivará o público a se envolver com o conteúdo.

Ao seguir essas dicas e se inspirar na estrutura narrativa dos filmes de cinema, você estará no caminho certo para transformar suas palestras em verdadeiros blockbusters, conquistando a atenção e o engajamento do público e transmitindo conhecimento de forma memorável.

- **MEIOS DE ENGAJAMENTO**

Para cada uma das sessões ou blocos serão definidos os meios de interatividade, ou as atividades ou ferramentas que serão utilizadas em cada momento do evento. Podem ser agrupadas em:

- **Insights** - Breakout rooms, live chats, bate-papo, etc.
- **Ferramentas Interativas** - Aquelas que estimulam a ação. Agrupa soluções como live Q&A, polling, survey, gamification, social feed outros

- **Ferramentas imersivas** - Aquelas que favorecem a imersão. Inclui opções como soluções de RA - Realidade Aumentada, RV - Realidade Virtual e RX - Realidade Mista
- **Dinâmicas e outros formatos** - São os formatos e as atividades desenvolvidas tais como quebra-cabeças, mesa-redonda, palestras, etc.

A tecnologia imersiva foi, e continuará sendo, a evolução de mídia que torna o **acompanhar o artista** em **participar do espetáculo.**

Vinicius Bruno

Para ter ideias de formatos diferentes e inovadores para o seu próximo evento, acesse o ebook ao lado. São 54 ótimas inspirações para o seu próximo evento.

O gráfico 29 mostra as ferramentas de engajamento mais utilizadas nos eventos virtuais e virtuais, com destaque para Q&A ou perguntas e respostas (64%) e enquetes (61%).

Para saber mais
Baixe o ebook 54 event experts on their favorite engaging session formats

Gráfico 29 - Ferramentas de engajamento mais utilizadas nos eventos digitais

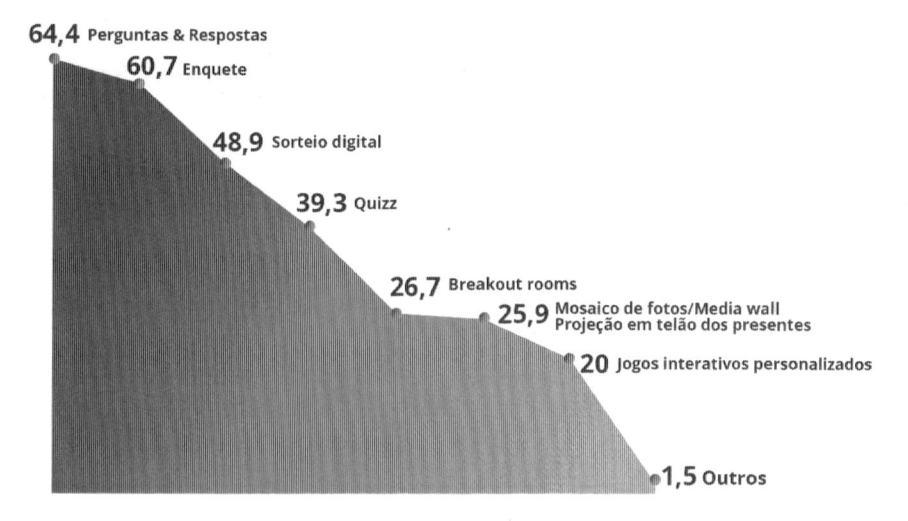

- **64,4** Perguntas & Respostas
- **60,7** Enquete
- **48,9** Sorteio digital
- **39,3** Quizz
- **26,7** Breakout rooms
- **25,9** Mosaico de fotos/Media wall Projeção em telão dos presentes
- **20** Jogos interativos personalizados
- **1,5** Outros

Fonte: 2a Pesquisa sobre Eventos Digitais - 2023

Entre os canais que podem ser utilizados para o engajamento estão:

- Redes sociais,
- Event app,
- Recursos da plataforma de streaming e
- Recursos da plataforma de engajamento e gamificação, etc.

O gráfico 30 mostra o resultado comparativo feito por Vanneste de várias atividades de engajamento e interação utilizadas nos eventos online. Quanto maior é a resposta de atividade cerebral, maior será o engajamento do participante. A linha vertical mostra linhas de ações que vão desde as passivas, como ouvir, até as mais ativas (debater). A horizontal indica as taxas percentuais de ativação (de 0% a 100%).

Distribuídas pelos quadrantes estão as atividades mais comuns, posicionadas de acordo com o engajamento que proporcionam. Quanto mais próximo ao eixo das duas linhas, menos estímulo ele oferece. Quanto mais afastado deste eixo, mais envolvente e engajador ele será.

Gráfico 30 - Atividade cerebral e taxa de ativação do engajamento

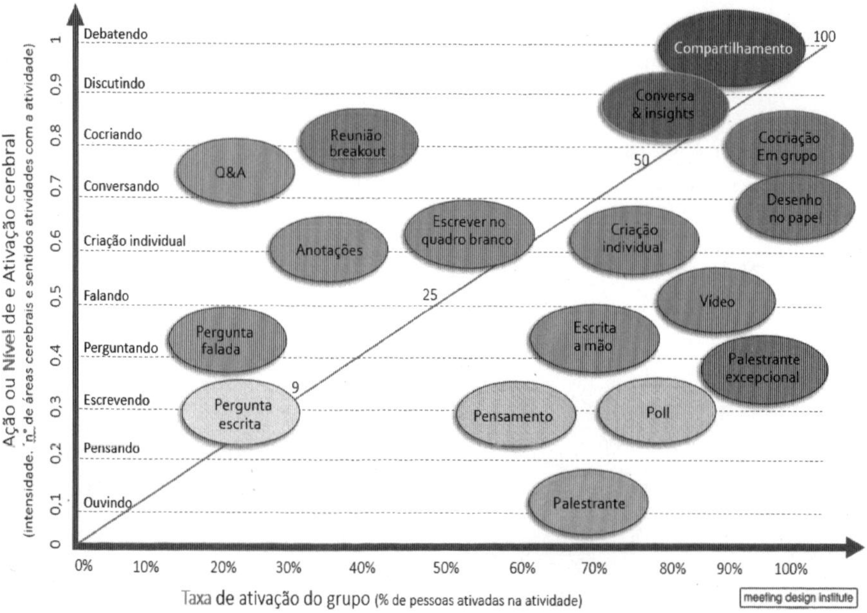

Fonte - VANNESTE, Maarten. Material de aula do Curso de Online Meeting Design 2020. Meeting Design Institute.

A partir da definição de 4 perfis de participantes em eventos, Crellin[18] aplicou o mesmo conceito de Vanneste, correlacionando-os a alguns meios de engajamento (figura 25). Ao invés dos 10 estágios propostos por ele, ela considerou apenas o compartilhamento de informações, discussão, networking e captação/ativação. Entre as atividades mais engajadoras, ela destaca o brainstorm, mesa-redonda, open fórum e kit de ferramentas.

Veja cases, ebooks relevantes e outras informações e dicas, acessando o QR Code no resumo deste capítulo.

---

18   CRELLIN, Naomi, Mapping the audience Journey in a Virtual and Hybrid World, Untethered Webinar Series. 17/06/20

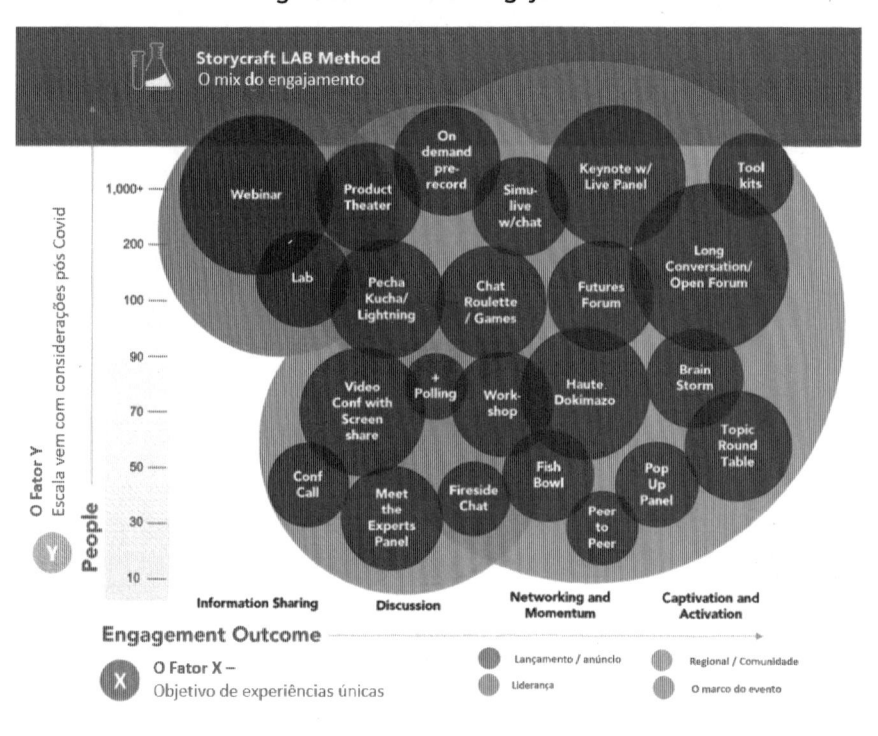

Figura 25 - O Mix do Engajamento

Storycraft LAB Method
O mix do engajamento

O Fator Y
Escala vem com considerações pós Covid

People: 1,000+ / 200 / 100 / 90 / 70 / 50 / 30 / 10

Webinar · Product Theater · On demand pre-record · Simu-live w/chat · Keynote w/ Live Panel · Tool kits · Lab · Pecha Kucha/ Lightning · Chat Roulette / Games · Futures Forum · Long Conversation/ Open Forum · Video Conf with Screen share · +Polling · Workshop · Haute Dokimazo · Brain Storm · Conf Call · Meet the Experts Panel · Fireside Chat · Fish Bowl · Peer to Peer · Pop Up Panel · Topic Round Table

Information Sharing · Discussion · Networking and Momentum · Captivation and Activation

Engagement Outcome

O Fator X – Objetivo de experiências únicas

Lançamento / anúncio
Liderança
Regional / Comunidade
O marco do evento

Fonte - Storycraft Lab, The untethered Webinar Series. Tradução dos autores

Quando do planejamento do evento digital, o profissional e eventos deve atentar para regras simples mas poderosas para o engajamento dos participantes, tais como:

- **CONTEÚDO**

Anderson sugere envolver o participante na cocriação e oferecer recompensa para a participação tais como:

- **Estimule os participantes** a criarem e postarem vídeos curtos contando sobre uma dica que aprenderam no evento, citando palestrante, expositor, patrocinador ou outro participante com quem tenha aprendido algo útil.
- **Crie storyboard** da sequência dos melhores momentos do evento.

- **Na inscrição**, solicite ao participante que envie o nome de um livro que o ajudou no trabalho no passado, mesmo que não esteja diretamente relacionado. Durante o evento, mostre ranking dos cinco livros mais citados, junto com o nome de quem o fez.
- **Envie aos participantes a lista de todos os livros indicados.** Obtenha 10 exemplares gratuitos dos cinco livros mais citados com as editoras. Ele será distribuído ou sorteado no palco ou virtualmente aos homenageados.

- **GAMIFICAÇÃO**

É uma poderosa ferramenta para promover o engajamento e o networking, potencializar o aprendizado, oferecer maior ROI para patrocinadores e aumentar a exposição das marcas nas mídias sociais, entre os benefícios.

Seus principais ingredientes e melhores práticas são[19] recompensa x reforço, interação, mensuração e analytics, regras claras e transparentes, diversão, prêmios criativos e sedutores.

- **BREAK OUT ROOMS**

No presencial, são conhecidas como salas ou sessões paralelas. Nos eventos virtuais e híbridos, indica a criação de salas virtuais para acomodar grupos menores que a sala principal ou plenária destinados para a conversa, colaboração, ideação ou networking.

São salas de apoio ou salas de bate-papo virtuais onde os participantes podem interagir entre eles, selecionados aleatoriamente ou pré-selecionados para conversar e trocar ideias. Podem ser utilizadas para:
- Estimular e facilitar o bate-papo entre participantes, promovendo o networking.
- Substituir o estande presencial, aproximando participantes do patrocinadores e
- Aprofundar o conteúdo abordado com o palestrante (pode ser item patrocinável)

---

19   WOLFF, Ricky. Brilliant Virtual Event Gamification Ideas and Best Practices https://www.markletic.com/blog/virtual-event-gamification/

Uma dica para seu uso no meio da programação de evento corporativo com objetivo de networking, está em determinar períodos curtos (5 a 10 minutos cada). Uma pessoa passará os pontos principais selecionados pelo grupo, quando retornarem para a sala virtual principal.

O break out room também pode ser utilizado para sessões de happy hour após o término do evento principal. Uma forma atrativa de integração dele com o mundo físico está em enviar com antecedência aos participantes algo para usar, consumir ou brindar neste momento, tais como: camiseta, acessórios, garrafa de vinho, champagne ou cerveja, etc.

Certifique-se de selecionar as melhores ferramentas de engajamento oferecidas pelas plataformas e utilizá-las com frequência, durante todas as fases do eventos (pré, durante e pós). Entre as mais comuns estão:

- **GAMIFICAÇÃO OU DESAFIO AMIGÁVEL**

É a atividade competitiva que estimula a participação em ações direcionadas a uma finalidade específica. Pode ser realizada através da conquista, acúmulo e resgate de pontos por ações ou tarefas obtidas através de ações rastreáveis e mensuráveis, tais como participação em pools, pesquisas, captura de contatos e/ou QR Codes, preenchimento de formulários, postagens, etc.

A participação do público também pode ser estimulada através da publicação online e nas telas do evento presencial do ranking geral. No event app, recomenda-se mostrar também a posição do participante em relação aos demais.

- **NETWORKING E MATCHMAKING**

A palavra network é originária da língua inglesa e a contração das palavras 'net' que significa rede e 'work' que é traduzido como trabalho. A adição da terminação 'ing' dá movimento a este contexto, indicando o ato de criar e cultivar rede de relacionamentos ou de contatos reunidos para troca de informações e conhecimentos profissionais.

O matchmaking é uma ferramenta digital usada com o propósito de criar conexões corporativas de grande valor e assim estimular a conectar oportunidades de negócios e facilitar o encontro de profissionais e experts que tenham interesses similares. Através do cruzamento e combinação das informações do perfil entre participantes e destes com os patrocinadores, a ferramenta de matchmaking envia a eles sugestões de pessoas que tenham interesses em comum, facilitando o networking individual ou coletivo.

Quanto maior o público, mais relevante será o uso da tecnologia e dos algoritmos para ajudar as pessoas a encontrarem aqueles que têm os mesmos interesse ou necessidades, criando conexão pessoal (individual ou em grupos pequenos de até 5 pessoas) e formando comunidades e redes pessoais e profissionais.

No evento híbrido ou virtual, o planejamento deve considerar o tamanho do público online e presencial desejados, além da análise do perfil e outras informações levantadas, criando tags que facilitam e orientam a busca e escolha das características que comporão o perfil do participante, do expositor ou do patrocinador desejado, tais como:

- Perfil sociodemográfico do participante
- Interesses
- Aprendizado que está buscando
- Hobbies ou esportes
- Áreas de atuação
- Habilidades, etc.

O matchmaking

É o cruzamento de interesses pessoais para identificação de afinidades entre as pessoas. Também é muito importante de ser utilizado, tanto para o networking, quanto para o engajamento do público presencial com o remoto.

A Braindate é uma plataforma online e event app canadense que cuida do agendamento e interação one-to-one e em grupo dos participantes de eventos. É bem intuitivo e de fácil navegabilidade e usabilidade. Potencializa a participação no evento oferecendo ferramentas que definem a intenção de aprendizado, descobre o conhecimento que querem compartilhar um com o outro e destaca os temas de conversas desejadas. E transferem ao participante o poder de escolha do tema, do horário, das pessoas convidadas e do formato (individual ou em grupo).

A partir da definição dos objetivos desejados e do mapeamento do perfil e necessidades dos stakeholders envolvidos no matchmaking são escolhidas as ferramentas, procedimentos e plataformas para executá-lo. De maneira geral, as etapas são:

1. Analisar e definir os aspectos desejados
2. Coletar e disponibilizar listas automáticas e personalizadas de interesses, campos, habilidades ou personalidades procuradas
3. Criar correspondências de usuários, baseados nas semelhanças encontradas nessas listas
4. Definir formato e tempo das interações que serão oferecidas antes, pré e pós evento.
5. Estimular os stakeholders a encontrarem o perfil desejado baseado na semelhança
6. Apresentar resultados de forma simplificada e de fácil compreensão

Alguns exemplos para promover o networking deve-se permitir e estimular que possam agendar sozinhos reuniões entre participantes, palestrantes e patrocinadores e oferecer oportunidades e oferecer breakout room para esta finalidade com grupos pequenos.

Para saber mais
Acesse links diversos e outros materiais sobre comunidades

- **COMUNIDADE**

Fazer parte de uma comunidade é o desejo mais profundo do ser humano. A partir desse objetivo há inúmeras atividades que podem ser realizadas antes, durante e pós evento, como o networking e matchmaking (ver estes itens). Investir em criar e manter comunidades ativas e engajadas oferece ao cliente e aos participantes os melhores motivos para permanecer fiel às iniciativas e história do evento.

Criar e manter uma comunidade forte e ativa demanda dos seus gestores foco, assertividade e resiliência, mas também outras habilidades.

1. Conheça muito bem seu público

Este conhecimento vai muito além do perfil sociodemográfico. Fazer parte de uma comunidade é encontrar grupo de pessoas com mesmos interesses e necessidades e também participando ativamente dela. Para tal, escutar e ser escutado é um dos princípios fundamentais deste processo.

2. Defina os dados relevantes

Defina quais serão os dados relevantes para networking e ferramentas para obtê-los (como através de wearables), como quando da inscrição, colete os dados e sugestões, incluindo como o participante prefere se conectar. A partir daí, construa as melhores oportunidades antes, durante e pós evento.

3. Estimule, acompanhe e corrija rumos rapidamente

O gestor é o grande maestro. A partir destes insights, são definidos as estratégias, o ambiente, o foco e o ritmo do grupo. Está incluso a escolha da melhor plataforma online que será utilizada, as formas de contato, interação e monitoramento, as regras de funcionamento, etc. As melhores comunidades são perenes, mas as pessoas mudam e se adaptam constantemente. Ainda que as atividades sejam pensadas a longo prazo, o monitoramento frequente permite agilidade nas adequações inevitáveis ao longo do tempo, como a transição do presencial para o virtual e daí para o híbrido.

4. Envolva os participantes

Valorize o contato inicial, que é a 1ª impressão quando se é introduzido ao grupo. Deixe regras claras sobre o funcionamento, acompanhe as interações e mantenha aceso o interesse. Como o tempo é a *commodity* que ninguém tem sobrando hoje em dia, os participantes também tem dificuldades na interação e em acompanhar a movimentação. Entenda esta realidade e desenvolva ações que a respeite e valorize. A OCLB[20] sugere envio de email semanal atualizando

---

20   https://oclb.com.br/ acesso 12/08/24

o grupo sobre as atividades deste período.Algumas sugestões de ações que podem ser feitas:

- Estimule a postagem de comentários, fotos e vídeos
- Facilite a geração de feed a partir de tópicos interessantes
- Projete dos comentários e posts através de social media wall no evento.
- Crie espaços de convivência e networking físicos e virtuais(como meet-up, breakout room e outras opções de acordo com interesses detectados na inscrição e outros bancos de dados disponíveis sobre os participantes.

Definitivamente, a comunidade impulsiona o engajamento, além de outros valiosos benefícios para todos os stakeholders do evento. A tabela 10 mostra algumas diferenças entre o fã e a comunidade.

Tabela 11 - Comparativo entre fã e Comunidade

Fã	Comunidade
Rua de mão única – eles seguem seu evento, mas o relacionamento é individual	Rua de mão dupla – eles se relacionam com o evento e vice-versa.
	Requer maior dedicação e esforço ativo e contínuo.
Ouvir	Ouvir e ser ouvido
	Atualização constante de informações
O interesse do fan pode desaparecer facilmente	A comunidade forte estimula amizades que persistirão além dela
	É mais difícil de manter à medida que cresce.
	Constrói e mantém um relacionamento fluido e constante entre o evento-participante e entre esse último.

Fonte- Comparativo entre fã x comunidades Fonte: Community vs Fan-base - http://www.lozelda.com/home/community-vs-fan-base 15/07/21

- VOTAÇÃO, QUIZ, Q&A E PESQUISAS

- **Perguntas e respostas** - Q&A ou perguntas e respostas. Estimule o participante a interagir respondendo as dúvidas.
- **Pesquisas e enquete**s - Quiz, live pooling e pesquisas

- COMO MEDIR O ENGAJAMENTO

Às vezes parece difícil desvendar os Segredos do Engajamento. Quais seriam as melhores métricas para eventos híbridos?

A atenção das pessoas é disputada a cada minuto, medir o engajamento do público em eventos híbridos se torna crucial para o sucesso do evento e para o aprendizado contínuo. Mas como mensurar de forma eficaz a participação e o envolvimento de públicos tão distintos como os presenciais e remotos?

Abaixo, exploraremos as principais métricas para **avaliar o engajamento** em eventos presenciais virtuais e híbridos, garantindo que você tenha os dados necessários para tomar decisões estratégicas e aprimorar cada vez mais a experiência dos seus participantes.

Métricas para Públicos Presenciais:

- **Presença e participação:**
    - **Número de participantes presenciais:** Essa métrica básica indica o interesse inicial no evento e o alcance da sua divulgação.
    - **Taxa de participação em atividades:** Avalie a porcentagem de participantes presenciais que se envolvem em palestras, workshops, sessões de networking e outras atividades.
    - **Tempo médio de permanência:** Meça quanto tempo os participantes presenciais passam no evento, considerando áreas visitadas e tempo gasto em cada atividade.

- **Interação e feedback:**
  - **Participação em perguntas e respostas:** Monitore a quantidade de perguntas feitas durante as palestras e workshops, tanto presencialmente quanto online.
  - **Utilização de ferramentas interativas:** Avalie o uso de ferramentas como painéis digitais, enquetes e quizzes pelos participantes presenciais.
  - **Feedback em pesquisas e formulários:** Colete feedback qualitativo e quantitativo através de pesquisas e formulários de avaliação, entendendo as percepções e sugestões dos participantes presenciais.
  - **Scans em QR Codes e interação com a palestra:** Os dados gerados automaticamente quando o público pega seus smartphones e interagem com QR Codes pode mostrar o grau de engajamento da plateia naquele momento.

Métricas para Públicos Remotos:

- **Alcance e engajamento online:**
  - **Número de inscritos e visualizações:** Monitore o número de pessoas que se inscrevem no evento online e acompanham as transmissões ao vivo.
  - **Taxa de abertura de emails e cliques em links:** Avalie a efetividade da comunicação online, medindo a abertura de emails e cliques em links informativos e de inscrição.
  - **Interações nas plataformas online:** Monitore o engajamento nas plataformas online do evento, como comentários em chats, participações em fóruns e utilização de ferramentas de networking.

- **Análise do comportamento online:**
  - **Tempo médio de visualização de conteúdo:** Meça quanto tempo os participantes remotos assistem às transmissões ao vivo, palestras gravadas e outros conteúdos online.

- **Páginas visitadas e tempo gasto em cada uma:** Analise quais páginas do site do evento e da plataforma online os participantes remotos acessam e quanto tempo passam em cada uma.
- **Engajamento nas redes sociais:** Monitore as menções ao evento nas redes sociais, hashtags utilizadas e o nível de interação dos participantes remotos.

Métricas Adicionais para Eventos Híbridos:

- **Conversões e geração de leads:**
  - **Número de leads qualificados:** Avalie a quantidade de leads gerados durante o evento, tanto presencialmente quanto online, com potencial para se tornarem clientes ou parceiros.
  - **Retorno sobre investimento (ROI):** Calcule o ROI do evento, considerando os custos de organização e os resultados obtidos, como geração de leads, vendas e retorno de marca.
  - **Satisfação geral dos participantes:** Meça o nível de satisfação dos participantes presenciais e remotos através de pesquisas de avaliação, entendendo a percepção geral sobre o evento.

Ferramentas para Mensurar o Engajamento:

- **Plataformas de eventos híbridos:** A maioria das plataformas de eventos híbridos oferece ferramentas integradas para análise de dados e métricas de engajamento.
- **Ferramentas de análise web:** Utilize ferramentas como Google Analytics para monitorar o tráfego no site do evento e o comportamento dos participantes online.
- **Softwares de pesquisa e avaliação:** Utilize softwares especializados para criar e enviar pesquisas de feedback aos participantes, tanto presenciais quanto remotos.

- **Monitoramento de redes sociais:** Utilize ferramentas para monitorar as menções ao evento nas redes sociais e analisar o sentimento dos participantes.

A escolha das métricas mais relevantes dependerá dos objetivos específicos do seu evento e do público-alvo. Combine diferentes métricas para ter uma visão completa do engajamento dos participantes e utilize os dados coletados para tomar decisões estratégicas e aprimorar cada vez mais seus eventos híbridos.

Acesse o **capítulo 7** - Como fazer os dados trabalharem para você para saber mais informações sobre como definir, escolher, obter, analisar e aplicar os resultados de métricas em seu evento.

FORNECEDORES

A escolha dos fornecedores para o evento presencial já possui vasta bibliografia sobre o assunto, motivo pelo qual o foco recai aqui para os necessários para o virtual, que é feita após os objetivos e o público-alvo serem claramente definidos. Uma vez que este evento requer custos menores que o evento presencial, invista em câmeras, microfones, backdrops de qualidade, incluindo alto padrão também na iluminação e filmagem dos palestrantes e moderadores.

Assim como acontece no evento presencial, é necessário ter equipe com funções bem definidas para assegurar que o evento virtual e híbrido possa ser executados com eficiência e sucesso.

Como buscar os fornecedores que vão entregar a experiência que você planejou? O **capítulo 6** - Escolhendo as melhores ferramentas digitais para o evento do século 21 mostra as principais plataformas digitais e referências na sua contratação. Mas existe uma infinidade de opções e você terá que reservar tempo para testar e avaliá-las. Esta fase de teste e validação é imprescindível. O risco de usar algo que não funcione é muito grande e isso pode colocar todo o seu evento em risco.

O tipo de contratação de suppliers (ou fornecedores) necessários para colocar o evento digital no ar, difere um pouco dos que você pode estar acostumado no presencial, entretanto, o processo de seleção, contratação e gestão é idêntico. No evento híbrido, a escolha do local de evento requer cuidados especiais quanto à capacidade técnica de fornecer qualidade de banda, assistência local, funcionamento 7/24 para facilitar ensaios e operação de eventos com grande diferença de fuso horário entre os hubs.

Quando se escolhe o fornecedor para um evento híbrido, o histórico de sucesso é a referência utilizada por 68% dos contratantes[21] deste serviço no país. Estes clientes buscam empresas que passem a segurança e qualidade dos serviços, uma vez que o conhecimento técnico e experiência dos técnicos supera os 60% nas expectativas de resultados e 82% têm na transmissão estável o principal fator de escolha de uma solução virtual.

A cada dia surgem novos produtos e serviços focados nos eventos híbridos, como o sistema de captura de medidor ou palestrantes que gerencia imagens junto aos participantes do evento híbrido ou virtual, com opções de entrada de apresentações, vinhetas, vídeos e participantes, etc..

- **ESTÚDIO, ÁUDIO & VÍDEO**

Em transmissões pela web, a qualidade da captação do áudio e vídeo (iluminação, enquadramento, etc.) ganham muita importância. Uma das questões que devem ser levadas em consideração é a forma como cada participante será visto na tela e como irá visualizar os demais. Será selecionando um a um? Será como em um mosaico? Estas escolhas não interferem diretamente só na ferramenta de streaming, mas também na produção do conteúdo e na conexão de internet de alta capacidade de transmissão.

Nestes casos, além de avaliar a velocidade de download, é crucial medir também a velocidade de upload da conexão. As opções desejadas de engajamento e networking também impactarão na definição dos requisitos mínimos a serem contratados.

Em 2021, o mercado global de produção virtual foi avaliado em US$1,82 bilhões e com projeção de US$6,79 bilhões até 2030 e CAGR (taxa

---

21   1a Pesquisa sobre eventos híbridos no Brasil, 2019. Martin, V e Christensen, G

de crescimento anual) de 15,8%[22]. Este expressivo crescimento é puxado pela demanda por experiências imersivas e de conteúdo de qualidade para eventos ao vivo e as demais mídias televisivas e games, entre outros.

Entre as vantagens que a produção virtual oferece, em comparação aos métodos tradicionais, está a redução de custos, na sustentabilidade, na melhoria da qualidade visual, no aceleramento e maior liberdade do processo criativo e na redução do tempo de setup, entre outros. A tabela 9 abaixo mostra comparativo mais detalhados destas diferenças

Tabela 12 - Comparativo entre a produção virtual e métodos tradicionais

Aspecto	Produção virtual	Métodos tradicionais
Custo	Menor a longo prazo	Alto, devido a cenários físicos
Tempo de produção	Reduzido	Extenso
Flexibilidade	Alta, por possibilidades de ajustes rápidos	Limitada
Qualidade visual	Superior, com múltiplos feeds simultâneos	Depende de cenários físicos
Impacto ambiental	Red, menor uso de materiais físicos	Alto, com maior uso de recursos
Sustentabilidade	Maior, com menos desperdício	Menor, devido à necessidade de cenários físicos.

Fonte - https://www.linkedin.com/pulse/produ%C3%A7%C3%A3o-virtual-transformando-ind%C3%BAstria-do-entretenimento-qwwxc/ acesso em 27/08/24 17:00. Layout dos autores

---

[22] Relatório Grand View Research - https://www.linkedin.com/company/grand-view-research/ acesso em 27/08/24

O aumento de estúdios de produção virtual no Brasil aumentou em 25% em dois anos e com investimento em tecnologia superior a R$150 milhões (cerca de US$26,8 milhões)[23].

Entre os critérios de seleção de um estúdio estão:

1. Pé direito
2. Sala de reunião para equipe
3. Copa, cozinha, buffet
4. Acessibilidade para palestrante e público.
5. Iluminação
6. Ar condicionado
7. Tratamento e isolamento acústico
8. Link de internet principal e link redundante, preferencialmente link dedicado
9. Localização
10. Instalação elétrica e gerador - Estrutura elétrica adequada para o gerador e dos cabeamentos e shatft adequados
11. Ambiente tecnológico (equipamentos e softwares) atualizados
12. Equipe técnica profissional.
13. Ambiente técnico tem que dialogar com as demais equipes do evento.
14. Ensaio
15. Música
16. Homologação
17. Custo x benefício -
18. Documentação (alvarás, AVCB... etc).

- **OUTROS**

1. **Identificação do participante -** Já há crachás "inteligentes" como o da Klick SmartBadge , que permite experiência interativa e inovativa no estímulo ao network e a gamificação

---

23 Associação Brasileira de Cinematografia - ABC

2. **Conversa** – chat, comentários.

3. **Postagens nas redes sociais** – fotos, vídeos.

4. **Prêmios aleatórios** - além dos desafios, distribua prêmios diversos aleatoriamente

5. **Virtual photo booth** - ou estande virtual para fotos. É o substituto digital para o backdrop com a logo do evento e/ou do patrocinador dedicado para os participantes registrarem sua ida ao evento. Nos eventos presenciais, os espaços instagramáveis, locais com backdrop interessantes e divertidos que remetem ao evento, são muito procurados e uma ótima fonte de receita (ver **capítulo 8** - Se não é pra gerar valor, então abandone seu projeto)

O convívio social é uma das principais referências e desejos do ser humano. A ligação afetiva que os estímulos sensoriais e emocionais do encontro físico podem oferecer permaneceram inalterados durante a pandemia e estão mais fortes do que nunca após a liberação do confinamento obrigatório. Por isso, para Marques[24], o segredo de sucesso de um evento virtual ou híbrido está "na criação e nas emoções ligadas ao sistema de recompensa e à capacidade de o evento ser lembrado." Ou seja, o evento realizado no digital que permanecerá, será aquele que oferecer experiências emocionais impactantes. A tecnologia adotada para oferecer estas sensações é apenas o meio.

Veja cases, ebooks relevantes, opinião do expert e outras informações e dicas, acessando o QR Code no resumo deste capítulo.

---

24 Marques, Tiago Reis. EventPoint # 38. 30/08/22 pág. 61 https://www.eventpointinternational.com/revistadigitalnacional38/#page=60

ENTRELAÇANDO A EXPERIÊNCIA DO REMOTO E PRESENCIAL

Como quebrar as barreiras e integrar públicos presenciais e remotos em eventos híbridos imersivos? Esse parece ser um desafio difícil, mas pode não ser.

Em um mundo cada vez mais conectado, os eventos híbridos se consolidam como uma alternativa inovadora para reunir pessoas, compartilhar ideias e impulsionar negócios. Mas como garantir que os participantes presenciais e remotos se sintam parte de um único evento, conectados e engajados em cada etapa da experiência?

A chave para o sucesso dos eventos híbridos reside na capacidade de **entrelaçar as experiências** desses dois públicos de forma estratégica e criativa. Através da tecnologia e de um planejamento cuidadoso, podemos criar momentos únicos de interação, colaboração e compartilhamento, promovendo uma sensação de comunidade e pertencimento entre todos os participantes.

Momentos de União: Uma Experiência Compartilhada

- **Abertura e encerramento:** Inicie e finalize o evento com **sessões plenárias** que reúnem todos os participantes, presenciais e remotos, em um ambiente virtual compartilhado. Utilize recursos como transmissões ao vivo, chats em tempo real e perguntas e respostas para garantir a interação e o engajamento de todos.
- **Palestras e workshops:** Combine **palestras e workshops** com **sessões interativas** que permitam a participação ativa de ambos os públicos. Utilize ferramentas de colaboração online, como painéis digitais e enquetes em tempo real, para estimular a troca de ideias e o debate entre os participantes.
- **Networking e interação:** Crie espaços virtuais de **networking** que facilitem a conexão entre os participantes presenciais e remotos. Utilize plataformas online com recursos de chat, videoconferência

e grupos de interesse para fomentar a interação e a construção de relacionamentos.
- **Momentos lúdicos e culturais:** Inclua **atividades lúdicas e culturais** que promovam a descontração e o engajamento dos participantes. Utilize jogos online, quizzes interativos e apresentações artísticas para criar momentos de união e fortalecer o senso de comunidade. Coloque equipamentos interativos, como telas touch onde os participantes presenciais podem "jogar" com os participantes remotos.

Públicos Separados, Interação Garantida

- **Conteúdo personalizado:** Ofereça conteúdo personalizado para cada público, de acordo com seus interesses e necessidades. Utilize plataformas online que permitem a criação de trilhas de aprendizado personalizadas e o acesso a materiais exclusivos.
- **Grupos de discussão e fóruns:** Crie grupos de discussão e fóruns online específicos para cada público, permitindo que os participantes aprofundem seus conhecimentos e troquem ideias sobre temas de interesse, independentemente se estão presentes ou remotos.
- **Mentoria e coaching:** Ofereça sessões de mentoria e coaching online para os participantes presenciais e remotos, conectando-os com especialistas em diversas áreas. Inclusive especialistas que estejam remotos atendendo público presencial.
- **Exposições virtuais:** Crie exposições virtuais interativas que permitam aos participantes remotos explorar os stands dos expositores e interagir com eles em tempo real. Utilize recursos como chat online, videoconferência e download de materiais informativos.

No mundo dos eventos híbridos, a tecnologia assume o papel de aliada fundamental para conectar participantes presenciais e remotos, proporcionando uma experiência imersiva e engajadora para todos. Plataformas de eventos híbridos robustas, com recursos como transmissões ao vivo em alta qualidade, chats em tempo real, ferramentas de colaboração e networking, são a base para a integração dos públicos.

Para garantir que todos os participantes, independentemente do idioma, possam acompanhar as palestras, workshops e demais atividades do evento, soluções de tradução simultânea são essenciais. Elas eliminam barreiras linguísticas e promovem a inclusão, permitindo que todos se sintam parte da comunidade do evento.

Aplicativos para eventos personalizados também são ferramentas valiosas para aprimorar a experiência dos participantes. Através deles, os participantes podem acessar facilmente a programação completa do evento, mapas do local, informações detalhadas sobre palestrantes e expositores, além de recursos de interação e networking que facilitam a conexão entre os participantes, tanto presenciais quanto remotos.

As redes sociais também se configuram como canais poderosos para promover o evento, compartilhar conteúdo relevante e estimular a interação entre os participantes. Utilize-as para criar expectativa, divulgar informações importantes, gerar debates e fomentar a construção de uma comunidade engajada em torno do evento.

A comunicação clara e constante é a base para o sucesso de qualquer evento, e nos eventos híbridos isso se torna ainda mais crucial. Mantenha os participantes informados antes, durante e depois do evento, utilizando diferentes canais de comunicação como e-mail, redes sociais e o aplicativo do evento.

Para aprimorar cada vez mais seus eventos híbridos, coletar feedback dos participantes após a sua realização é essencial. Através de pesquisas de avaliação, você poderá entender como foi a experiência dos participantes, identificar pontos fortes e fracos e encontrar oportunidades de melhoria para futuras edições.

Por fim, a criação de uma comunidade online para os participantes do evento é uma excelente maneira de manter a conexão e o engajamento mesmo após o término do evento. Essa comunidade pode ser um espaço para os participantes compartilharem ideias, colaborarem em projetos e continuarem a se relacionar entre si, fortalecendo os laços criados durante o evento.

Combine a tecnologia com uma comunicação transparente e engajadora, você estará no caminho certo para criar eventos híbridos memoráveis que conectam, inspiram e transformam a experiência de todos os participantes.

Ao implementar essas estratégias, você estará no caminho certo para criar eventos presenciais ou híbridos imersivos e engajadores, onde os participantes presenciais e remotos se sentirão conectados, parte de um único público e protagonistas de uma experiência memorável.

O FUTURO DOS EVENTOS: TENDÊNCIAS E DESAFIOS

A indústria de eventos está em constante evolução, impulsionada pela tecnologia e pelas mudanças comportamentais. Para se manter atualizado e competitivo, é essencial acompanhar as tendências e estar preparado para enfrentar os desafios do futuro.

- **Eventos Híbridos e Virtuais:** A combinação de eventos presenciais e online oferece novas oportunidades para alcançar um público mais amplo. Explore plataformas de streaming, realidade virtual e aumentada para enriquecer a experiência dos participantes.
- **Personalização:** Utilize dados e tecnologia para oferecer experiências personalizadas aos participantes, atendendo às suas preferências e necessidades individuais.
- **Segurança e Saúde:** Priorize a segurança e saúde dos participantes, implementando medidas preventivas contra doenças transmissíveis e garantindo ambientes seguros.
- **Inovação Contínua:** Busque constantemente novas ideias e tecnologias para tornar seus eventos mais envolventes, memoráveis e impactantes.
- **Sustentabilidade:** A preocupação com o meio ambiente está em alta. A pandemia obrigou as pessoas a estarem reclusas e terem que focar nelas mesmas e encararem de frente suas limitações, dores, esperanças e momentos felizes de outras maneiras. Este cenário pode ter impulsionado o movimento da sustentabilidade no país e no mundo. Opte por práticas sustentáveis na organização do seu evento, reduzindo o impacto ambiental e promovendo a responsabilidade social.

O fato é que o ESG - Environmental Social Governance ou Meio Ambiente, Social e Governança ganhou força renovada e este vigor não deve arrefecer. Desta forma, o profissional de eventos deve ter muita atenção no design de todo e qualquer evento para observar, escolher e entregar os itens sustentáveis mais adequados para o perfil do seu cliente, participantes e patrocinadores, além de buscar as referências utilizadas em edições anteriores do evento. (figura 26)

Puxados pelos consumidores, em especial, aqueles das gerações mais jovens, temas como diversidade e inclusão estão mais fortes do que nunca.

Figura 26 - Painel ESG

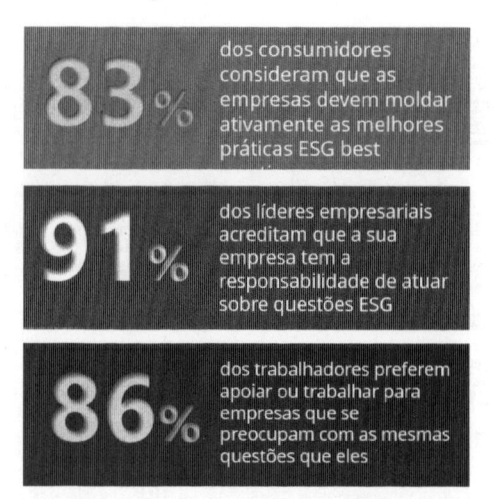

83% dos consumidores consideram que as empresas devem moldar ativamente as melhores práticas ESG best

91% dos líderes empresariais acreditam que a sua empresa tem a responsabilidade de atuar sobre questões ESG

86% dos trabalhadores preferem apoiar ou trabalhar para empresas que se preocupam com as mesmas questões que eles

Fonte   PCW   -   https://www.pwc.com/us/en/services/consulting/library/consumer-intelligence-series/consumer-and-employee-esg-expectations.html

Além de atender a estas demandas de clientes, estudos como o Diversity Wins[25] mostram que as empresas que têm equipe com diversidade étnica e cultural apresentam melhores resultados financeiros (36%) e afirma:

---

25   Diversity wins: How inclusion matters da PWC - https://www.mckinsey.com/featured-insights/diversity-and-inclusion/diversity-wins-how-inclusion-matters   /   https://www.mckinsey.com/featured-insights/diversity-and-inclusion/diversity-wins-how-inclusion-matters 12/12/22

> Há uma relação linear entre diversidade racial e étnica e melhor desempenho financeiro: para cada 10% de aumento na diversidade racial e étnica na equipe executiva sênior, o lucro antes de juros e impostos (EBIT) aumenta 0,8%.

Você encontrará maior detalhamento no capítulo 9 - Navegando no futuro dos eventos.

DESIGN DAS INTERFACES DO EVENTO

O design das interfaces de um evento, tanto físico quanto digital, transcende a mera estética visual. É uma arte meticulosa que orquestra a experiência sensorial dos participantes, criando uma atmosfera envolvente e memorável. Neste capítulo, exploraremos as sub-áreas cruciais que compõem essa orquestra sensorial: interfaces sensoriais, música, audição, qualidade de áudio e cores do evento.

INTERFACES SENSORIAIS: SINFONIA DE ESTÍMULOS

As interfaces sensoriais vão além da visão, englobando todos os sentidos humanos. Através da iluminação, aromas, texturas e até mesmo toques, podemos criar uma experiência imersiva que transcende a tela ou o ambiente físico.

- **Iluminação:** A iluminação é a maestra da orquestra sensorial, moldando a atmosfera do evento. Luzes vibrantes e dinâmicas podem energizar o público, enquanto tons suaves e quentes podem criar um ambiente relaxante.
- **Aromas:** Os aromas podem evocar memórias e despertar emoções. Um aroma floral pode transmitir frescor e tranquilidade, enquanto um aroma cítrico pode estimular a criatividade.
- **Texturas:** As texturas podem adicionar uma camada extra de interesse e interatividade à experiência. Superfícies lisas e macias podem

transmitir conforto, enquanto superfícies rugosas e irregulares podem despertar a curiosidade.
- **Toques:** O toque é um sentido poderoso que pode ser utilizado para criar experiências imersivas. Uma vibração sutil no assento pode sincronizar o público com a batida da música, enquanto um leve toque no ombro pode direcionar a atenção para um ponto específico do ambiente.

Música: A Alma da Experiência

A música é a alma da experiência sensorial, capaz de despertar emoções, influenciar o comportamento e até mesmo melhorar o desempenho cognitivo. A escolha da música certa é crucial para criar a atmosfera desejada e garantir o engajamento do público.

- **Gênero e ritmo:** O gênero e o ritmo da música devem estar alinhados com o tema do evento e o perfil do público. Músicas vibrantes e energéticas podem ser adequadas para eventos esportivos ou shows, enquanto músicas calmas e relaxantes podem ser mais adequadas para workshops ou conferências.
- **Volume e equalização:** O volume e a equalização da música devem ser cuidadosamente ajustados para garantir uma experiência agradável para todos os participantes. Um volume muito alto pode ser prejudicial à audição, enquanto um volume muito baixo pode dificultar a escuta.
- **Sincronização com outros elementos:** A música deve ser sincronizada com outros elementos do evento, como a iluminação e as projeções, para criar uma experiência sensorial coesa e envolvente.

Audição: Clareza e Conforto

A qualidade da audição é fundamental para garantir que todos os participantes possam desfrutar plenamente do evento. O sistema de som deve ser adequado ao tamanho do ambiente e ao número de pessoas presentes.

- **Acústica do ambiente:** A acústica do ambiente deve ser considerada na escolha do sistema de som. Ambientes com reverberação excessiva podem dificultar a compreensão da fala, enquanto ambientes com pouco reverberação podem soar «vazios».
- **Posicionamento das caixas acústicas:** As caixas acústicas devem ser posicionadas de forma a garantir uma cobertura uniforme do som em todo o ambiente.
- **Monitoramento e ajuste do som:** O som deve ser monitorado e ajustado durante todo o evento para garantir que a qualidade esteja sempre impecável.

Qualidade de Áudio: Fidelity e Detalhes

A qualidade de áudio se refere à fidelidade com que o som original é reproduzido. Um sistema de áudio de alta qualidade permite que os participantes apreciam todos os detalhes da música, da fala e dos efeitos sonoros.

- **Componentes do sistema de som:** Os componentes do sistema de som, como caixas acústicas, amplificadores e mesas de som, devem ser de alta qualidade para garantir uma reprodução fiel do som.
- **Tratamento acústico do ambiente:** O tratamento acústico do ambiente pode ajudar a reduzir a reverberação e melhorar a clareza do som.
- **Calibração do sistema de som:** O sistema de som deve ser calibrado antes do evento para garantir que a reprodução do som esteja correta.

Cores do Evento: Emoção e Identidade

As cores do evento transmitem emoções, criam identidade visual e influenciam o comportamento do público. A escolha das cores certas é fundamental para criar uma atmosfera agradável e memorável.

Psicologia das Cores: Emoções e Sensações

A psicologia das cores nos ensina que cada cor evoca diferentes emoções e sensações. Ao escolher as cores do evento, é importante considerar o efeito que elas desejam ter sobre o público.

- **Vermelho:** Associado à paixão, energia, excitação, perigo e urgência. Pode ser usado para despertar a atenção, criar entusiasmo e transmitir um senso de urgência.
- **Azul:** Associado à calma, tranquilidade, confiança, segurança e estabilidade. Pode ser usado para criar um ambiente relaxante, transmitir confiabilidade e profissionalismo.
- **Amarelo:** Associado à alegria, otimismo, criatividade, energia e calor. Pode ser usado para criar um ambiente alegre e convidativo, estimular a criatividade e transmitir positividade.
- **Verde:** Associado à natureza, crescimento, frescor, saúde e harmonia. Pode ser usado para criar um ambiente relaxante e natural, transmitir uma sensação de bem-estar e despertar a criatividade.
- **Laranja:** Associado à energia, entusiasmo, dinamismo, aventura e criatividade. Pode ser usado para criar um ambiente vibrante e energizante, despertar a criatividade e estimular a interação social.
- **Rosa:** Associado ao amor, romance, feminilidade, delicadeza e afeto. Pode ser usado para criar um ambiente romântico e aconchegante, transmitir feminilidade e despertar a emoção.
- **Lilás:** Associado à realeza, luxo, mistério, criatividade e espiritualidade. Pode ser usado para criar um ambiente elegante e sofisticado, transmitir exclusividade e despertar a criatividade.
- **Marrom:** Associado à terra, segurança, conforto, confiabilidade e tradição. Pode ser usado para criar um ambiente acolhedor e convidativo, transmitir uma sensação de segurança e estabilidade.
- **Preto:** Associado à elegância, sofisticação, poder, mistério e luto. Pode ser usado para criar um ambiente elegante e sofisticado, transmitir seriedade e profissionalismo.

- **Branco:** Associado à pureza, limpeza, simplicidade, paz e perfeição. Pode ser usado para criar um ambiente clean e moderno, transmitir uma sensação de leveza e clareza.

Cores da Marca e Identidade Visual

As cores do evento devem estar alinhadas com a marca e a identidade visual da empresa ou organização que o promove. Isso ajuda a fortalecer a marca e a criar uma experiência coesa para o público.

Tendências de Cores e Design

É importante estar atento às tendências de cores e design para criar um evento visualmente atraente e moderno. No entanto, é importante evitar seguir tendências cegamente e garantir que as cores escolhidas estejam alinhadas com o tema do evento e o perfil do público.

Conclusão

As cores do evento são um elemento fundamental para criar uma experiência sensorial completa e memorável. Ao escolher as cores certas e utilizá-las de forma estratégica, é possível transmitir as mensagens desejadas, criar a atmosfera ideal e influenciar positivamente o comportamento do público.

Lembre-se:

- As cores evocam diferentes emoções e sensações.
- As cores da marca devem estar alinhadas com a identidade visual da empresa ou organização.
- É importante estar atento às tendências de cores e design.
- As cores devem ser utilizadas de forma estratégica para criar a atmosfera desejada.

Resumo do capítulo

Para o resumo deste capítulo, acesse o QR Code abaixo. Se usar o super app Oasis, poderá colecionar estas referências para quando precisar, por toda a vida. Também trazemos destaque dos:

- principais aspectos e conceitos apresentados,
- cases,
- opinião do expert,
- bibliografia e
- questões para reflexão.

Além disso, neste código você poderá acessar leituras complementares (indicação de referências bibliográficas e eletrônicas para maior detalhamento do tema).

REFERÊNCIAS BIBLIOGRÁFICAS

Acesse o QR Code abaixo para visualizar as referências bibliográficas indicadas para leitura complementar e as utilizadas nos dois volumes deste livro.